国家中职示范校建设课程改革创新教材

客 户 服 务

（修订版）

曹剑英　主编

科学出版社

北京

内 容 简 介

本书主要讲述服务及客户服务的基础知识和基本技能，采用经典案例进行讲解，结合学生的实际情况，引导他们对知识点进行讨论，从而理解所学知识。

本书共分 4 章："服务的本质"一章主要介绍了什么是服务，谁是客户，客户服务的内容和意义；"实践客户服务"一章主要介绍了客户服务的流程，以前台客服、会议服务、电话客服为例讲述客户服务的过程与技巧；"客户服务的评价"一章主要介绍了客户服务的标准与质量，客户服务的满意度与忠诚度，客户投诉处理，以及树立客户服务品牌的重要性；"成为优秀客服人员"一章主要介绍了如何组建客户服务团队以及如何对客户服务岗位的人员素质进行培养。

本书适合作为中等职业技术学校文秘类专业"客户服务"课程的教材，也可供相关人员参考阅读。

图书在版编目(CIP)数据

客户服务（修订版）/曹剑英主编. —北京：科学出版社，2017
（国家中职示范校建设课程改革创新教材）
ISBN 978-7-03-046109-4

Ⅰ.①客… Ⅱ.①曹… Ⅲ.①企业管理－销售管理－商业服务－中等专业学校－教材 Ⅳ.①F274

中国版本图书馆 CIP 数据核字（2015）第 253477 号

责任编辑：孙露露 张瑞涛 / 责任校对：刘玉靖
责任印制：吕春珉 / 封面设计：东方人华设计工作室

科学出版社 出版
北京东黄城根北街 16 号
邮政编码：100717
http://www.sciencep.com

厚诚则铭 印刷
科学出版社发行 各地新华书店经销
*
2015 年 10 月第 一 版　　开本：787×1092 1/16
2017 年 6 月修 订 版　　印张：15
2017 年 6 月第二次印刷　　字数：345 000

定价：45.00 元

（如有印装质量问题，我社负责调换〈厚诚则铭〉）
销售部电话 010-62136230 编辑部电话 010-62135763-2010

国家中职示范校建设课程改革创新教材
丛书编委会

前　言

随着社会不断发展进步，我国的现代服务业也得到大力发展，客户服务越来越受到企业的重视，已经成为企业的核心竞争力之一，国家还出台了相应的职业资格证书。

以中等职业技术学校文秘类专业的学生为例，他们走出校门后从事的工作多为辅助性和服务性工作。本书面向此类学生，以案例导入的方式，讲述服务及客户服务的基础知识和基本技能。正文中穿插经典案例讲解，提高学生的学习兴趣。鉴于学生没有工作经验，本书结合他们当前的实际情况，增加思考、讨论的环节，以加深学生对理论知识的理解。客户服务是一种活动，通过实践让学生参与其中，使其在执行任务过程中理解理论知识并掌握服务技能。本书还增加了可读性很强的"拓展阅读"环节，以拓展学生的视野。

本书共分 4 章："服务的本质"一章主要介绍了什么是服务，谁是客户，客户服务的内容和意义；"实践客户服务"一章主要介绍了客户服务的流程、概念，以前台客服、会议服务、电话客服为例讲述客户服务过程与技巧；"客户服务的评价"一章主要介绍了客户服务的标准与质量，客户服务追求的是客户的满意度与忠诚度，服务出现问题后的客户投诉处理，以及树立客户服务品牌的重要性；"成为优秀客服人员"一章主要介绍了如何组建客户服务团队以及如何对客户服务岗位的人员素质进行培养。真诚地希望学生能够掌握这些内容，以快速满足服务岗位的需求。

本书由曹剑英主编，田亚丽、林英、赵岩和付国新参与编写了部分章节，在此特向参与本书编写的人员表示感谢。

由于时间仓促，加上编者水平有限，书中难免有不足之处，恳请广大读者批评指正。

目　　录

第1章

服务的本质

学习目标 ☞
1. 掌握服务的概念；
2. 掌握服务的特征；
3. 了解服务的质量标准；
4. 了解现代服务业。

1.1 我们的工作就是服务

引入案例

IBM
——世界上最大的服务企业

　　IT 行业发展的趋势使产业逐渐细分，各种硬件、软件逐步发展和分化，形成一个个的细分需求和市场，IT 行业变得越来越复杂。客户看重那些能提供整体解决方案，即能将各种供应商所提供的计算机零部件和软件进行整合的技术方案，以及能将技术整合到一个企业流程中的公司。信息技术产业将变成以服务为主导的产业，而并不以技术为主导。于是，世界上最著名的计算机企业 IBM 作为计算机行业的技术先驱和领路人，在这个思路的指引下，开始了长达近十年的痛苦转型，从而成为世界上最大的服务企业。

1.1.1 什么是服务

　　人们对服务的理解各不相同，许多学者对它进行了研究，给出了各自的定义，以此对服务进行了分类，对服务产品的内涵进行了剖析。

基础知识

一、服务的概念

服务的概念在学术界没有十分统一的界定，导致这个现象的主要原因是服务业的复杂性和多样性。随着社会发展，服务的内涵也在不断变化，不同学者、组织有不同见解，我们从一个经典商业案例中来发现服务。

台湾富商王永庆 16 岁时开办了一家米店，为了和其他米店竞争，他颇费了一番心思。当时大米加工技术比较落后，出售的大米中会混杂一些沙粒等，他就让伙计将米中的杂物拣干净，这一额外的服务颇受顾客欢迎。当其他米店也开始捡沙子后，他开始了送米上门服务，同时记录了顾客家的人口数量、米缸大小。在送米服务也被其他人效仿后，他又想出了先送米上门，等发薪后再收取米款的信贷服务。他的生意越来越好，从这家小米店起步，王永庆最终确立了在台湾工商界的地位。

服务这一词汇经常出现在我们的视野中，每个人对服务的理解也会有所不同，人们对服务下过许多定义。汉语词典对"服务"的定义是：履行职务，为大家做事。西方发达国家的学术机构和服务行业在这方面做了大量研究，在不同时期、从不同的角度对服务给出了他们自己的定义，比较有代表性的定义有如下几个。

1960 年，美国市场营销协会给出的定义为：用于出售或者同产品连在一起进行出售的活动、利益或满足感。这一定义指出了服务活动的特点，出售是一种交易活动，购买者得到的服务满足需要通过交易来实现；利益或满足感是人的需求，服务是为了满足人们需求的活动。

1963 年，威廉·J.雷根定义为：直接提供满足或者与有形商品或其他服务一起提供满足的不可感知活动。在这个定义中出现了有形和不可感知的词语，暗示出服务的无形性这一基本特征。

1973 年，贝森提出服务是一种供出售的能产生有价值的利益或满足的活动，这些活动是消费者本身不能完成或本身不愿意去完成的。贝森强调出这一经济活动产生的根源，服务产生于人们的需求，同时这一需求自己可能无法满足。如大多数人的头发都会不断生长，人们必然会产生修剪的需求，而自己完成非常困难，这就需要其他人来帮助完成。随着社会分工的细化，有了专门从事理发工作的人员开设理发馆，消费者去理发馆理发就是一种有偿服务。

1974 年，布罗伊斯认为服务是一种供出售的能产生利益和满足的活动，这些活动不会导致以商品形式出现的物理性变化。

1983 年，内蒂诺恩认为服务是一种或一系列发生在与人或有形设施相互接触影响过程中的行为，这些行为能为消费者带来满足。这个解释中提到了服务过程中有人、有物品的参与，如人们乘坐飞机到达异地，这个过程中接触到的乘务员、飞机、食品等都可对服务产生影响。

1984 年，科特勒和布诺认为服务是一方给另一方提供的一种无形的行为或利益，它不会导致任何所有权的转移，它的生产（提供）过程可能会与物质产品相联系，也可能不与它们相联系。这一解释对服务有了两方面的认识：其一是由于消费者有支付行为，对服务过程中的技术、物品等的所有权有了明确的说明；其二是提出了服务的产品性质。

1990 年，格隆鲁斯定义：服务是指或多或少具有无形特征的一种或一系列活动，通常发生在顾客服务的提供者及其有形的资源、商品或系统相互作用的过程中，以便解决消费者的有关问题。

1996 年，雷森摩尔和比特勒认为服务是事件、过程和结果。

2000 年，费兹西蒙斯的研究认为服务是一种易逝性的无形体验过程，消费者在这一过程中充当共同生产者的角色。

以上的观点描述出服务的不可分性和易逝性特征，如前面提到的理发服务，消费者与理发师共同参与活动，缺少哪一方服务都不可能实现，当理发过程结束后，服务也随即结束。

众多学者至少用了将近 30 年的时间，经过无数次争论与探讨、研究与实验，直到 1985 年才使"服务"从"产品营销"中解放了出来，并且无论在学术界还是在实业界都达成了普遍共识，即"服务"不是"商品"的一种延伸，"服务"与"商品"有本质的区别，"服务"是具有其独特性的无形商品。也是从这个时期开始，英国、美国和北欧的一些大学将"服务"及"服务营销"作为独立的课程编进了教学大纲。由于"服务理论"的确立，国际社会自 1986 年起关于服务的研究和服务业都得到更加快速的发展。

美国经济学家希尔从服务生产的角度给服务下了一个有着广泛影响的定义，他指出："一项服务生产活动是这样一项生产活动，即生产者的活动会改善其他一些经济单位的状况。这种改善可以采取消费单位所拥有的一种商品或一些商品的物质变化形式；另一方面，改善也可以关系到某个人或一批人的肉体或精神状态。随便在哪一种情形下，服务生产的显著特点是生产者不是对其自身商品或本人增加价值，而是对其他某一经济单位的商品或个人增加价值。"不难看出，定义中给出了服务的目标——服务的生产者通过活动使得服务对象增值。可以在生活工作中这样理解它，如销售人员为客户服务，销售人员的工作让客户得到利益；秘书为领导服务，秘书的工作让领导减轻了压力，这将是双赢的结果。詹妮特·格罗斯的例子就是很好的例证。

詹妮特·格罗斯是美国《纽约客》杂志社的一位前台小姐，她退休后写了一部回忆录，名字就叫《前台》，实现了儿时的梦想。格罗斯来自美国中西部的衣阿华州，她喜欢写作，于是去《纽约客》杂志社应聘，面试主管一看她穿着保守，谈吐实在，穿着言行都像个淑女，于是接纳了她，从此她开始了在《纽约客》的前台生涯。

? 想一想

1. 体会不同时期这些服务定义的区别。

2. 对自己熟知的服务，用不同的定义去解释。

? 想一想

1. 阐述前台岗位工作就是服务。

2. 从服务角度分析詹妮特·格罗斯的成功。

在中国，前台是青春饭式的职业，很多人只是以其为跳板。但格罗斯从 1957 年一直做到了 1978 年，长达 21 年之久。在此期间她接触到编辑、作家、漫画家和其他创意人员。格罗斯给他们收发信息、抵挡干扰、接听电话等，后来都能分辨出各位作者配偶和子女的声音，她也见证了作者们的"来与去、结婚和离婚、丑闻、他们的成功与失败，还有悲剧、自杀、疾病、死亡"。这本著名的大都会杂志，出现一些传奇人物不足为奇，工作性质使她与之产生交集，如接待、安排办公室、处理往来邮件等。这些为她日后的作品提供了丰富的素材。格罗斯在《纽约客》杂志社做了 20 几年前台，未曾升职。她曾经申请过其他职位，但被种种借口回绝，因为作者和编辑们需要的是她提供"婆婆妈妈的悉心照料"，不愿意她另谋高就，显然对他们来说她是敬业的。

在西方经济学文献中，服务概念的含义大致可以分为三种：如果某个人或企业提供某种帮助或使用价值，从而接受者的福利得到改善，则这个人或企业就是在提供服务；服务是具有交换价值的无形交易品，其使用价值可以是瞬间的、重复使用的或可变的；服务是个人或企业有目的的活动的结果，可以取得报酬，也可以不取得报酬。尽管人们没有对服务有一个统一的定论，但是可以综合上述的观点，得出一个比较明确的认识，即服务以满足其他经济体需求为根本，以活动过程为表现形式，以达到对方增值为目的。

二、服务分类

由于服务行业的界定模糊并且服务行业范围广泛，所以对于服务的分类也有难度，许多学者根据他们的研究方向给出了分类结果。

1. 托马斯分类法

美国哈佛大学的托马斯将服务分为两类：设备提供的服务和人工提供的服务。这种划分给企业在经营策略上提供了理论支持，如银行在这方面做出的突破让人们感触颇深。最早的时候当需要存取款时，人们只能到银行柜台去办理，如果人多就需要排队等候，为了减少客户等候时间，银行需要开启多个服务窗口，就这样可能还不能满足客户需要，从而让客户产生抱怨。现在的银行出现了存取款机、转账机等自动化设备，像存取款、转账、查询等业务可以不再通过柜员人工服务实现，客户直接使用银行提供的设备就可完成，实现了人工服务到设备服务的转化，减少了客户排队的时间，同时降低了银行的营业成本。作为创新服务技术，这种服务被扩展到学校、商场等公共场所，极大地方便了客户。

2. 蔡斯分类法

美国亚利桑那大学的蔡斯根据服务接触程度将服务体系划分为三类：纯服务体系、混合服务体系和准制造体系。这里的服务接触程度是指顾客必须待在服务现场的时间与服务体系为顾客提供服务的时间之比，比率高的服务称为高接触性服务，这类服务过程中顾客参与其中全部或者大部分的活动，提供服务的体系就是纯服务体系，如学校、电影院等；比率低的服务称为低接触性服务，顾客与服务的提供者接触较少，几乎没有面对面的服务，这种提供服务的体系就是准制造体系，如银行总行、计算机公司总部等。蔡斯分类法的价值在于给企业管理提供了帮助，如酒店服务，服务人员与各种类型、任何时刻来的顾客直面接触，他们的态度、应变能力都会影响顾客的感受，如果处理不好还可能引发顾客的不满。企业的应对策略是：改变服务流程或提高工作效率，减少面对面服务机会或缩短服务时间，还可有针对性地聘用员工，提高必要岗位员工的待遇，从而提高客户的满意度。

想一想

1. 调查前台服务人员需要具备的素养。

2. 调查商场的电梯特点。

3. 施曼纳分类法

美国印第安纳大学的施曼纳对影响服务传递过程性质进行研究，从两个维度：服务组织的劳动力密集程度和服务交互定制程度（服务人员与顾客交往程度及服务个性化程度）对服务进行分类，形成一个服务过程矩阵，如表 1-1 所示。

表 1-1　服务过程矩阵

交互定制程度 劳动力密集程度	低 ————————→ 高	
低 ↓ 高	服务工厂：如航空公司、旅店	服务作坊：如医院、修理厂
	大众化服务：如学校、零售业	专业化服务：如医生、律师

垂直方向的高低代表着劳动力成本与资本成本的比率，航空的运营需要昂贵的飞机和不断增加的飞机维修保养费用，这样的服务是资本密集型服务；零售业需要面对一个巨大的服务群体，大量的人员需求清晰的表现出劳动力密集型服务的特点。水平方向指明服务过程中对特殊服务的要求程度，零售业的服务可以看成是一个标准化的服务，而医生面对患者，则需要根据患者不同的病情、体质为他们提供针对性的服务。

4. 罗伍劳克分类法

瑞士学者罗伍劳克从多个角度对服务进行细致分类，如按照服务活动性质分为有形性活动和无形性活动；依据服务传递方式分为单一服务和多重服务等。

当然服务还有其他的分类方法，例如按提供的服务是否有偿分类，按服务企业运用服务技术的不同分类，按服务效果持续时间分类，按接收服务时间长短分类。这些分类展示出了服务的多维性，服务者可以挖掘自己的特点，提高服务竞争优势。

想一想

1. 从服务分类的角度看，学校为学生提供了哪些服务？

2. 以服务分类理论为指导，设计自己未来工作中的服务创新。

三、服务产品的概念和层次

在人们的传统观念中，产品是指以整体产品形式存在，能够提供给市场以满足需要和欲望的任何东西。随着社会经济的发展，产品扩展到有形的物品、无形的服务、组织、观念或它们的组合。

从消费者的角度来看，服务就是产品，这已经得到广泛认同，服务被当成商品同其他商品相交换，这种以提供某种形式的服务为核心利益的整体产品被称为服务产品。例如，当我们工作一天饿了需要吃饭时，可能有几个选择：到超市买菜回家自己做饭；到超市买速冻食品；打电话叫一份外卖；当然还可以到餐厅，点两个菜和一杯酒，慢慢享受一份晚餐。从经济学角度看，蔬菜、速冻食品等属于"商品"类，到餐厅属于"服务"类，去餐厅实现了购买有形物品到购买服务之间的跨越。根据营销大师莱维特整体产品的概念，产品包含五个层次，如表 1-2 所示。餐厅服务产品对应的层次如表 1-3 所示。

表 1-2　产品的 5 个层次

层　　次	含　　义
核心利益	顾客真正购买的基本利益或服务
基础产品	产品的基本形式
期望产品	消费者购买产品时通常期望或默认的一组属性和条件
延伸产品	配备了附加的产品和服务
潜在产品	产品的可扩展空间

表 1-3　餐厅服务产品对应的层次

服务产品	层　　次
吃饭与休息	核心利益
饭菜、酒水、桌椅等	基础产品
口味鲜美，环境干净舒适	期望价值
免费服务	附加价值
会客商务	潜在价值

服务产品的流通同实物产品有明显的区别，在营销时它们常以服务包的形式出现，服务包作为一种包含各种有形和无形服务的集合，由三个内容组成：核心服务、便利性服务和支持性服务。核心服务是指顾客可感知及得到的构成服务产品的核心服务和利益，由产品层次中的核心利益及期望价值组成，在酒店服务中，提供住宿是核心服务。便利性服务是提供该项服务所需的基本物质基础、辅助物品及有形产品及相关辅助服务，便利性服务是必不可少的，缺少它核心服务就处于瘫痪，例如酒店中的接待服务。支持性服务是基本服务以外的供顾客能够感受或其模糊意识中形成的其他利益，它常被发掘作为一种竞争手段，例如酒店中的餐饮、接送服务。

? 想一想

1. 会议服务产品的 5 个层次是什么？

2. 办公室文员在竞聘岗位时，如何从服务包的角度介绍自己？

▍客户服务践行

调查未来工作岗位的具体内容，找出服务项目并对它进行分析。

调查人员	
被调查企业、部门和人员	
未来岗位	
具体内容	
服务项目	
服务产品分析	

▍能力评价

学习本节内容，将自己的体会做成 10 分钟的幻灯片并讲解，然后从以下几个方面进行评价。

序号	评价内容	自　评	他　评
1	讲解内容		
2	演示文稿内容		
3	演示文稿风格		
4	讲解风格		
5	讲解效果		
6	创新点		

▍拓展阅读

服务型政府

何谓服务型政府？服务型政府也就是为人民服务的政府，用政治学的语言表述就是为社会服务，用专业的行政学语言表述就是为公众服务。它是在公民本位、社会本位理念的指导下，在整个社会民主秩序的框架中，把政府定位于服务者的角色，并通过法定程序，按照公民意志组建起来的以"为人民服务"为宗旨，以公正执法为标志，并承担着相应责任的政府，是"三个代表"重要思想在政府管理领域的具体体现。其主要特征如下：

（1）服务型政府是一个具有核心竞争力的政府。

（2）服务型政府是一个民主和负责的政府。

（3）服务型政府是一个法治和有效的政府。

（4）服务型政府是一个为全社会提供公共产品和服务的政府。

（5）服务型政府是一个实现了合理分权的政府。

"服务型政府"的理念美国提出时间较早，美国的服务型政府建设在刺激科技创新、推动产业升级、加强农业基础、打击垄断、保持充分竞争、反市场周期调节、提供公共服务、加强社会管理和社会保障等方面成绩是很大的，在高科技产业发展、农业生产效率、人才培养方面长期稳居世界第一。

希尔顿饭店首任经理的传奇故事

一天夜里，已经很晚了，一对年老的夫妻走进一家旅馆，他们想要一个房间。前台侍者回答说："对不起，我们旅馆已经客满了，一间空房也没有剩下。"看着这对老人疲惫的神情，侍者不忍心深夜让这对老人出门另找住宿。而且在这样一个小城，恐怕其他的旅店也早已客满打烊了，这对疲惫不堪的老人岂不会在深夜流落街头？于是好心的侍者将这对老人引领到一个房间，说："也许它不是最好的，但现在我只能做到这样了。"老人见眼前其实是一间整洁又干净的屋子，就愉快地住了下来。第二天，当他们来到前台结账时，侍者对他们说："不用了，因为我只不过是把自己的屋子借给你们住了一晚。祝你们旅途愉快！"原来如此！侍者自己一晚没睡，他就在前台值了一个通宵的夜班。两位老人十分感动。老头说："孩子，你是我见到过的最好的旅店经营人。你会得到报答的。"侍者笑了笑，说这算不了什么。他送老人出了门，转身接着忙自己的事去了，把这件事情忘得一干二净。没想到有一天，侍者接到了一封信函，打开一看，里面有一张去纽约的单程机票并有简短附言，聘请他去做另一份工作。他乘飞机来到纽约，按信中所标明的路线来到一个地方，抬眼一看，一座金碧辉煌的大酒店耸立在他的眼前。原来，几个月前的那个深夜，他接待的是一个有着亿万资产的富翁和他的妻子。富翁为这个侍者买下了一座大酒店，深信他会经营管理好这个大酒店。这就是全球赫赫有名的希尔顿饭店首任经理的传奇故事。

1.1.2 服务特征

无形的服务相比于有形的产品显得更难以理解，在进行服务时会遇到不能预测的问题，因此需要认识服务的特征，才能优化服务，解决服务中遇到的问题，设计出提高服务质量的策略。

▎▎ **基础知识**

一、服务的无形性

1. 无形性含义

服务的无形性是与有形产品相对应而言的，例如人们可以购买一部手机或一辆汽车，这些产品是可以看得见、摸得着的实物，在购买之前可以对不同的品牌产品去比较其性能、构成等；可以观察其大小、色彩等；可以去触摸其质地，甚至可以实际测试。而在生活中，大多数的服务只可以为我们所感知，而不能看到实物，例如我们为旅行订航班，去 4S 店修理一下自己的爱车。在我们接受服务之前，如何来比较不同公司的不同航班？只能通过之前的"口碑"来"感觉"某个航班更"舒适"和"安全"。如何比较不同公司的维修质量？需要通过之前的"经历"和对公司的"信任"去做出判断。这些对服务的描述词汇都是非常抽象的，究其原因是服务的本质造成的，服务是抽象的、无形的。

2001 年以后西方三位学者（Laroehe、Bergeron 和 Goutaland）对无形性有了新的描述，他们认为无形性是由三个维度来组成的：物理无形性、心理无形性和一般性。物理无形性是指产品无法被触摸，缺少物理存在，生活中人们使用手机，接受的通信服务就是物理无形；心理无形性是指产品能够物理上有形，但是在消费者的心中难以掌握，主要是指当人们没有接触过或缺少使用该物体的经验时，人们对有形物体的心理无形感知；一般性是指客户试图定义或者描述一个特定产品的困难，如果消费者难以找到准确的定义、特征或者说是特定产品的一些描述，那么就认为服务是一般的，一般和特别是相对的概念。

每个人都有上学的经历，学生在学校接受到了教学服务，它就是教师提供的产品，人们把它称为上课或上学，教学服务的无形性可以从这些现象中体现出来：每个学生都能感知到在服务过程中自己的成长，教师在课堂上讲课，学生获得知识和技能，但这些知识和技能并不是某种具体的实物形态，不能被看到或触摸到，只是获得感受和经历；可能有人认为在服务过程中使用到了教室、设备等，这些是有形实物，不可否认它们是有形的，对服务起到支持性作用，但并没有由于学生在这里上课，而使得教室、桌椅、设备属于某个学生所有；我们还知道这样一个现象：坐在同一间教室的同学，一堂课后的感受和收获会因人而异，存在个体差异，也就是说学生对服务的感知不同。同时，教学服务的无形性也是教学难以评价的根本原因。

可以看出服务的无形性有以下表现：首先是由个体差异性造成，个人对服务的感知不同；其次是服务支持性的实体要素，没有因服务而改变所有权，消费者只是暂时使用；再者是消费者获得的是看不见、摸不着的感受，不是有形实物。

从商品生产角度来讲，有形商品是被制造出来的，而无形服务是被执行的，它包含了能够满足消费者某种需要的各种行为活动，这种行为又是消费者不能随身带走的，能带走的是服务带来的影响，这就是服务的本质特征——无形性。

想一想

1. 时至今日，你在教学服务中有何感受，可以通过案例来给大家分享。

2. 分析自己熟知的服务的无形性。

2. 无形性的意义

无形的服务是能够被感受到、享受到、有吸引力和有抽象美的东西，这恰恰是服务具有的吸引力或魅力的源泉，例如我们在餐厅经常看到精彩的表演、精巧的美味造型等。同时，也是服务提供者的机会，每个人对于同一服务的感受会有不同，服务提供者总能寻找到能被自己满足的消费群体，而不像有形产品生产领域，在一个成熟的市场中竞争压力很大，产品的规格标准固定统一，新入者很难立足。

由于服务的无形性，服务提供者的声誉与形象则是消费者做出决策的关键因素。成功实现服务的前提是取得信任，服务者可以在树立自身形象和口碑方面下功夫，从而赢得市场。例如，一个品牌在一个领域获得较高声誉后，会进军其他的领域，也能够获得一定的认可度。

3. 无形性的影响与对策

服务的无形性给服务性企事业单位的经营管理带来了难度，与有形商品生产企业相比，服务在其营销中会遇到许多困难，它们包括：

（1）服务没有库存。

（2）服务没有专利保护。

（3）服务难以展示，消费者也难以识别。

（4）服务质量难以客观评价，从而也难以控制。

（5）服务的定价极其困难。

服务是无形的，不可能建立仓库将服务预先保存起来，需要时再拿出来，使得经营活动波动性大，常会遇到消费者集中需要服务的情况，如上下班高峰时段，客运服务压力极大。

服务不能申请专利，看似并不重要，其实是从法律层面没有对服务创新进行保护，你的企业今天实施了一个非常好的创新服务措施，吸引了客户，明天就会看到竞争对手采用同样的方法来和你唱对台戏。如某商场最开始对大件家电采用 0 利息分期付款的服务措施，如今几乎在每个家电商场都可以看到类似的服务。可以看出，要想在服务上保持优势，就要不断创新。

服务是一系列的活动，客户只有参与其中，亲身经历了，才知道服务是否适合自己，但在接受服务之前没有体会，是不能感知到的，同时服务的提供者也很难将行动、感受传递给广大客户群体，只能将无形产品有形化来展示自己。例如，学校为了宣传自己，有些投入巨资来奢华修缮、添置设备，还有些展示历年考入知名院校的人数，通过有形展示表达出无形的信息。

服务与服务的接受者有直接的关系，对服务质量的评价没有一个客观、直接的评价标准，因此在服务过程中对它的质量把控很难。

针对服务无形性的不利影响，在企业经营中根据不同情况探索出不同的应对措施，大致有如下方法：

1）需求和供给管理

由于服务的无形性使得服务不能储存，当需求高峰来临时，服务没有及时跟上，当

想一想

1. 你身边是否有从事服务的朋友是因服务无形性而进入某个领域的，请通过案例与大家分享。

2. 如果你成为一名办公室服务人员，你将如何利用服务无形性让自己在办公室早日立足。

想一想

1. 在生活中，你看到过哪些服务的有形化展示？通过案例与大家分享。

2. 当你面试时，你想展示自己哪些技能？如何展示？

需求陷入低谷时，服务没有得到消费而被浪费掉。针对这两种极端情况，可以通过改变自身或影响客户来解决。

大量使用自助服务设备或根据服务的实际需求灵活调整服务的供给，灵活地进行服务人员的时间安排，通过企业自己的调整来适应客户需求的变化。如超市根据客流量的变化，安排收银人员的数量，还在节假日雇佣大量临时服务人员，以适应顾客的数量变化。

当企业的服务不能灵活调整时，就要采取有效措施影响或改变客户的需求了，差异化的价格是常用的方法，如旅行社在旅游淡季推出促销活动来吸引客户消费，分散客户出行时间，实现为更多客户服务的目的。

2）提高技术服务的比重

服务不能申请专利，易被竞争对手模仿，但企业可以通过提高技术性服务的比重来增加服务竞争优势，甚至可以有效阻止竞争对手的模仿。这也可以解释为什么服务企业对服务技术和人才比较重视，常能看到服务企业与国内外一流的同行、高校及科研院所进行科技交流、学术交流和人员交流。如医院的医疗服务，患者总是希望选择医术高超的医生就诊，这也是三甲医院人满为患的原因。

3）服务有形展示

服务本是无形的，企业必须运用各种手段使服务有形化，让消费者将服务与可见的有形物体建立联系，产生间接感知，由此获得对服务的良好印象，产生消费冲动，影响消费者的决策。企业在这些方面如果成效显著，就会达到有效推广的目的。

4）树立良好企业形象，赢得口碑

与有形产品相比，人们在购买时，更容易被服务企业的知名度和企业在消费者心目中的形象所左右，企业一贯的行事风格与对客户的尊重赢得了客户的信任，降低了对购买无形产品的恐惧。如果消费者在消费服务的过程中感到超乎想象的满足，就会主动地为企业进行口头宣传，消费者身边的真实个体传播的信息往往被认为更加真实与可信。实践表明，口碑对企业的经营产生巨大影响，服务企业有必要花费一定的时间、精力和费用来塑造这种形象，形成良好的服务口碑，从而赢得客户信任，赢得市场。

美国速8酒店是世界最大的经济型连锁酒店运营商之一，第一家速8酒店于1974年10月在美国南达科塔州的阿伯丁开业，收费标准为每晚8.88美元。美国速8酒店一直致力于向所有的住客提供干净的房间和友好的服务。前厅、餐厅的功能均被弱化，甚至不设，关注于围绕酒店的核心需求——住宿和早餐。设施和服务项目的减少使得经济型酒店的价格降低成为可能，经济型酒店成为因公出行的首选。

二、不可分性（同时性）

1. 不可分性的含义

服务的不可分性也是它的普遍性特征，服务的生产和消费具有同时性，服务一经生产出来就被消费掉了，生产过程与消费过程紧密连接。如学生们参加各种培训班，培训机构设计课程并组织授课，学生上课学习，教学服务的两个方面——生产和消费同时实现，缺一不可。

在服务过程中，服务者与消费者共同参与，服务者与消费者在服务传递过程中发生交互作用，服务者自身的行为直接影响所提供服务的质量。

消费者在服务过程中决定着服务能否进行，而人具有复杂性，世界上没有两个完全一样的人，分类提供服务成为必然，市场逐渐被细化，要求提供差异化服务。

2. 不可分性的意义

服务过程中服务者与消费者共同参与。服务者会直面各式各样的客户，为满足不同客户的需求，从而实现差异化服务，促使服务企业对市场进行细分和定位。服务的不可分性，从客观上形成了一种对服务提供者的压力，促使服务企业主动地关心顾客的需求，改善与顾客的关系，对服务提供者提出服务态度要求。服务质量形成于个人，更加依赖部门合作，形成全员服务意识，推动服务水平整体提高。

想一想

1. 在日常生活中，企业为应对服务无形性而采取了哪些措施？请通过案例与大家分享。

2. 作为学生，应如何提高自己的技术性服务？

3. 初入职场，你想确立自己怎样的口碑？

3. 不可分性对服务的影响与对策

不可分性对服务成败带来的负面影响，表现在许多服务是"一对一"方式，服务人员的数量及条件不足，限制客流量的增长；服务过程中消费双方必然有接触，使服务过程变得复杂，如果消费者不予配合，或者接触过程中任何一个环节处理不好，都会影响整个服务质量和服务进程。服务质量是全体人员或所有部门整体配合的结果，给服务机构管理增加了难度。

应对不可分性的策略主要是选择高素质的服务人才，降低服务风险；增加自主服务，减少服务接触；积极引导客户参与服务过程。如自动售货机降低了服务接触环节和不可分离的程度，用设备代替了人员，提供标准化的服务。

三、不一致性（变化性）

1. 不一致性的含义

服务品质不一致性或者说服务的不标准与不稳定的主要原因是服务是以人为中心的活动过程。人在服务过程中容易受到环境、身体和心情等变化的影响，使得服务不能保持一致。不同的服务人员提供的服务不同可以理解，其实即使是同一个服务人员在不同时间、不同身心条件下，面对同一个顾客，所提供的服务也会不同。所以，服务的目标往往是保持应有的品质，力求始终如一，维持高水平，在客户心中树立优质服务形象。

2. 不一致性的意义

服务的不一致性也可以理解为服务的多样性，消费者并不希望得到标准化服务，期望的是特色服务。这在餐饮服务业表现尤为明显，俗话说众口难调，就是指人们的需求不同。餐饮服务追求的是特色服务，才有了不同的企业和品牌，它们之间的差异恰恰迎合了不同的群体。个性化服务有利于餐饮业的发现和开发新市场，有利于获得新创意，有利于维护顾客关系，有利于获得高额服务差价。

3. 不一致性对服务的影响与对策

服务若不标准化和规范化，则服务质量不易稳定，造成服务品牌较难树立，服务承诺流于形式而难以实现，服务企业的质量管理成本提高。

应对不一致性的策略主要是分解服务环节，规定一定的标准，增加服务人员的培训。例如麦当劳的餐饮服务。麦当劳在 1940 年诞生于美国，它能够成为全球大型跨国连锁餐厅的原因是始终坚持"提供有价值的高品质的物品给顾客"的观念。麦当劳员工培训中贯彻麦当劳 Q.S.C&V 黄金准则，即质量、服务、清洁和价值，尤其是对质量，麦当劳在所有环节都制定并贯彻"麦当劳食品标准"，使得顾客无论走进哪一家麦当劳，都能够吃到相同味道的食品，享受到同样的快捷服务，甚至看到同样的店面装饰，基本解决了服务不一致性的问题。

? 想一想

1. 分享你所知道的解决服务不一致性的案例。

2. 用服务的不一致性来解释工作生活中与人相处时要保持严于律己、宽以待人的心态。

为确保所有的麦当劳食品高品质，麦当劳建立起完整的产品采购和配送网络，首先是选择优秀的生产商，确保最高质量的产品供应，然后是生产操作、烹调时间与条件等每一个步骤都遵从统一标准。如肉饼采用精心挑选的牛肉制成，脂肪含量为 17%～20.5%，做成的牛肉饼规格为直径 3.875 英寸[①]、厚度 0.222 英寸、重 47.32 克，对牛肉饼煎制过程中的操作细节都有详尽细致的要求和规定。

四、不可储存性（易逝性）

1. 不可储存性的含义

服务的无形性和生产与消费的同时性决定了服务不能先生产、再存储、后消费，服务是在生产中被消费的。如果服务没有在有效时间内消费掉，那么服务就会不可弥补地失去了。如电影场次安排后，在电影开场后即使只有一个顾客也要放映，电影院不可能将这个已经完成的场次存储起来，再做销售，空座位就意味着损失。服务业中需求波动情况经常出现，服务企业非常有必要加强需求管理，解决由于没有库存所引发的产品供求矛盾。

2. 不可储存性的意义

服务的不可储存性会促使企业节约时间资源、提高服务的时效性、提高服务空间利用率、创新服务管理手段，有效地利用顾客的服务等候时间，为服务增值。

---

① 1 英寸≈2.54 厘米。

3. 不可储存性对服务的影响和对策

由于服务产品的不可储存性，导致服务供求在时间上的矛盾，出现客户的服务等候，容易出现忙闲混乱，服务质量受到影响；服务供求在空间上也会产生矛盾，对服务的范围增加不利，也会给服务管理造成困难。服务人员不可能无限制地增加，来解决不可存储性所带来的服务不足的问题，但可以使用网络、设备等智能系统，极大程度地扩大服务范围，如网络预订系统、电话预约系统和自助系统能够很好地解决服务中客户排队的问题。

供求矛盾使得服务企业存在巨大损失风险，服务企业会通过各种刺激手段来调节客户需求，降低损失。如航空公司在淡季推出打折机票来吸引客户消费。折扣机票是航空公司推出的特殊优惠机票，周一、周二或黄金周前后的时间，还有每天早班和晚班航班时段，通常会有超值优惠机票。利用价格的优势，将想乘坐其他交通工具或是乘坐正常时间航班的旅客吸引过来，提高客座率，降低服务损失。折扣机票措施还出现在预售票中，通常提前越多，优惠越大。

？ 想一想

1. 分享你所知道的解决服务不可存储性的案例。

2. 观察公司前台工作，可以发现忙的时候手脚朝天，闲的时候无所事事，讨论前台服务的不可存储性的对策。

▌ 客户服务践行

调查未来工作岗位的具体内容，找出服务项目并对它进行分析。

调查人员	
被调查企业、部门和人员	
未来岗位	
具体内容	
服务项目	
服务产品分析	

▌ 能力评价

学习本节内容，将自己的体会做成 10 分钟的幻灯片并讲解，然后从以下几个方面进行评价。

序号	评价内容	自　评	他　评
1	讲解内容		
2	演示文稿内容		
3	演示文稿风格		
4	讲解风格		
5	讲解效果		
6	创新点		

拓展阅读

奔驰的优质服务

奔驰汽车公司研制和生产从小轿车到大型载重汽车等多品种、多型号的车，可满足多个层次、不同需要的顾客需求，即便如此，他们仍然不能满足所有顾客的需求。

有一天，一个年轻人到奔驰汽车公司来买一辆小轿车。在看过几十种颜色、100多种型号的小轿车后仍不满意，原来他想要一辆灰底黑边的汽车。销售人员不得不遗憾地告诉他，现在没有这种车。

这件事被当时的总裁卡尔·本茨知道了，对销售人员的表现十分生气。本茨后来亲自找到了这个年轻人，告诉他两天以后来取车。

两天后，年轻人果然看到了他想要的那种颜色的车。不过他还是不满意，原来这辆车不是他想要的规格。这次接待他的是公司的销售部主任，这个主任耐心地询问年轻人想要的规格、车型和样式后，一一记录下来，告诉年轻人三天后到公司来提车。

三天后，年轻人看到自己想要的车，非常高兴。不过年轻人又说："要是能够给汽车安个收音机就好了。"

销售主任很吃惊，因为当时汽车收音机刚刚问世，应用不多，而且很多人认为汽车上安装收音机容易导致车祸而反对普遍安装。但他毕竟是主任，于是又谨慎地问了一句："先生很想装一个吗？"年轻人坚定地点点头。销售主任犹豫了片刻后，说"那您下午来取吧。"年轻人虽然感到不好意思，但还是点点头。

最后这个年轻人终于买到了他中意的汽车。

1.2　谁是我们的客户

引入案例

公司派遣业务员出差，需要乘坐飞机到外地办理业务。这个业务员是一个高个子，他想购买活动空间比较大的头等舱，但是购买机票的决定权在他的经理手中，经理只给他预定了某航班的经济舱。

思考： 在这个案例中，谁是客户？

1.2.1　什么是客户

现在企业中的每一个人都知道客户对企业很重要，但谁是客户却不一定能够说得清楚。企业需要认清客户对企业的价值，并对这一资产进行管理，为企业带来更大价值。

▌▌基础知识

一、客户的概念

客户在汉语词典中的解释是顾客，顾客在人们脑海中就是指个人消费者，也可以理解为商店或服务行业对来购买商品或接受服务的人的统称。现代商业把客户解释为购买产品或服务的个人或组织。在西方企业界对顾客和客户的理解是有些区别的，顾客是"没有名字的脸"，而客户对于企业有详细的资料。现在客户内涵已经扩大化，人们对客户有了更广义的理解，在商业活动中将顾客视为客户已然是一种趋势。著名的麦肯锡咨询公司的创始人马文·鲍尔说："我们没有顾客，我们只有客户。"

1.　顾客与客户

无论是顾客还是客户，他们都是购买产品和服务的人或组织，这是他们的共同点。他们之间的不同点，即在商业活动中是顾客还是客户，可以从以下几个方面看出来：

（1）是否在企业有详细的资料。企业在与客户的多次交往中得到了客户的信息，并对信息进行处理，以便能够准确、及时地为客户服务。

（2）是否由企业的专人提供服务。顾客与企业接触时，可以与企业中任何一线员工联系，完成交易。而客户往往仅与企业的个别人联系，即企业派出专业人员接待客户，表达出企业对客户的重视，同时专业人员可以更好地解决交易过程中可能出现的问题。

（3）是否认为他们与企业人员存在私人关系。客户与企业经常会有业务往来，通过企业中特定的人员联系，在服务过程中为客户解决了许多问题，也从中获得应有的利益，二者之间形成了朋友的关系，不仅仅是业务关系，而是逐渐趋向于生活上相互帮助的私人关系。

（4）是否对价格敏感，是为了物美价廉还是为保证问题解决而愿意支付大量资金。顾客在交易前会货比三家，与哪个企业交易取决于价格，关心的是花最少的钱，买到想要的东西。而客户购买物品或服务是为了解决问题，他会与特定企业人员联系，当然也愿意付出必要的资金来感谢他们的帮助。

美国城市研究学者墨菲对顾客与客户的理解是：顾客是因为需要某产品或想从某产品中得到利益；而客户是为了缓解压力，客户常常需要服务来解决造成的问题。这也是顾客和客户之间重要的区别，顾客想要得到产品或服务而选择购买，需要它们的使用价值，看重产品或服务的本身。如学生作为顾客到书店去买书籍，能否买到喜欢的书籍，就要看学生能否找到自己需要的书籍或书籍的内容是否吸引自己。图书管理员去书店订购书籍，往往都会去特定的书店，因为他是那家书店的客户，他并不是为了自己阅读欣赏，可能是为学生订购下学期的教材，或是更新图书馆馆藏，他关心的是书籍的种类、册数，以及如何运输、到达的时间、破损书籍的更换等问题，这些问题对图书管理员来说就是压力，他必须要通过书店提供的服务来解决。如果服务令人满意，压力减小或消失；如果服务不满意，痛苦的压力依然存在，客户就会投诉、抱怨。

2.　谁是客户

某商场销售可乐汽水。商场就是可乐汽水生产企业的客户，而不是顾客或者用户，也不是消费者。张三在商场购买了可乐汽水并请李四解渴。张三是商场的顾客或者客户，李四是可乐汽水的消费者。通过这个案例可以看出客户不一定是产品或服务的最终接受者，客户不一定是产品的最终用户，客户可以是渠道、分销商或代销商，它购买产品用于销售，尤其是处于供应链上的企业相互之间互为客户，也就是说，你是我的客户，我是你的客户，彼此之间一定存有对方的详细资料。除此之外，客户不一定在公司之外，内部客户现在已日益引起重视，用对待外部客户的方式对待内部部门员工之间的关系，防止相互推诿，建立良性机制，可使得企业整体顺利运转。

二、客户的价值

客户的价值一般包括两个方面：一是客户对企业的价值；二是企业为客户所创造的价值。前者是从企业角度出发，通过客户消费为企业带来利润；后者是从客户角度出发，客户从企业提供的产品或服务中获得需求满足，客户基于自身主观评价而判定的价值。这里所说的客户价值主要是指前者，企业利润来源于销售收入减去成本支出，客户的价值不仅仅是客户直接购买产品或服务而为企业带来的经济利益，即狭义的财务利润，还包括客户为企业带来的广义社会利益。尤其是知名企业，它们为了获得企业的社会利益而减小或暂时放弃企业的收入增加，而获得了企业未来成本支出的减少。广义的社会利益是企业能够长久发展的基础。

企业生产的产品和服务只有在客户购买后，才能获得利润。如果失去了客户，企业的生产成本不能收回，资金的减少会造成企业不能继续运转的恶果，因此客户是企业的利润之源，也是企业生存和发展的基础。现如今，生产能力极大提高，无论企业的设备多么先进、技术多么过硬、产品质量多么优良，没有了客户及客户的忠诚，这些都不能实现财务收益，企业将会走向衰亡，正如沃尔玛的创始人山姆·沃顿所说，企业只有一个老板，那就是客户，他有权炒掉公司的任何人，方法就是把他的钱花在其他公司的产品上。现如今企业已经不以某一次的收入来衡量客户的价值，而是以客户的终身价值来判断客户的重要性，客户终身价值是指在客户与企业关系的整个生命周期里为企业带来的直接利润和间接利润总和，这种对客户价值的判断更加准确合理。

客户对企业的社会利益体现在企业营业的整体成本上，因为信息对于企业来讲是一种无形财富，所以客户在企业中的详细信息资料就是财富，这些信息是企业与客户交互当中无偿提供给企业的，反映出客户的真实需求、对产品或服务的不满和建议，为企业的经营指明了正确方向，使得企业更有效、更有的放矢地开发产品，真实、

？ 想一想

阐述对于"客户是我们的衣食父母"这句话的理解。

准确的一手资料为企业经营决策提供支持，为企业节约了开发和经营成本。

客户是企业的播种机和宣传队，忠诚的客户会用自己的亲身经历来向他人宣传企业的产品和服务，形成良好的口碑。口碑是人们面对面直接口口相传，信息可信度极高，远胜于企业的商业广告对新客户的吸引力。有人形象地比喻客户是帮助企业销售产品、为企业挣钱的人。这句话反映出客户对企业的重要性，也反映出客户是企业的合作伙伴，有众多伙伴的支持，企业才能显示出在社会中的地位。客户在主动推荐和口碑传播上会使企业的可信度、知名度和美誉度迅速提升。

在买方市场的今天，客户对产品或者品牌的选择自由度越来越大，企业之间的竞争已经从产品的竞争转向对有限的客户资源的争夺。一个企业的竞争力有多强，不仅看技术、资金、管理，更为关键的是要看拥有多少忠诚的客户，拥有客户就能让企业立于不败地位，因此开发新客户、维系老客户是企业经营中的重中之重。拥有众多忠诚的客户资源能够使得企业在市场中占用足够的份额，从而有效地战胜竞争对手。

客户的社会利益还表明在人气旺上。我们经常会看到这样一个现象，有些商家高朋满座，有的门可罗雀，原因之一就是人的从众心理，它是一种比较普遍的社会心理现象，体现在人们社会生活的各个方面，群体规模越大，凝聚力越强，由于个人的性格软弱、信息不全、自信心不足等因素不能自己作出判断时，人们很容易选择从众。当企业拥有大量客户时就会产生客户聚集现象，这是企业用尽各种手段想要实现的愿望。

当然水能载舟亦能覆舟，不良口碑会给企业带来负面影响。客户一旦对企业产生信任危机，要挽回影响将让企业付出高昂的代价。

三、客户识别

客户识别是在确定目标群体的情况下，从中识别出对企业有意义的客户，作为企业实施有针对性的营销服务的对象，由于客户的个性特征各不相同，不同客户与企业建立的客户关系也会有差异，因为他们对企业的重要程度不同。比如识别企业的核心客户，就对企业的经营具有战略意义。

客户识别需要一系列的技术手段，根据大量客户的特征、购买记录等才可得出数据，找出谁是自己的客户，客户的需求是什么，哪类客户最有价值等，并对这些客户开展服务活动。当直面与客户群体接触时，可以通过类似于中医的"望闻问切"的方法来识别客户。首先是看客户的外在特征、客户气质与谈吐、客户行为，观察是销售的开始，一些有天赋和经验的销售人员认识到，表情代表心情，动作凸显性格，衣着表现职业。了解了客户的心情、性格及职业，才能选择最适当的沟通方式。然后是询问所要办理的业务或需要的帮助，再就是听客户表达的真实内容，通过对目标客户进行初步识别，寻找客户潜在需求，并找准切入点进行接触，通过必要的寒暄赞美，在最短的时间内取得客户对销售人员的信任，并收集客户基本信息。最后是判断客户的价值，如是不是潜在客户、

练一练

1. 情景：某人 35 岁左右，进门观看基金净值表。

行动：望闻问切。

2. 情景：领导进入。

行动：站迎、笑问、建议、提醒、目送。

核心客户等。在这个过程中最关键的是判断，要发现重要的识别判断信号，如客户直接咨询敏感业务、咨询某产品时直接询问的具体内容信息、关注某产品的时长等。

四、客户管理的思想

客户管理就是企业为了建立、维护并发展客户关系而进行的管理过程、方法和策略，通过向客户提供个性化的客户体验交互服务，最终达到吸引新客户、提高客户的满意度和忠诚度，最大限度地开发利用客户，实现企业利润最大化的目的。

1. 为什么要进行客户管理

客户是企业的利润源泉，其重要性相信每一个企业都知道，所以现代企业本着"以客户为中心，实现双赢"的战略思想开展经营活动，对客户进行管理成为必然。如同耕作的农民，将田地视为自己的生命，细心照料自己的土地，渴望获得丰收。

客户不是天上掉下来的，需要去开发，对已有的客户需要促进相互之间的关系。目前市场充满竞争，如何抓住客户、留住客户，维持客户的忠诚度，保持市场竞争力，是今天所有企业关心的问题。尽管企业想尽办法，客户流失也是不可避免的，企业间都在使用各种手段吸引客户，延长客户价值周期，甚至不惜从对手中抢夺客户资源，加强客户资源管理是解决问题的唯一途径。

随着社会的发展，人们生活质量不断提高，需求也不断变化，社会商品琳琅满目，甚至出现了生产过剩，尤其是互联网信息技术应用不断发展，企业拥有的技术领先差距逐步减小，企业产品生产技术趋同，产品对客户的吸引力不足，给企业简单重复生产带来困难。另外，从客户角度说，互联互通使得客户获得的信息量大、速度快，可选择余地扩大，新型的营销方式出现，如"粉丝"营销更加需要与客户的相互沟通交流。客户管理将是企业营销首位考虑的问题。科技的进步也为客户服务提供支持，CRM（customer relationship management，客户关系管理）系统已经在企业中得到广泛应用。

小贴士

以下情况可能造成客户的流失：

1. 员工跳槽。
2. 企业缺乏创新。
3. 竞争对手的诱惑。
4. 产品质量不稳定。
5. 企业短期行为。
6. 企业管理不到位，服务质量差。

2. 客户管理原则

对于客户管理的方法有很多，不同的企业都会根据自己的实际情况、行业特点制订实施方案，采用的技术手段也会不同，但他们的出发点和目的是相同的，都能赢得和留住客户，因为他们都本着如下一些原则。

1）服务为先

从某种程度上讲，管理本身就是服务，管理也包含于服务之中。服务为先要求企业的营销活动以服务意识为先导，将客户服务看做是实现营销业绩的有效手段。在与客户接触过程中，会不可避免地出现矛盾。要在坚持原则的前提下，以帮助客户解决问题、提高经济效益为出发点，表现出良好的工作态度，多一份热情和主动，少一份冷漠与被动。主动

增加服务项目，了解客户对服务的评价，有利于增强企业信誉，提高管理水平，建立良好客户关系。相信大多数人都去医院就诊过，会感受到医院服务有了很大变化，不但医疗服务有了提高，其他相关服务举措不断推出，如自动挂号机、网络预约、改善医患关系，一定程度上缓解了看病难的问题，这种看到客户需求主动提供服务，就会赢得客户，赢得市场。

2）增值为本

为客户提供增值服务，实现客户利益的增值，是实现企业利润增值的前提。也许有人会认为如果企业让客户增值了，企业自己不就减少了利润吗？这个认识是片面的，让客户增值不代表企业产品降价。星巴克咖啡就是很好的例证，在星巴克一杯咖啡 30 元左右，而一些小店一杯咖啡 10 元左右，没有人被强迫购买，消费者心甘情愿地来这里饮用，因为他们觉得值。学者菲利普·科特勒提出的顾客让渡价值理论很好地解释了这种现象。科特勒认为，当顾客面对众多产品、品牌、价格和供应商时，顾客会选择那些他们认为能够提供最高顾客让渡价值的公司来购买商品。顾客让渡价值是指顾客总价值与顾客总成本之间的差额。顾客总价值是指顾客购买某一产品或服务所期望获得的一组利益，包括产品价值、服务价值、人员价值和形象价值等。顾客总成本是指顾客购买某一产品所耗费的时间、精神、体力以及所支付的货币资金等，顾客总成本包括货币成本、时间成本、精神成本以及体力成本等，如图 1-1 所示。

顾客让渡价值 ＝ 顾客总价值 － 顾客总成本

| 产品价值 | 服务价值 | 人员价值 | 形象价值 | | 货币成本 | 时间成本 | 精力成本 | 体力成本 |

图 1-1　顾客让渡价值

顾客在购买需要的商品时，总是希望把交易相关成本降到最低，同时又希望从中获得更多的实际利益，以便自己的需求得到最大程度的满足。顾客本着这样的原则挑选商品，就只会购买提供顾客让渡价值最大的企业的商品。企业要想在竞争中取得胜利，吸引更多潜在顾客，就必须以满足顾客的需要为出发点，采取增加顾客利益或减少顾客购买成本，也可二者皆有的方式，向顾客提供比竞争对手更多顾客让渡价值的产品，只有这样，顾客才会选择购买。如现在大行其道的网购，网店企业在与门店企业竞争中取得很大优势，客户可以随时随地地购买需要的产品，且产品可以被直接送到指定的地点，这样就节约了客户的时间成本和体力成本，网店企业在经营活动中提升了客户的价值。

3）关系至上

企业经营活动中传统理念是销售额至上，随着竞争加剧，销售遇到困难，企业意识到客户关系越来越重

？想一想

顾客让渡价值理论的实践意义是为企业提供了一种全面的经营分析思路。顾客让渡价值反映的是顾客对产品或服务的一种感觉和体验，这种感觉和体验在购买之前表现为顾客的一种期望，这种期望在购买后得到满足，企业的营销就成功了。企业必须根据市场的变化而不断调整和改善管理工作，保持企业在市场竞争中的优势。

在学校，学生为班级服务过程中，如何才能提高顾客让渡价值？

要。客户关系是指企业为达到其经营目标而主动与客户建立起来的某种联系。这种联系可能是单纯的交易关系，也可能是合作伙伴关系，也可能是战略联盟关系。在与客户交往过程中可以分析客户业务活动，更深入理解客户的需求，从而改善客户关系。关系至上的观念就是要求企业将注意力特别集中于合作之上，建立起以客户为中心的、长期合作的互动关系。如苹果公司原先只是一家电脑高科技公司，在中国乃至全球市场都没有较大的市场份额，然而近年来随着 iPhone、iPad 等产品的发售，苹果产品逐渐被世人所熟知，迅速涌现出大批的"果粉"，出现了人们连夜排队购买新品的壮观景象。这种现象反映出在当今环境下，客户关系不仅仅是一种购买或者消费关系，企业应当进行广泛而有效的客户关系管理，为企业创造更好的营销环境，为企业取得市场竞争的胜利创造条件。

案例分析

信用卡服务

　　银行企业为大众提供的信用卡服务改变了人们的生活习惯，消费者购物时省去了携带现金的麻烦，一卡在手会更方便、快捷、安全，还可以先消费后付账。再看看网络发达的今天，人们可以足不出户办理网上支付、还款等业务。信用卡服务也是一种信贷业务，银行企业先替客户预支，即贷款，客户只要在还款期内还款就可以实现免息。同时为了更好地吸引客户，使用信用卡还可以享受一些指定的优惠，这些服务都增加了顾客让渡价值，这些看似是银行的业务，其实也是银行为客户提供的服务。这种以服务为先导的行为，使得客户主动地聚集在企业身边。

客户服务践行

实地观察银行企业，收集和分析它们以客户为中心的服务措施。

观察地点	
参与人员	
措施与分析（1）	
措施与分析（2）	
措施与分析（3）	

能力评价

学习本节内容，将自己的体会做成 10 分钟的幻灯片并讲解，然后从以下几个方面进行评价。

序号	评价内容	自　评	他　评
1	讲解内容		
2	演示文稿内容		
3	演示文稿风格		
4	讲解风格		
5	讲解效果		
6	创新点		

拓展阅读

客户关系管理（CRM）

　　CRM 是企业在以客户为中心的商业哲学和文化基础之上开展的市场推广、营销和服务过程。就是在以客户为中心的战略思想的基础上开展的包括判断、选择、争取、发展和保持客户所需的全部商业过程。通过对客户系统化的研究，优化企业组织体系和业务流程，通过对业务流程的重组来整合用户信息资源，以更有效的方法来管理客户关系，在企业内部实现信息和资源的共享，从而降低企业运营成本，为客户提供更经济、快捷、周到的产品和服务，保持和吸引更多的客户，实现电子化、自动化运营目标的过程，以求最终达到企业利润最大化的目的。

　　CRM 系统是运用现代化的信息技术来处理和解决客户问题的全方位电子应用软件。利用 CRM 系统可进行客户信息挖掘，形成数据库，实现营销、销售一体化等。它的工作内容及主要功能主要有以下几点：

　　（1）客户信息收集、分析。系统自动获取客户信息，并导入资源库。根据客户的个人偏好、消费记录、财务状况等对客户进行划分，提供企业目标客户群体，以便决策销售重点。

　　（2）明确企业任务。通过整合和分析企业不同部门的客户信息，预测客户今后所需的商品或服务，通过 CRM 系统将信息传递到每个部门，各部门可进行有针对性的营销活动。

　　（3）营销自动化。系统建立后，营销、销售的自动化程度可大幅度提高。呼叫中心、供应链管理（SCM）系统、企业资源计划（ERP）一起协同工作。企业管理层面也可利用 CRM 系统来进行合同管理、账户管理、销售管理、利润分析等。

　　（4）客户服务及客户关怀。CRM 系统通过庞大的数据库及借助网络销售平台可以及时掌控客户反馈的信息，客户可以通过网络选择自己所需的服务，大幅度提高了工作效率和客户满意度。

感知价值理论

　　泽瑟摩尔于 1988 年首先从顾客角度提出了顾客感知价值理论，将顾客感知价值定义为顾客所能感知到的利得与其在获取产品或服务中所付出的成本进行权衡后，对产品或服务效用的整体评价。顾客价值是由顾客而不是由供应企业决定的，实际上就是顾客感知价值。他在一项探索研究中根据顾客调查总结出感知价值的 4 种含义：

（1）价值就是低廉的价格，更直接地讲，有些顾客认为价值就是所要付出货币的多少。

（2）价值就是顾客想从产品中所获取的东西，是对从服务或产品中所获得满意程度的主观衡量。

（3）价值就是顾客付钱买回的质量。

（4）价值就是顾客的全部付出所能得到的全部。

顾客价值的本质是顾客感知，即顾客对与某企业交互过程和结果的主观感知，它是个性化的，因人而异，价值包括产品的内部特性、外部特性和感知质量等，虽然多数顾客将产品内部特性作为价值收益中的主要部分，也有顾客对诸如包装、颜色等外部特性和产品或企业的信誉、便利、形象等利益看重。不同的顾客对同一产品或服务所感知到的价值并不相同，例如在不同的购买地点、购买时间、消费时间与地点，顾客对价值的感知就不一样，这意味着顾客感知价值是动态的。

感知价值中所付出的包括货币成本和非货币成本。顾客付出货币和其他资源（例如时间、精力、努力）以获得产品或服务。价值代表着一种效用（收益）与成本（代价）间的权衡，顾客会根据自己感受到的价值作出购买决定，而绝不是仅仅取决于某单一因素。

1.2.2　区别对待客户

"客户是上帝"这句话人人皆知，但对于企业而言"上帝"与"上帝"是不同的，因为他们给企业带来的利益存在着显著的区别，企业为了鼓励"上帝"更多的眷顾，对不同的"上帝"给予不同的"尊敬"。

▌▌基础知识

一、客户的种类

为什么要对客户进行分类？企业可以通过客户分类来对客户的消费行为进行分析，企业可以针对不同行为模式的客户提供不同的产品内容，也可以对顾客的消费心理进行分析，针对不同消费心理的客户提供不同的促销手段等。客户分类使企业的销售工作具有针对性、目的性，集中有限的资源针对最有可能性、价值最大的客户，为企业创造最大的价值。

客户分类是基于客户的属性特征所进行的有效性识别与差异化区分。客户的属性包括社会属性、行为属性和价值属性，因此客户的分类也会有许多角度。客户分类的目的不仅仅是实现企业内部对于客户的统一有效识别，也常常用于指导企业客户管理的战略性资源配置与战术性服务营销对策应用，支撑企业以客户为中心的个性化服务与专业化营销。常见的分类方法有以下几种。

1. 从销售的角度划分

从企业销售的角度，可对客户划分为经济型客户、道德型客户、个性化客户和方便型客户。

（1）经济型客户。这类客户希望投入较少的时间和金钱得到最大的价值。由于他们只购买便宜商品，所以销售给他们的商品利润要比其他客户低。比如普通消费者大多都是经济型客户，因为他们是客户，对他们的服务仍然一点都不能少。

（2）道德型客户。这类客户觉得在道义上有义务光顾社会责任感强的企业，这类客户自身拥有较高的道德水准，在购买过程中会坚持自己的信念，这对拥有良好声誉的企业是至宝。如中央政府出台了机关用车首先要采购国产汽车文件，表明了国家机关在爱护国有企业品牌上的态度。

（3）个性化客户。这类客户追求自身的满足感和别人的认同感。社会经济发展促使客户需求多元化，个性化客户数量增加。如理疗美容、美甲、瘦身客户群体数量急剧增加。

（4）方便型客户。这类客户由于种种原因，方便是吸引他们的重要因素，因此为了方便愿意或不得不额外支付费用。例如网购、送货上门服务、快餐店常常吸引他们。

2. 按客户的性质划分

以客户的性质差别划分客户类型是较为广泛的划分方法。根据该方法可以将客户划分为以下 3 种类型。

（1）零售个人客户。这类客户是以个人形式与企业发生关系的群体，如普通消费者。

（2）商业客户。这类客户是与本企业有业务往来的企业，如批发商、供应商等。

（3）组织客户。这类客户表现为普通企业、政府机构及非营利机构，如机关单位、学校、医院等事业单位和各种非营利的协会等。

3. 从企业利益的角度划分

在长期的经营活动中，不同的客户为企业带来不同的利益，常见的分类为常规客户、潜力客户、头顶客户和临时客户。

（1）常规客户（一般客户）。这类客户的消费具有随机性，讲究实惠，看重价格优惠，但他们也是企业的客户主体，可以直接决定企业短期的现实收益。

（2）潜力客户（合适客户）。这类客户来源于常规客户，希望从与企业的合作中获得附加的财务利益和社会利益。他们通常会与企业建立起一种伙伴关系，他们是企业与客户关系中企业最想挖掘的关键部分。

（3）头顶客户（关键客户）。这类客户是企业数量少但比较稳定的客户，对企业的贡献却高达80%左右，除了希望从企业那里获得直接的客户价值外，还希望从企业那里得到社会利益。

（4）临时客户（一次性客户）。这类客户是从常规客户中甩落出来的。但他们并不能为企业带来大量收入，实际上，甚至会变相花掉企业的利润。

4. 从企业系统的角度划分

从企业系统的角度，若把企业看作一个市场环境中的小系统，客户可以分为内部客户和外部客户。

（1）内部客户：指企业组织之内的组织或个人。在一个组织中，人与人之间、部门与部门之间、人与部门之间往往会形成一种供方与客户的关系。提供产品就是供方；接受产品就是客户。企业内部各部门之间存在着紧密联系，各部门有效地运转，才能保证最终产品或服务的质量，只有内部客户满意，才能使外部客户满意。

（2）外部客户：指企业组织之外的组织或个人。客户满意往往指外部客户满意。

5. 按客户在渠道中的作用划分

按客户在流通渠道中的作用可分为中间客户和最终客户。
（1）中间商客户：批发商、零售商。
（2）最终客户：消费者。

案例分析

格力与国美对抗

格力电器是大家熟知的家电企业，尤其是在空调制冷领域拥有较高声誉。它的营销方式是以经销商为主渠道，2001 年进入国美电器卖场，国美的销售只占其总销售份额的 10%，却将国美与其他经销商一视同仁。而国美作为家电销售的巨无霸，作为流通渠道中重要的一环，它左右着一些家电企业的经营，甚至对企业的产品有定价权。所以，国美不甘格力电器的态度，2004 年国美下发"清理格力库存"通知，国美打压格力，格力与国美分手。在格力与国美对抗中可以看出生产企业与中间商客户之间的关系，对企业的经营战略起着不可估量的作用，因此企业越来越重视中间商客户。

---

6. 按客户交易的现状情况划分

客户按其与公司交易的现状情况可划分为现有客户和潜在客户。
（1）现有客户：就是现在已经在用你们产品的客户。
（2）潜在客户：就是很有可能成为你的客户的人群，但是因为某种原因或者因素还没有成为你的客户。

？ 想一想

对客户还有哪些划分方式？它们的划分意义何在？

客户分类的意义很大，企业可以根据自己的发展阶段，制定相应的经营战略，定位不同的客户群体，以及针对特定客户制定营销手段。以经济型客户为例，这类客户数量占企业客户总数量比例很高，企业不仅需要突出产品质优价廉的特点，还要根据此类客户的特点制定销售方法。常见方法有以下几种。

（1）低价吸引。经济型客户最讲求产品的性能价格比，即同样的钱所买到的产品一定是自己最满意的，或者说同样的产品在成交时尽量出最低的价格。要善于与同类产品或者相关的替代品在价格、性能和质量上做对比，让客户通过自己的比较判断得出结论，商场中司空见惯的临时促销广告最能吸引他们的眼球。

（2）高质量吸引。在销售过程中突出产品的价值，明确告知客户购买该产品或者服务能给其带来什么效用，产品或服务的最主要功效是什么，让他们充分了解产品或服务的优点，使得他们感到买到物超所值的商品和服务。

（3）购买心理满足感吸引。此类客户往往在将要达成协议前还会提出较多的额外要求，所以销售人员在和客户讨价还价的过程中，不能急于降价，让客户充分地表现后，再给予适当的优惠或降价，达到销售产品和满足客户心理需求的双重目标。

二、客户分级管理

客户细分是 20 世纪 50 年代中期由美国学者温德尔·史密斯提出的，其理论依据在于顾客需求的异质性和企业需要在有限资源的基础上进行有效的市场竞争。客户细分是指企业在明确的战略业务模式和特定的市场中，根据客户的属性、行为、需求、偏好以及价值等因素对客户进行分类，并提供有针对性的产品和差异化服务。其中，客户的分级是企业依据客户对企业的重要程度和价值高低，将客户评级划分为几个层次，为企业人力资源分配提供依据，能更有效地实施客户关系管理。

不同的客户对企业的需求和预期待遇也会有差别，为企业带来较大利润的客户期望得到有别于普通客户的待遇，希望更细致周到的服务或更优惠的价格。例如，对于航空公司，有些客户为了满足旅途的舒适，愿意支付高额的费用。航空公司在飞机上设计了头等舱、公务舱和经济舱，不同的舱位享受到的待遇有明显差异，对不同舱位的客户采取了分级服务，满足了不同客户的需求。

每一个客户能够给企业创造不同的收益，对企业而言，带来不同利润的客户对企业的重要程度是不同的，一些客户比其他客户更有价值。如果企业对待客户关系上一视同仁，可能会让大客户感到自己不被重视，遭受客户价值降低或客户流失，如同以头等舱价格购买机票的客户不能享受专用登记通道，不能享受舒适的休息环境，他将是怎样一个心情？他又会如何与此航空公司打交道？另一种情况，航空公司对购买经济舱的客户也提供头等舱的服务，客户可能都皆大欢喜，航空公司会怎么样？可想而知。虽然每一个客户的未来价值不容低估，但现实中企业的资源是有限的，把企业的资源合理地分配到不同的客户身上，就需要按客户对企业的贡献大小分级，依据价值分配资源。对客户分级管理后，针对不同级别的客户采用不同的沟通策略，如一些企业将顶级客户吸纳进会员俱乐部，定期举办活动增进交流、联络感情。客户分级管理的制定目标也十分明确，即从低价值的客户向高价值客户培养。

客户分级管理也有需要注意的地方，可能出现的情况有：人为地将服务分为几个等级，容易导致对顶层客户的关怀过热，而冷落了底层的客户；分级时无法准确地预测客户潜在价值；管理者只关注高利润值客户，容易忽视对低利润值客户服务时产生的问题，容易忽视管理危机的出现。

三、大客户管理

1．大客户的含义

大客户也称重点客户、优质客户、关键客户，这里指的是为企业贡献价值高的客户。根据"帕累托原理"，企业 80% 的利润来源于 20% 的高端客户。具有以客户为中心经营思想的企业必然会重视这样的顶端客户，持续地为他们量身定做产品和服务，满足客户的特定需要，制定策略维系与客户之间的关系，从而培养出忠诚的大客户。

基于不同角度，有多种界定和评价大客户的方法。

1）从企业与客户的互动关系划分

菲利普·科特勒根据关系水平、程度的不同，将企业建立的客户关系概括为五种类型，如表 1-4 所示。

表 1-4　企业建立的客户关系

序号	类型	含义
1	基本型	销售人员把产品销售出去后就不再和客户接触
2	被动型	销售人员把产品销售出去，同意或鼓励客户在遇到问题或有意见时联系企业
3	负责型	产品销售完成后，企业及时联系客户，询问产品能否满足客户的要求，有何缺陷或不足，有何意见和建议，以帮助企业不断改进产品，使之更好地满足客户需求
4	能动型	销售完成后，企业不断联系客户，交流有关改进产品的建议和新产品信息
5	伙伴型	企业不断地协同客户努力，帮助客户解决问题，支持客户的成功，实现共同发展

这 5 种客户关系类型之间并不具有简单的优劣对比程度或顺序，因为企业所采取的客户关系类型取决于它的产品以及客户特征，不同企业甚至同一企业在对待不同客户时，有可能选择不同的客户关系类型。根据这五种不同程度的关系水平划分，来分析大客户与企业之间的关系，大客户往往与企业保持着密切的联系，从表中可以看出大客户与企业之间是伙伴型关系。

2）根据关系营销对客户忠诚度的划分

位于最顶层的"忠实客户"，他们愿意与企业建立并保持长期、稳定的关系，愿意为企业提供的产品和服务承担合适价格，并且还为企业的产品及服务做免费宣传。

3）从客户的盈利性进行划分

根据帕雷托原理，企业 80% 的利润来源于 20% 的高端客户。用 ABC 分类法（帕雷托分析法）对现有客户分类，如表 1-5 所示。

表 1-5　ABC 分类法

客户类型	占总营业额的比率/%	占总客户数的比率/%
A	70	10
B	20	20
C	10	70

A 类客户能为企业带来高赢利，却只花费企业较低的服务成本。

基于以上的分析，"大客户"是企业的伙伴型客户，是企业忠实的客户，是为企业创造 80%利润的客户，同时企业支付成本低廉的客户。大多数大客户的自身组织体系复杂，覆盖地理区域广，可以帮助企业诱发潜在顾客，更是提高市场占有率的有效途径。大客户作为企业重要的资产，企业应当更加重视，企业在与众多大客户建立稳定的合作关系的基础上，在为客户创造价值的同时，也能获得很大的利润，真正实现了客户和企业长期的"双赢"。

2. 大客户的识别

识别大客户是客户关系管理的基础，识别出大客户才能根据客户个性化需求制定客户服务方案。大客户通常具有的特征是采购量、采购的集中性、对服务水平的要求、对价格的敏感度、是否希望建立长期伙伴关系。识别大客户是大客户管理中的关键一环，通过完善信息渠道，收集详细且连续的客户信息，建立分析模型，通过客户"最近一次购买""购买频率""花费金额"等参数分辨出大客户。使用 CRM 系统会达到事半功倍的效果。

3. 实施大客户管理

大客户管理的目标是提高大客户的忠诚度，并且在此基础上进一步提升大客户给企业带来的价值。实施大客户管理是一项系统工程，涉及企业经营理念、经营战略的转变，企业的组织架构、资源配置、企业生产流程的调整，建立与之配套的信息处理平台，系统地制订大客户管理的解决方案。

1）确立经营理念

企业必须本着以客户为中心的发展经营思想，由企业高层管理者来整体制定经营战略，自上而下地贯彻执行，调整企业结构和资源分配要以满足客户需要为目标，建立企业与客户长期稳定的双赢关系。集中优势资源为大客户服务，通过优先向大客户供货，优先给大客户安排生产，及时向大客户提供新产品，专门定制服务等方法满足大客户，不用价格而用特别的关心让大客户体会到自己的与众不同，提高他们的忠诚度。

2）成立专门为大客户服务的机构

以客户为中心的经营理念需要更为灵活的组织结构与架构，各部门都以客户为中心组织开展工作，会使企业管理看似不规范和缺乏系统性。成立专门为大客户服务的机构，并赋予其必要的权限，将有助于改善大客户管理的混乱状况。在许多大型企业中，都可以看到类似大客户部的机构，在企业的经营中发挥着重要的作用。

3）通过与客户互动沟通交流，增进双方关系

企业的发展与大客户的经营状态息息相关，要充分关注大客户的一切公关及促销活动、商业动态，并及时给予支援或协助，根据大客户的不同情况，与每个大客户一起设计促销方案，对大客户制定适当奖励政策，充分调动大客户中一切与销售相关的因素，提高客户的销售能力。

　　组织每年一度的大客户与企业之间的座谈或联谊会，打感情牌，联络人员之间的感情，安排企业高管对大客户的拜访，体现对大客户的重视程度，通过各种交流活动，增进双方关系。

　　4）基于信息时代的大客户管理

　　利用了信息时代提供的先进技术工具，保证与大客户之间信息及时准确的传递，取得大客户同意，将双方信息系统对接，保证渠道畅通，为更好地开展经营合作提供支持。

四、内部客户管理

1. 内部客户

　　很早就有管理学方面的专家提到过内部客户，内部客户是除了外部客户以外的客户的重要组成部分。内部客户相对于外部客户（人们通常所谓的"客户"）而言，是指得到你的产品或服务的同事。简单地说，就是企业内部那些与你打交道的人，所以内部客户是相互的。内部客户服务的好坏会直接影响整个企业的效率、效益甚至是其未来的长期发展。

2. 内部客户的组成

　　外部客户的组成可以根据不同的特征分类，内部客户的组成可以从以下三个方面去理解。

　　1）内部客户在"内部供应链"的位置

　　内部客户可以理解为是基于"内部供应链"中各环节的关系形成的。上一环节是下一环节的供应商，反之为客户。企业内部供应链不止一个，它包含三个方面：信息流、服务流和物流。

　　信息流：如销售数据在销售部门、财务部门和仓储部门之间传递，构成一个信息流。

　　服务流：如后勤部门为其他部门提供活动支持或办公用品。

　　物流：如产品在生产部门、仓储部门、销售部门之间流动。

　　2）内部客户的分工协作关系

　　企业的总目标必须通过各个部门的分目标来实现，需要分工协作、相互配合来完成，根据客户所处部门及职能可分为职级客户、职能客户、工序客户和流程客户。

　　职级客户：由组织内部的职务和权利演变而来的客户关系。

　　职能客户：职能部门之间存在相互提供服务的关系。

　　工序客户：在工作或作业中存在着产品加工或服务的提供与被提供关系。

　　流程客户：在企业的业务流程之间，也存在着提供与接受产品或服务的客户关系，而接受产品或服务的一方就是流程客户。

　　3）客户之间的关系

　　内部客户的组成可以简单地看做是企业的所有成员之间存在的互为客户、互为服务的关系。这种内部客户之间的服务关系分解为领导与员工，企业管理层与员工，企业管理层成员之间，企业普通员工之间。

3. 实施内部客户管理

实施内部客户管理可以说就是企业文化建设，反映出企业的价值观念和思维方式。企业内部营销的实施必须由企业的管理层统一认识，打破传统思想的束缚，放弃自己的私利，引导全体员工改变观念。

内部客户管理是以内部客户为中心，内部客户首先要做到充分了解对方的需求，及时周到地提供给对方工作方便，让对方感到满意。内部客户是相互的，彼此互为自己的客户，也是互为自己的供方，没有领导与被领导的关系，管理者的官本位思想是一种狭隘的认识。

例如，从职级客户角度来看，上级将工作任务交给下级，下级完成工作应让上级满意，这时上级就是下级的客户，上级是下级的供方。但同时，为保证任务的完成，上级必须为下级提供必要的各项条件，这时下级就是上级的客户，下级就是上级的供方。

建立和完善绩效考核和评价机制是实施内部客户管理的保障，树立员工的内部和外部的客户服务意识，不但需要加大宣传力度，还要有相应的质量管理体系，使内部客户服务规范有序，明确各部门的工作职责，使每位员工都能按照质量管理体系的标准执行，知道做什么、怎么做、达到什么样的标准。但是有些内部客户服务的绩效考核是很难用统一的尺度衡量的，对定量化工作可以设定目标，对定性化服务工作，即使用满意度调查表进行调查，不同的人也会有不同的看法。但是总的目标是：让所有的内部客户满意是工作成果优劣的标准。

内部客户管理很重要的一点是让员工向对待外部客户一样对待内部客户，在工作的管理与服务中体现出员工之间互相尊重、沟通良好、信息迅速反馈、相互关怀。内部客户管理企业影响巨大，如同"内部客户链"一样，部门与部门、员工与员工之间是合作关系、互相补位的关系、内部的利益共同体的关系。"链不脱节才是链"，只有内部满意了，外部客户才能满意。

▋ 客户服务践行

1. 如果你是一个门店的经理，请拟定一个大客户的服务方案。

客　户	服务方案
大客户 1	
大客户 2	

2. 请将老师和同学作为你的内部客户，拟定一个服务方案。

人　员	服务方案
老师	
同学	

能力评价

学习本节内容,将自己的体会做成 10 分钟的幻灯片并讲解,然后从以下几个方面来进行评价。

序号	评价内容	自　评	他　评
1	讲解内容		
2	演示文稿内容		
3	演示文稿风格		
4	讲解风格		
5	讲解效果		

拓展阅读

"二八法则"（巴莱多定律）

19 世纪末 20 世纪初,意大利的经济学家巴莱多认为,在任何一组东西中,最重要的只占其中一小部分,约 20%,其余 80% 尽管是多数,却是次要的。社会约 80% 的财富集中在 20% 的人手里,而 80% 的人只拥有 20% 的社会财富。这种统计的不平衡性在社会、经济及生活中无处不在,这就是"二八法则"。

"二八法则"告诉我们,不要平均地分析、处理和看待问题,企业经营和管理中要抓住关键的少数,例如银行进行的优质客户（VIP）管理,找出那些能给银行带来 80% 利润、总量却仅占 20% 的关键客户,加强服务,来达到事半功倍的效果。

1.3　客户服务的含义

引入案例

花旗银行（Citibank）是花旗集团属下的一家零售银行,其主要前身是 1812 年 6 月 16 日成立的纽约城市银行（City Bank of New York）。花旗最初在上海外滩附近开设分行时,门口总是插着很多美国国旗,上海人就将 Citibank 叫成"花旗银行",之后该中文名称被 Citibank 接受并一直沿用至今。它在全球范围内为亿万客户提供服务,花旗银行的名称即意味着服务,不仅是满足客户的需要,更要比客户预期的要做得更好。花旗银行企业文化的灵魂就是提高服务质量和以客户为中心,如今它已成为金融服务的世界品牌。

1.3.1 客户服务的内容

客户服务是一个广泛使用的词汇，看似是很简单的事情，但是将它做好却不那么简单，因为客户服务的内容涉及的方面很多。

█▌基础知识 ▂▂▂▂▂▂▂▂▂▂▂▂▂▂▂▂▂▂

一、客户服务的含义

当人们买到商品，发现出现问题、故障或不会操作时，可能最先想到的是给客服打电话，寻求帮助。接听电话的人就是电话客服，一个客服岗位，从事的工作就是客户服务。许多企业设有类似客服中心的部门，负责与客户联系、解决客户的问题和处理投诉等。但是客户服务并不仅仅是客服中心人员的工作，这是人们对客户服务狭隘的认识。客户服务的含义是企业在适当的时间和地点，以适当的方式和价格，为目标客户提供适当的产品和服务，满足客户的适当需求，使企业和客户的价值都得到提升的活动过程。

客户服务是一个弹性很大的工作，说简单，可以按照服务流程，做能做的事情；说困难，是指客户希望获得他们所需要的帮助，而不是你能做什么，他们希望接触的是有决定权、懂业务、态度和善的人员，用他们希望的方式来为他们提供个性化服务，最终能够真正解决他们的问题，使他们从中获得服务的满足感。

？ 想一想

你作为客户接受过优质服务吗？你的价值提升表现在哪些方面？你满意在哪些方面？请与他人分享。

二、客户服务的内容

客户服务是企业与客户之间的有偿服务行为，客户服务的组成就是由服务提供者和接受者之间的行为所涉及的总和。

1. 客户服务的提供者

客户服务不是无偿的政府行为或志愿者服务，所以客户服务的主体是企业，企业是从事生产、流通、服务等经济活动，以生产或服务满足社会需要，实行自主经营、独立核算、依法设立、具有经济法人资格的一种盈利性的经济组织。随着市场经济从卖方转到买方，企业也随之从生产型企业向服务型企业转变。

在市场经济条件下，企业具有一些基本特征，这些特征在客户服务过程中发挥决定性的作用。

1）企业的经济性特征

企业作为一个经济实体，不同于行政、军事、政党、社团、慈善等组织，它是从事经济活动的经济组织。这一特征决定了由它发起的活动行为就是经济行为，哪怕是为社会无偿做出一些举措，也改变不了它的经济性。例如，企业为慈善事项捐款，看似无偿，实则是在变相进行企业宣传，增加了企业的社会效益。它实施的客户服务行为也是经济活动。

2）企业的商品性特征

企业是商品经济组织、商品生产者或经营者、市场主体，其经济活动是面向、围绕市场进行的。商品通过交换实现价值，企业生产的产品和服务是为了满足社会、市场、客户的需要，在市场中通过交换才能得到社会的认可。企业的商品性特征决定了客户服务必须是围绕着客户需求展开的活动。

3）企业的盈利性特征

企业是资本的运作实体，追求利润是一切资本的天性。企业投入资本进行生产经营活动，目的就是从中获利，追求资本增值和利润最大化。企业实现了利润，才能扩大再生产。客户服务就是企业的经营活动之一，企业从中获利此项活动才可能继续下去。

4）企业的社会性特征

企业是经济社会的基本单位，在社会化大分工中找到自己的位置，独立参加竞争。在市场经济下，竞争是普遍存在的、长期的和残酷的。企业的产品和服务在市场竞争中优胜劣汰，企业为了生存不断改革创新发展。产品不足以保持竞争优势，企业越来越重视客户服务，成为占领市场的重要手段。

企业作为客户服务的提供者，对客户服务活动进行策划和实施，并提供必要的环境条件。企业由于对客户服务活动承担经济责任和法律责任，所以对服务过程各个环节都要保质保量，赢得客户的信任，培养客户的忠诚度，让企业能够继续发展。

2. 客户服务的载体

客户服务活动需要一个载体将客户与企业联系起来，简单地说，就是企业提供的服务产品以及产品的附加服务。服务产品是指企业为了满足客户需要而生产并且能被客户所接受的产品。既然是产品，它在生产过程中凝聚了劳动者的劳动，具有劳动价值，只有在流通领域进行交换才能体现出来。也就是说，企业提供的客户载体必须通过客户才能体现出它的价值，想要被客户接受，它必定有产品的使用价值，这个使用价值还应当是客户所需要的。在这个竞争的社会，这个载体要在客户的心理上战胜其他产品而被选择，就要超越客户对产品的期望。这里的期望包括产品的使用价值（产品的功能、特征、质量）和客户心理价值（产品的品牌）。这就为企业向客户提供载体增加了困难，不是你能生产的，而是需要被生产的。因此，企业产品的设计、生产、销售等各环节都要以客户为中心，企业不但要重视产品质量，更要重视企业品牌和声誉。

产品服务是围绕着产品的交易和使用而展开的各种附加服务。产品服务可以在售前、售中和售后中实现，还可以有产品使用服务、交易服务、信贷服务等，将产品与产品服务捆绑形成产品的整体，有助于提高产品的品质和附加值，赢得信誉。如购买电器会赠送保修服务，让客户使用得更加放心，增加了企业的信誉度，从而赢得客户。

3. 客户服务的接受者

客户服务的接受者就是客户，在客户服务中起着决定性的作用。客户的概念这里不再赘述，但强调一点，客户的多样性是双刃剑，既为企业的生存提供机会，也使企业的发展面临挑战。

4. 客户的需求

客户需求就是客户的购买动机，客户之所以会产生需求，是因为对现状不满，期望改变现状，以达到一个新的高度。它包括物质需求和精神需求，产品在使用价值上能满足人们的物质需求，产品的品质、品牌和服务等又能满足人们的精神需求。客户需求受客户所处的社会生活条件影响巨大，随着时代变迁，客户的思想意识不断变化，社会制度、社会地位、收入水平、生活环境等因素都会改变客户的需求。客户的需求通过商品交换实现，以客户服务形式获得满足。

1）客户需求的满足

客户需求的满足也是物质和精神两个层面，客户服务通过产品和服务来满足客户。随着生活条件的进步，技术功能的提高，客户的满足感会不断提高，需求在增长，从无到有，从有到优，今天的产品和服务不能满足未来的需求，企业只能革新产品和服务。人的欲望是无止境的，客户服务中必然有一些不合理的需求是不能被满足的。

2）客户需求的引导

客户的需求往往是多方面的、不确定的，需要去分析、挖掘和引导。客户的需求有些是显性的，有些是隐藏的，需要企业去挖掘。客户的需求在发展进步，但对于如何实现这种进步并没有具体的思路，客户的需求需要被引导，如旅行社在淡季推出价格极低的旅游产品，吸引到本不想出游的客户。

5. 客户服务的实施

客户服务的实施就是企业通过员工提供的产品和服务，让客户需求得到满足的劳动，是企业行为。实施活动通过两类人员：一类是企业员工，包括了企业的各个岗位的人员；另一类是企业的服务代理或代理商，通过企业授权获得代理资格，在法律框架内实施客户服务活动。

6. 客户服务的目标

客户服务的目标是企业客户服务所达到的满足客户需要的结果和所要实现的成就。客户服务的目标应该体现在客户服务过程的每一个阶段，始终贯穿于企业与客户接触的前期、中期、后期的全过程，不应该是一句口号，而是贯彻每一名员工的行动。

每个企业的客户服务目标可能在描述上有差别，但总的含义基本相同，那就是企业通过对客户的关怀，为客户提供满意的产品和服务，满足客户的个性化需求，在与客户的双向互动中取得客户的信任。

1）客户关怀

客户关怀理念最早由克拉特·巴克提出，他认为：客户关怀是服务质量标准化的一种基本方式，它涵盖了公司经营的各个方面，从产品或服务设计到它如何包装、交付和服务。它强调整个过程每一环节都要关注。这是由于在市场单一的价格战越演越烈的情况下，为了争取客户资源，企业急需寻求另外一种更加平和的竞争方式，这就是服务，客户服务的首要任务就是客户关怀。

美国心理学家马斯洛提出了需求层次理论，将人类需求像阶梯一样从低到高按层次分为 5 种，分别是生理需求、安全需求、社交需求、尊重需求和自我实现需求。人们希望获得尊敬，希望得到关怀，而客户服务对客户的关怀正好满足了客户对情感、对被尊重的需求，今天的社会物质需求的满足变得容易，人们渴望更高层次的需求，这就是客户服务中客户关怀的魅力所在。

客户关怀通过对客户行为的深入了解，主动把握客户的需求，通过持续的、差异化的服务手段，为客户提供合适的服务或产品，最终实现客户忠诚度的提升。不同企业对于客户关怀的内容的解释可能不同，概括起来主要是为客户所感知到、体会到和交付的服务和质量。

企业根据自身产品和服务的特点，制订自己的与客户交流的关怀策略。客户关怀是建立在客户信息基础之上的，需要记录的数据包括客户的姓名、手机号码、生日等重要纪念日、消费记录、最后一次消费距今时间等详细信息。常见的手段如下。

生日关怀：在生日、纪念日等重要的日子，如果能够收到一条来自商家的祝福短信，无疑会加深客户对该商家的印象，客户会心存感激。

发展会员：将客户发展成会员，让客户拥有归属感，会员的积累会增加商家的财富。

短信营销：策划一场主题活动，用短信通知所有会员，还可以发放电子代金券，甚至享受折扣，做到吸引客户和尊重客户。

储值消费：客户先把钱存到企业，虽然可以给客户必要的优惠，但无疑证明客户对企业的信任。客户便可以直接消费，不用掏钱或者刷卡，将客户紧紧绑定到企业身上。

积分管理：积分是客户消费的反映，是企业评估客户价值的重要依据，通过积分高低对客户进行优惠或奖励，让客户感到企业对客户的反馈，有效提升客户消费积极性。

2）客户满意

菲利普·科特勒认为，客户满意是指一个人通过对一个产品的可感知效果与他的期望值相比较后，所形成的愉悦或失望的感觉状态。客户对企业的关怀认可，即认为企业提供的产品或服务的价值超出了自己期望而感到满意，否则就会感到不满意。

客户满意包括产品满意、服务满意和社会满意三个方面。

（1）产品满意是指产品让客户满意，产品的满意是构成客户满意的基础因素。

（2）服务满意是指在服务过程的每一个环节上都能设身处地地为客户着想。

（3）社会满意是指客户在对企业产品和服务的消费过程中，所体验到的企业对社会利益的维护。

客户满意的四个特性如下。

（1）主观性：客户满意是一种心理状态，因人而异，是一种自我的、主观的体验感受。

（2）层次性：感受体验可以根据程度不同划分为若干层次，如很不满意、不满意、一般、满意和很满意。

（3）相对性：满意是一个比较概念，是相对于参照物而言的。客户的满意是相对于其他产品或服务产生的感觉。

（4）阶段性：客户的体验和经历的丰富可能带来对之前的满意，现在就未必会满意了，客户现阶段的满意并不代表今后满意。

高满意程度的客户能为企业发展带来更多好处，如高度满意的客户更忠实于企业；对企业产品价格变化反应平淡并购买更多产品和服务；为企业传播良性口碑；忽视竞争对手的品牌及其广告；降低服务成本。

3）客户信任

客户满意和客户信任是两个层面的问题。如果说客户满意是一种价值判断的话，客户信任则是客户满意的行为化。客户满意只是客户信任的前提，只是对产品或服务的肯定评价，即使客户对企业满意也只是基于所接受的产品和服务而满意。如果某一次的产品和服务不完善，则他对该企业也就不满意了。但客户信任是客户对该品牌产品以及拥有该品牌企业的信任感，因此满意的客户也许会流失，但是信任后即使偶然不满也会继续购买。

客户信任这一心理现象是客户对企业的认同，是客户相信企业所做的事不会对自己不利，相信企业所做出的承诺，购买的产品和服务是安全放心的。一般地说，客户信任可以分为3个层次。

（1）认知信任：它直接基于产品和服务而形成，因为这种产品和服务正好满足了客户个性化需求，这种信任居于基础层面，它是不稳定的，会随环境的变迁而转移。

（2）情感信任：在接受产品和服务之后获得的持久满意，客户心理可能形成对产品和服务的偏好。

（3）行为信任：只有在企业提供的产品和服务成为客户不可或缺的需要和享受时，行为信任才会形成，表现为长期地维持和重复购买，以及对企业和产品的重点关注。

客户信任是企业客户服务追求的目标，信任是理性决策，当客户在商品交换过程中获得企业值得信任的证据，如口碑、意图、能力、可靠性等，然后客户会根据他的信任倾向来决定是否信任企业。企业选择了共同的手段来获得客户信任，首先是企业诚信，在与客户接触过程中真诚地对待客户，并且始终如一，对客户不做过度承诺；必须时刻具有双赢的思维，时刻为客户着想，并通过为客户谋利益而达成自己的利益。欺骗是企业的致命毒药，"狼来了"的故事有时并不能让企业觉醒，

想一想

1. 看你身边有哪些百年老店或企业？它们成功的原因是什么？

2. 如何获得同学的信任？

许多企业一次次地发生信任危机。其次是让客户认可是领域的专家，以及企业在领域的专业地位，这是客户认可企业产品和服务的保证，专业能力为解决客户问题可发挥可视作用，赢得客户的信任。然后是公众形象，企业的观念和价值观以及社会责任感，会让客户感觉共鸣、有安全感，会形成良好口碑，成为客户需求时的首选。当然许多企业都有自己的生存之道，但建立客户信任是必经之路。

三、办公室客户服务内容

这里主要指办公室助理人员的客户服务内容，他们的服务对象主要有来访者与办公室同事。他们从事的工作岗位有客服接待、办公行政助理、人事行政助理等，主要提供

的服务有以下几类。

前台接待，包括：来访客人接待，接听日常客户来电，跟踪回访客户，公司内各级人员之间的沟通协调，预订酒店机票，安排接送行程等。

日常事务，包括：日常办公用品采买和管理，设施的维护与更换，日常办公室行政事务，其他临时性工作。

文件处理，包括：一般性行政文书起草、保管，各类活动的信息收集及撰写等。

会议活动，包括：各类会议、活动的组织筹备服务。

人事绩效，包括：日常考勤记录、请假、加班、调休的执行与核算，组织、安排应聘人员的面试，人事档案及其他事项。

服务目标是为客户着想，热情接待来访、来电，负责做好引导、解释和转告工作，树立企业形象；提高业务水平，提供高效服务；切实做好会议安排、筹备、服务和相关组织工作，做好每一个细节，让同事放心，赢得同事信赖。

▌客户服务践行

1. 观察你熟知的一个企业，了解它的客户服务内容。

企业名称	
服务对象	
服务载体	
服务实施	
服务目标	

2. 拟定一个关怀家人的服务方案。

人　员	服务方案
父　母	
其他家人	

▌能力评价

学习本节内容，将自己的体会做成 10 分钟的幻灯片并讲解，然后从以下几个方面进行评价。

序号	评价内容	自　评	他　评
1	讲解内容		
2	演示文稿内容		
3	演示文稿风格		
4	讲解风格		
5	讲解效果		

拓展阅读

泰国东方饭店的客户服务

于先生经常出差，到泰国入住东方饭店，第一次入住时良好的饭店环境和服务就给他留下了深刻的印象，当他第二次入住时发生了这样的事情。

那天早上，在他走出房门准备去餐厅的时候，楼层服务生恭敬地问道："于先生是要用早餐吗？"于先生奇怪地问：你怎么知道我姓于？"服务生微笑着说："我们饭店规定，晚上要背熟所有客人的姓名。"这令于先生大吃一惊，这种情况还是第一次碰到。

于先生心情愉悦地乘电梯去餐厅，刚刚走出电梯门，餐厅的服务生马上说："于先生，里面请。"于先生疑惑地问："你知道我姓于？"服务生答："上面的电话刚刚下来，说您已经下楼了。"如此高的效率让于先生再次大吃一惊。

刚走进餐厅，服务小姐微笑着问："于先生还要老位子吗？"于先生再次感到惊讶，心想"难道这里的服务小姐记得我上次坐在哪里？"看到于先生惊讶的目光，服务小姐主动解释说："我刚刚查过电脑记录，您在去年的 6 月 8 日在靠近第二个窗口的位子上用过早餐。""老位子！"于先生回答道。小姐接着问："老菜单？一个三明治、一杯咖啡、一个鸡蛋？"于先生兴奋地说："老菜单，就要老菜单！"

于先生就餐时与服务生说话，服务生会后退两步，怕自己说话时口水不小心落在食品上，这种细致的服务给于先生留下了终生难忘的印象。

后来，由于业务调整的原因，于先生有三年的时间没有再到泰国去，在于先生生日的时候，突然收到了一封东方饭店发来的生日贺卡，内容写道：亲爱的于先生，您已经有三年没有来过我们这里了，我们全体人员都非常想念您，希望能再次见到您。今天是您的生日，祝您生日愉快。于先生激动万分，将自己的经历与所有的朋友分享，并说服他们和他一样，如果去泰国一定要住在东方饭店。

泰国的东方饭店堪称亚洲饭店之最，几乎天天客满，不提前一个月预定是很难有入住机会的。东方饭店成功的秘诀就是非同寻常的客户服务。

1.3.2　客户服务的形式

客户服务的形式多种多样，不同阶段、不同类型、不同对象都有其特点。企业通过各种渠道为客户提供服务，并且通过各种手段使得客户服务有形化，向客户展示出企业的服务内涵。

██ 基础知识 ████████████████████

一、客户服务的分类及其价值

企业的经营活动本质上讲都是在为客户服务，企业的产品和服务多种多样，功能各异，企业会根据产品、行业、地域等自身特点选择适合的方式开展服务经营。对客户服务分类有助于提炼出不同服务所共用的特征，对企业进行服务实践具有战略性的价值。客户服务活动常见的划分方法有如下几种。

1. 依据服务过程阶段分类

按客户服务过程阶段分为售前服务、售中服务和售后服务。

售前服务为了吸引客户的注意和兴趣，激发客户的欲望，主要开展广告宣传、活动咨询等。售中服务处于销售过程中促使客户完成订单，主要开展向客户介绍产品功能、示范，帮助客户做出选择，满足客户合理要求。售后服务可以大大提高客户的满意度，树立企业形象，主要工作是送货上门、安装维护、建立客户档案和处理客户投诉。

2. 依据客户服务中客户参与程度分类

依据客户服务中客户参与程度分为高接触性服务、中接触性服务和低接触性服务。

如此划分便于将高接触性服务从中低接触性服务中分离出来，以便采取多样化的客户服务策略来满足高接触性服务对象的需求。

3. 依据提供服务工具的分类

依据在客户服务过程中使用工具的不同分为以机器设备为基础的服务和以人为基础的服务。

将能够使用机器设备的服务尽量提取出来，减少使用人工服务，可以增大服务供给量，保持服务的一致性，降低企业成本。

4. 依据服务活动的性质分类

依据客户服务活动的性质分为四种类型，针对客户人身服务的有形服务、针对客户思想的无形服务、针对客户实体的有形服务和针对客户无形财产的无形服务。

企业能够明确客户服务活动的对象，为客户提供哪些核心利益。有助于企业针对不同服务对象采取不同策略，有助于企业在营销中处理好有形与无形的关系。服务中尽量使无形产品有形化和具体化。

5. 依据客户与服务企业之间的关系分类

根据客户与服务企业之间的关系分为四种类型，持续性会员关系、间断性会员关系、持续性非会员关系和间断性非会员关系。

这种划分为企业提供的客户服务策略是：提供持续性服务的企业要把握服务的稳定

性和可靠性，提供间断性服务的企业则要关注服务的效率和频率。对企业的会员要让他们感到有优越性，对非会员要让他们感到像会员一样受到尊重。

6. 依据服务传递方法分类

依据客户服务传递方法分为六类：从客户到企业的单一网点服务；从客户到企业的多网点服务；从企业到客户的单一网点服务；从企业到客户的多网点服务；客户与企业非直接接触的单一网点服务；客户与企业非直接接触的多网点服务。

它揭示了企业服务地点选择问题，有助于企业在网点建设上制定战略布局，多网点的企业要考虑网点的管理、布局、增减等，单一网点的企业则要增强自身产品和服务的吸引力、辐射力，尤其是宣扬自己的特色，在可能的情况下还是向多网点发展。还有助于企业在服务传递渠道上的思考，将渠道、网点、布局和人员统一起来。

7. 依据服务传递中的定制与判断分类

根据客户服务传递中的定制与判断程度分四种类型：需要客服人员主观判断的高定制化服务；需要服务人员主观判断的低定制化服务；不需要服务人员主观判断的高定制化服务；不需要服务人员主观判断的低定制化服务。

这种分类是从客服人员素质要求分析，有助于企业更加关注满足客户个性化需要的价值，尤其是在客户需求判断难度大的高定制化服务中，企业应当重视客服人员的素质，对一线客服人员充分授权，以便其灵活处理客户问题。

对于客户服务有许多分类方式，每一种都能揭示出客户服务中的特性，为企业在客户服务中制定服务策略指明方向。总体来说，就是提高服务水平，突出服务特色，扩大个性化服务范围，重视服务承诺，改革创新服务。

二、客户服务的渠道

简单地说，客户服务渠道就是服务企业为目标客户提供服务时所使用的通道或途径。渠道是企业联结客户的桥梁，只有通过渠道企业才能把服务快速准确的交付给客户。

对企业来说，无论服务质量与服务标准怎样，若不能在合适的时间和合适的地点将服务提供给客户，服务企业的所有生产经营行为就变得毫无意义，甚至有"渠道为王"之说。

对客户而言，客户希望在方便的时间以方便的形式来享受服务，而且期望在不同的服务渠道得到连贯一致的服务体验。企业通常通过多种渠道提供服务，但是大多数情况下，这些渠道都是各自运行而产生不协调与矛盾。一项调查发现，面对面服务中客户的满意度最高，最有效的服务渠道是在线自助服务，最有效的渠道并不一定具有最高的客户满意度。企业只有打破各种渠道之间的隔阂，才能够完全了解各渠道的潜力，并为客户提供多渠道的服务体验，把最有效的渠道与客户满意度最高的渠道更加紧密地结合与应用。

1. 客户服务直接渠道

客户服务的直接渠道指服务企业直接对客户实行面对面的服务。对于无形服务产品如银行金融服务、医院的医疗服务、办公室接待服务都采用直接渠道提供服务。直接渠道让客户有信任感，服务体验对服务人员提出要求，客户可以提出实现定制化的服务需求。

直接渠道的优势是：较好地控制服务，规范质量可以保持一致，更容易实现个性化服务和及时获得客户的信息反馈。

直接渠道的不足是：服务企业需要建立庞大的团队，维持运营成本比较高，受到面对面服务限制，不利于服务范围、数量及企业业务的扩大。

2. 客户服务间接渠道

客户服务的间接渠道是由中介机构为最终客户提供服务。这些中间机构如代理人、经纪人等，他们是服务中间商。企业服务渠道并不总是单一的，可以使用多种渠道组合进行提供服务，发挥它们各自的优势，更好地为客户服务。例如航空服务，可以有直接渠道机场，间接渠道票务代理、酒店旅行社代销等。

客户服务的间接渠道的优势是：业务覆盖面广，有利于服务范围和数量扩大，借助经验丰富的中介机构可以提高服务效率，降低服务成本。

3. 客户服务电子渠道

客户服务电子渠道是通过自动化设备或网络平台为最终客户提供服务。常见的有自动售机、ATM 机、网络教育、酒店预订、机票预订等。好处在于：低成本、全球化、全天候、高效率、全方位、反馈快；缺陷在于：信息安全难以保证。

4. 客户服务渠道的形式

客户服务渠道有如下几种形式。

1）店面网点服务渠道

客户在店面接受服务是最多、最常见的形式，这种传统方式对于客户来说是最容易接受的形式，如去医院就诊、去商场购物等。对于服务企业来说，考虑的问题就比较多了，店面的位置非常重要，交通要能够方便客户，地段环境影响客户心目中对企业形象的评价，在选址时要兼顾，以适当为原则，如商场最好处于商业中心，而超市最好位于大型社区，像肯德基这样的快餐店则会选择客流量比较大的地方。店面的布局对企业的服务也会产生巨大的影响，体现着企业的经营策略，如聚集性布局形成商业圈，聚集人气，常见的有小商品城、家具城、金融街等。

2）自动化设备和网络平台服务渠道

利用自动化设备和网络平台为客户服务。可以实现 24 小时昼夜服务，突破了时间和空间对服务的限制，极大地方便了客户，同时降低了企业成本，如 ATM 机已经遍布各大商场、超市、医院等，这种形式为客户广为接受。进入互联网时代后，人们已经越来越离不开网络服务了，网店已经有取代实体门店的趋势，1995 年成立的亚马逊网上书店是一个传奇，短短几年间已成为全球最大的网络书店，时时刻刻为全球读者提供服务。

3）呼叫中心服务渠道

呼叫中心是利用现代信息通信技术和计算机技术，集中实现沟通服务的系统。可以是个性化人工服务，也可以是智能自动语音服务；可以是被动呼入，也可以是主动呼出；可以不受时间和空间限制，成为许多企业选择的渠道之一。最具代表性的如 10086 业务。

4）代理服务渠道

代理服务是依据代理合同的规定，企业授权委托中介从事服务活动。比直接服务渠道投资小、风险小，代理人多为本地机构，容易打开当地市场，也适用于细分市场要求。例如，留学代理服务、旅行代理服务、保险代理服务等。

5）经销服务渠道

经销服务是利用经销商将服务销售给客户，经销商利用进销差价获得利润。经销商包括零售商和批发商。经销服务渠道是现成的渠道，可以直接使用，提高服务传递效率。如旅行社就是旅游景点、酒店或航空公司的批发商，机票代售点、旅行社代购机票就是零售商。

6）特许经营与连锁经营服务渠道

特许经营是指由一家已经取得成功经验的企业以合同的形式，将自己所拥有的服务商号名称、商标、服务标志、产品、专有技术、经营管理模式等授予受许人使用，被特许者按合同规定，在特许者同意的业务模式下从事经营活动，并向特许者支付相应的费用。利用特许经营与连锁经营服务渠道可以扩大服务规模，节约资金，经营标准化。如肯德基就是以特许经营作为一种有效方式在全球拓展业务。

三、客户服务的有形展示

1. 客户服务的有形展示概念

所谓"有形展示"，是指在服务管理的范畴内，一切可传达服务特色及优点、可暗示企业提供服务的能力，可让客户产生期待或记忆的有形组成部分。所以，服务企业通过对服务环境、员工、品牌载体、信息资料等，所有这些为客户提供服务的有形线索的管理，都能够展示企业形象，提供整体服务感受，增强客户对服务产品的理解和认识。对于个人而言，当面对客户时，为了让客户接受自己的服务，同样面临展示自己服务技能的问题。

根据环境心理学理论，客户利用感官对有形物体的感知及由此所获得的印象，将直接影响到客户对服务产品质量及服务企业形象的认识和评价。服务是无形的、抽象的，但是提供服务的环境也可以作为服务的组成部分，成为客户了解服务的侧面呈现出来。都会为客户留下深刻印象，进入服务环境，就开始体验服务。服务的有形化使服务在心理上容易把握。

2. 客户服务有形展示的作用

（1）通过感官刺激，让客户感受到服务给自己带来的利益。

（2）引导客户对服务产品产生合理的期望。客户通过环境的外部设计，可以感受到自己可能在此接受到怎样的服务。

（3）影响客户对服务产品的第一印象。

（4）成为客户回忆曾经接受过的服务的有形线索，标志性的形象可以深入人心。

（5）协助培训服务员工，让员工在服务环境中理解服务。

3. 客户服务有形展示的构成

有形展示的构成可分为实体环境、信息沟通和价格三种要素类型。

1）实体环境

服务企业的实体环境是由背景因素、设计因素和社交因素决定的。背景因素，指消费者不大会立即意识到的环境因素，例如，气温、温度、通风、气味、声音、整洁等因素；设计因素，指刺激消费者视觉的环境因素，例如，建筑物式样、风格、颜色、规模、材料、格局等；社交因素，指服务环境中的客户和服务人员，如人数、外表和行为。这些都会影响客户的购买决策。

2）信息沟通

信息沟通包括服务有形化和信息有形化。

（1）服务有形化。服务有形化是指服务性企业借助服务过程中的各种有形要素，使无形服务及企业形象具体化和便于感知的一种方法。服务有形化的内容具体如下：

① 服务产品的有形化。即通过服务设施等硬件技术及能显示服务的某种证据，变无形服务为有形服务，增强客户对服务的感知能力，如使用的设备、票证等。

② 服务环境的有形化。服务环境虽不构成服务产品的核心内容，但它是服务产品存在的不可缺少的条件。

③ 服务提供者有形化。企业员工服务要标准化，以保证他们所提供的服务与企业的服务目标相一致。

（2）信息有形化。对企业有利的口头传播，如赞扬性的评论、客户口头传播的口碑、广告、企业标记等，有助于客户据此作出购买决定或感知服务。

3）价格

价格可以为客户提供产品质量和服务质量的信息，增强或降低客户对产品或服务质量的信任感，提高或降低客户对产品和服务质量的期望。

4. 有形展示与服务环境

所谓服务环境，是指企业向顾客提供服务的场所，它不仅包括影响服务过程的各种设施，而且还包括许多无形的要素。因此，凡是会影响服务表现水准和沟通的任何设施都包括在内，例如，建筑物，树木、花草，装备、家具或供应品，一些较不起眼的东西如茶盘、一张记事纸或一只冰桶等。影响服务形象的环境包括实物环境、信息环境和人文环境。

实物环境：包括建筑物、设施、工具、用品、内部装饰、场地布局、陈列设计等。

信息环境：包括标志与指示、宣传品、图片、题词、影视、价格、票据、荣誉、理念和口号等。

人文环境：包括场所气氛、企业文化和客户的形象。

服务业环境设计的任务关系着各个局部和整体所表达出的整体印象，影响着顾客对服务的满意度。

？ 想一想

1. 学生服务技能如何有形的展示？

2. 办公室服务如何有形的展示？

▌ 客户服务践行

1. 如果你是部门的经理，拟定一个部门的服务有形展示计划方案。

部门	
目的	
方案	

2. 观察销售人员，分析他们是属于哪种服务分类。

哪类销售	
服务类别 及理由	
还属于 服务类别 及理由	

▌ 能力评价

学习本节内容，将自己的体会做成 10 分钟的幻灯片并讲解，然后从以下几个方面进行评价。

序号	评价内容	自 评	他 评
1	讲解内容		
2	演示文稿内容		
3	演示文稿风格		
4	讲解风格		
5	讲解效果		

拓展阅读

呼叫中心

早在 20 世纪 80 年代，欧美等国的电信企业、航空公司、商业银行等开始建设自己的呼叫中心，实际上就是为用户服务的"服务中心"，为用户提供咨询服务和处理用户投诉等。

从 20 世纪 90 年代初期开始，随着计算机电话集成（CTI）技术的引入，其服务质量和工作效率有了很大的提高，也使客户中心系统获得了更广泛的应用，企业对客户关系越来越重视，促进呼叫中心真正进入了规模性发展。呼叫中心可分为四代：

第一代呼叫中心是早期的呼叫中心，专门处理各种各样的咨询和投诉。

第二代呼叫中心是在原来的基础上建立的，服务更快更好，24 小时在线服务，以满足顾客需求。它的最大优点是采用了 CTI 技术，因此可以同时提供人工服务与"自动话务员"应答以及处理自动服务，大大减少了用户在线等候的时间。

第三代呼叫中心采用先进的操作系统及大型数据库，支持多种信息源的接入。由于采用了标准化的通用软件平台和通用硬件平台，使得呼叫中心成为一个纯粹的数据网络。

第四代呼叫中心以互联网为主导，具有实用的呼叫中心管理体系，还表现在具有以下五个方面：

- 集中处理的分布式（IP）呼叫中心。
- 专家坐席服务。
- 远程坐席。
- 外包式呼叫中心。
- 数据仓库和数据挖掘。

我国的呼叫中心作为一种成熟的技术，已被广大客户所认可，并已在电信、银行、邮政、移动、民航、铁路、保险等行业取得广泛应用。

1.3.3　客户服务的重要性

社会发展到今天，纯粹的企业生产已经变得非常容易，但产品是否能够被销售出去而获得利润则变得困难了。围绕产品开展的客户服务行为成为解决这一问题的突破口，并且成效显著。客户服务对于企业越来越重要。

基础知识

一、客户服务时代的到来

1. 市场竞争的需要

现在市场竞争越来越激烈，市场已经演变成为买方市场，商品同质化，价格竞争白热化，各大卖场促销频演，商场内变成了促销的海洋，客户也越来越挑剔和理智。在传统领域的市场竞争中，竞争主要表现在以下几个方面：产品质量竞争、价格竞争、品牌知名度竞争和售后服务竞争。

1）产品质量竞争

企业都认识到产品质量对于企业的重要性，通过有效的质量管理手段，对产品生产全过程进行控制来确保产品质量和提升产品质量。作为一种竞争战略，高质量的优势是明显的，它是一切竞争手段的前提和基础，也是树立良好企业形象的基础。提到产品质量，往往注重产品的性能质量，如产品的功能、耐用性、牢固性、可靠性、经济性、安全性等，其实追求产品质量是一个适度的问题，高质量确实可以使客户满意，但那是企业付出高成本所做到的，也是企业不想看到的，所以产品性能质量的"高"是相对的，它要以顾客需求为依据。虽然产品质量竞争是企业必须参与的竞争，但是质量竞争手段超越竞争对手比较困难，受到诸多因素影响，同时提高产品质量是一个不断进取的过程，反映在企业的各项活动和创造价值的全过程。

2）价格竞争

价格竞争是企业运营最多的竞争手段之一，企业为了占领市场，通过扩大生产能力、降价推销更多的商品，获得更大的利润。但是价格竞争给企业带来的不一定都是好处，当单位产品利润的减少而没有销售量的更大增长为保证时，总利润反而会下降。进行价格竞争还需要考虑成本降低的条件，如果是以牺牲质量为代价的价格竞争，会影响到企业的声誉。常言道"杀敌一千，自损八百"，企业之间无节制地进行价格竞争也会破坏整个市场。

? 想一想

在西方企业界有一句名言："现代企业生产只有服务没有产品"，如何理解这句话，与同学分享。

3）品牌知名度竞争

品牌知名度即是竞争力。企业拥有较高的品牌知名度，就有了在竞争中的优势地位。对于具有家喻户晓的大品牌企业来说，知名度是他们开辟新市场的利器，现在企业都面临的是如何提升品牌知名度的问题，企业都在不遗余力地建设自己的品牌来提高知名度。现在品牌知名度已经成为企业资产的一部分，如企业花费巨资进行冠名活动，迅速获得知名度。但是在竞争激烈的市场中，仅仅提升品牌知名度而没有将其转化为实际的销售收益，对企业是巨大的浪费，因为品牌知名度可能需要企业投入巨资来获得。

4）售后服务竞争

售后服务是售后最重要的环节。售后服务内容已经成为企业战胜对手的重要方面之一。安装、调试、定期维护和保养、保证维修零配件的供应等，售后服务的优劣直接影响着客户的满意程度。优质的售后服务已经演变成为品牌建设的步骤，随着客户意识和观念的变化，客户不再只关注产品本身，还重视其售后服务情况，如在汽车销售中客户对 4S 店的重视程度非常高。人们相信名牌产品的售后服务往往优于其他产品，主要考虑到售后服务成本问题，名牌企业在制定销售策略时必定会考虑到并能够兑现承诺。

2. 客户服务时代的到来

当企业之间在产品质量、售后服务、品牌知名度、价格领域的竞争达到同一水平或几乎没有多大区别时，企业将如何赢得竞争的优势呢？竞争归根结底是对客户资源的竞争，谁赢得客户，谁就赢得了市场。这是因为在科学技术发达的商品市场社会，竞争对手可以在非常短的时间内模仿出你的产品，可能会侵占部分市场。但是他们永远也无法模仿的是你和客户的良好合作关系，是你通过卓越的客户服务吸引新客户和维系老客户的忠诚度的能力。企业必须清醒地认识到客户服务时代已经到来，产品的质量和生产技术不足以让企业长期生存和发展。企业必须通过满足客户的需求，开发和提升客户的价值，从而让企业获利，因此优质的客户服务将是企业的核心竞争力。

> **案例分析**
>
> 中国著名的家电制造企业海尔集团于 1984 年创立于青岛。创业以来，海尔坚持以用户需求为中心的创新体系驱动企业持续健康发展，从一家资不抵债、濒临倒闭的集体小厂发展成为全球最大的家用电器制造商之一。海尔文化的核心是创新，它的创新做法之一是：企业必须从"以企业为中心卖产品"转变为"以用户为中心卖服务"，即用户驱动的"即需即供"模式。用户即客户，海尔确立了以客户为中心的服务品牌。1995 年，海尔就提出了"星级服务"，它的宗旨是：用户永远是对的。海尔成功依靠的是"星级服务"，不断给客户提供最满意的产品和服务，客户也为企业带来最好的效益。用张瑞敏的话来说："海尔注重的是服务第一。服务取胜，服务强企。"

现代企业尤其是大型企业不断地发展壮大，产品和经营范围触角顺着产业链延伸，使企业之间的界限越来越模糊，再加上经济的全球化，企业所面临的市场竞争无论在广度还是深度上都在进一步扩大，竞争者已不仅仅包括行业内部已有的或潜在的竞争对手。客户的行为左右着企业的竞争策略，企业认识到满足客户的个性化需求的重要性，甚至能超越客户的需要和期望。以客户为中心、倾听客户呼声和需求、对不断变化的客户期望迅速做出反应的能力成为企业成功的关键。企业的生产运作开始转到完全围绕以"客户"为中心进行，从而满足客户的个性化需求。

二、客户服务对企业的重要性

1. 优质的客户服务是争取和保持客户的手段

首先，客户选购商品时，总是希望付出最低的成本，获得最大利益，在商品的质量和性能相似的情况下，客户感知价值高的商品容易获得客户的青睐，优质的客户服务增加了商品的附加值，让客户获得更大的客户让渡价值，从而吸引更多的客户。如企业在客户购买量达到一定条件后提供免费送货服务，这项服务措施增加了客户价值，自然能够争取到客户。

其次，只让客户满意是远远不够的，客户对这次服务感到满意并购买，下次可能会购买其他企业的商品。优质的客户服务是以建立优质的客户关系为衡量目标，客户与企业之间拥有良好的合作、共赢、信任的关系，让客户最终成为企业的忠诚客户。

最后，客户流失是在所难免的事情，防止客户流失最好的方法是满足客户的个性化，优质的客户服务是以客户为中心，让企业与客户全方位地对接，甚至成为客户业务流程的一个组成部分，即使客户有流失的愿望，但是高额的流失成本也会让客户却步。例如，敦豪（DHL）公司秉承为客户提供最佳服务、创造最大价值的客户价值创新战略，本着快速、迅捷、高效的服务宗旨，为客户提供快递服务，还可以向客户提供接入点服务，使客户不必到敦豪网点办理业务，为客户提供个性化的电子商务解决方案和量身定做的物流解决方案来防止客户流失。

2. 优质的客户服务给企业带来巨大的经济效益

客户是企业利润之源，企业拥有了客户就拥有了利润，客户是企业的无形资产，优质的客户服务就是能够为企业带来吸引和留住客户的保障。相对于其他的竞争手段，服务是投入成本较低，但回报较高，更多的是需要客户服务人员提高服务意识，用真诚、热情的服务态度，为客户提供满意的服务，从而战胜竞争对手。同时，由于客户享受到超值的服务过程，企业形成良好的口碑，培养了老客户的忠诚度，降低了开发新客户的成本，所以说优质的客户服务能够给企业带来巨大的经济效益。

3. 优质的客户服务是企业最好的品牌

优质的客户服务不仅能够招来更多的客户，还让企业具有更强的竞争力，同时优质的服务代表着企业的整体形象、综合素质和经营理念。有些企业投入广告来塑造形象，由于广告有夸大效应，客户普遍对广告有不信任感，广告塑造出来的企业形象与企业在经营活动中的服务之间存在差距，花费了巨资也很难买的口碑。客户在企业服务中的良好体验，会在客户之间成为谈资传播，优质的服务有助于企业树立服务品牌形象，提高企业的知名度和美誉度，是企业赢得客户的最好品牌。

4. 优质的客户服务是企业发展壮大的动力

企业在有盈利的基础上才会有发展的可能，良好的客户服务使得企业进入良性循环，实现扩大再生产。优质的客户服务就是不断发掘客户的需求，为企业提供新的服务机会，企业就可获得更丰厚的利润；不断的创新产品和服务，进一步提高客户的满意度，让客户的需要增长，企业经营螺旋式上升。由于企业发展的动力源于企业的利润不断增加，所以可以得出这样的结论，优质的客户服务会成为企业发展壮大的动力。

三、客户服务面临的挑战

随着社会前进的步伐，客户服务面临诸多挑战。互联网带来的信息化时代的到来，全球经济一体化市场变化风起云涌，使用移动设备连接互联网的趋势席卷世界，人口老龄化逼近，生活环境和社会环境改善，人们的思维方式和生活理念不断发生着变化，以客户为中心的服务必然会随之而动，困难和机遇并存。

全球经济一体化，目前中国处于经济转型阶段，大量外资制造业前往东南亚，原来引以为豪的中国制造可能会发生变化，大量的劳动力都会涌向服务领域。一名合格的客服人员是在工作中逐渐成长起来的，教育培训的不足，会让服务水平参差不齐，影响客户的满意度。

互联网改变了社会的方方面面。消费者在购买前会先查询网络信息，看产品、看企业、看评价，网络的企业印象左右着消费者的购买行为。社交媒体网站改变了消费者与企业之间的沟通模式，不但可以实现传统一对一的互动服务，消费者还可以公开发表他们的意见，企业只能选择何时以及如何应对。网络服务渠道是无缝渠道，客户借助移动互联网设备，希望可以在"任何时间，任何地点"个性化交互沟通服务，这就要求企业去适应客户的无缝需求。传统渠道的压力就是新型渠道的机会，客户服务就是在改革创新之路上前行。

▌▌客户服务践行

1. 当你站在货架前选购商品时，请将选择的商品与其他商品进行比较。

购买目的	
选择的商品	
理由	
同类商品其他品牌	
不选理由	
对生产企业的建议	

2. 比较3家网店企业，分析它们在客户服务方面各自的优势与不足。

企业　　分析			
优势			
不足			

▌▌能力评价

学习本节内容，将自己的体会做成10分钟的幻灯片并讲解，然后从以下几个方面进行评价。

序号	评价内容	自　评	他　评
1	讲解内容		
2	演示文稿内容		
3	演示文稿风格		

续表

序号	评价内容	自 评	他 评
4	讲解风格		
5	讲解效果		

拓展阅读

寡头垄断市场和完全垄断市场

寡头垄断市场是指少数几家企业控制整个市场的产品的生产和销售的一种市场组织。在寡头竞争市场条件下，价格的制定由这些寡头所决定，如果寡头勾结，市场价格可被寡头组织完全操纵。完全垄断市场是指整个行业的市场由一家企业所完全控制，也就是一家企业控制某种产品的市场，产品没有任何替代品，产品定价上享有较大的自由度，可以定出较高的价格。形成垄断的原因主要包括资源独占、享有专利权、政府特许经营及自然垄断。

资源独占是指独家企业控制了生产某种商品的全部资源或基本资源的供给，其他企业由于没有生产资源，而不能生产同种产品或替代产品。

享有专利权是指独家企业拥有生产某种商品的专利权。在专利保护时期内，它可以受法律保护垄断该产品的生产。

政府的特许是指政府往往在某些行业实施垄断的政策，如铁路运输部门、供电供水部门等关系到国家安全的部门。

自然垄断简单地说就是，行业内有某个企业凭借雄厚的经济实力和其他优势，发挥出这一企业的生产能力，就可以满足整个市场对该种产品的需求，从而垄断了整个行业的生产和销售。这就是自然垄断。

- 垄断的缺点。在均衡状态中，垄断市场价格要高于完全竞争。相对于完全竞争市场中的企业，垄断企业没有以可能的最低成本进行生产，所生产的产量也小于在完全竞争市场中应该达到的产量。垄断企业获得的超额利润被视为收入，造成分配的不平等。
- 垄断的优点。由于垄断企业的规模可以很大，因而可以获得规模经济带来的好处。其研究和开发的能力也可能使得垄断企业具有更低的成本。长期获得超额利润可以促进生产新产品的垄断企业或行业的进一步发展。

小　结

随着市场竞争的加剧以及客户服务时代的到来，客户服务成为企业的核心竞争力，优质的客户服务是争取和保持客户的手段，给企业带来巨大的经济效益。何为服务？如何理解客户？对客户服务的内容和形式的理解关系到客户服务的效果。

从某种意义上讲，我们从事的工作都是服务，企业生产是为了消费者服务，国家行政管理其实也是为国民服务，已经有服务型政府的理念，我国更有"为人民服务"的誓言，可以看出服务概念内涵非常广泛。因此，学术界对服务进行研究获得许多成果，他们根据自己的研究方向给出了分类结果，从不同的角度也有不同的认识：托马斯分类法、蔡斯分类法、施曼纳分类法、罗伍劳克分类法。通过对服务细分可以更加清晰什么是服务。在商品领域将服务认定为产品，根据营销大师莱维特整体产品的概念，将服务产品分解为五个层次：核心利益、基础产品、期望产品、延伸产品和潜在产品。

服务产品与有形产品存在显著区别，有形商品是被制造出来的，而无形服务是被执行的。为了让企业提高服务产品质量和让消费者更好地识别服务产品，就要理解服务的特征，服务的本质特征是无形性，它决定着其他的特征：同时性、不一致性和不可储存性。服务是一组活动行为，在服务过程中服务的生产和消费同时进行，服务者与消费者共同参与，服务中服务者与消费者必然发生交互，因此服务质量与人员和消费者都有关系。从企业角度来看，服务人员的素质直接影响着服务质量，企业需要通过培训提高服务人员综合素养重要。服务过程是人与人的互动，有许多因素影响着服务稳定性，造成了服务的不一致性。服务是无形活动过程，它的不可储存性成为服务生产不能逾越的障碍。

在商业领域的服务就是为客户服务，企业为客户服务，客户消费产品为企业带来利益，没有了客户就没有了企业的生存基础，因此重视客户是企业的共识。为了及时、周到地提供服务，现代企业在客户管理上各显神通，根据自己的特点向客户提供个性化的客户休验交互服务，最终达到是吸引新客户，提高客户的满意度和忠诚度，最大限度地开发利用客户，实现企业利润最大化的目的。

客户细分是根据客户的属性、行为、需求、偏好以及价值等因素对客户进行分类，并提供有针对性的产品和差异化服务。企业根据不同角度对客户分类，根据不同类客户的要求提供不同服务。如大客户也称重点客户、优质客户、关键客户，它对企业有巨大贡献，需要对他们量身定做产品和服务，满足大客户的特定需要，维系与大客户之间的关系。

企业实施客户服务就是在适当的时间和地点，以适当的方式和价格，为目标客户提供适当的产品和服务，满足客户的适当需求，使企业和客户的价值都得到提升的活动过程。企业的产品、行业、地域等各自特点不同，客户服务形式也多种多样。通过对客户服务过程、客户服务的渠道等进行分类，对客户服务内容进行细化。为了让无形的客户服务更容易让客户感知，企业不遗余力地对客户服务进行"有形展示"。通过对服务环境、员工、品牌载体、信息资料等有形线索的管理，增强客户对服务产品的理解和认识。

■■■■■■■■■■■■■■■■ 思 考 题 ■■■■■■■■■■■■■■■■

1. 在网上搜索客服职业员工薪水和相关信息，并与同事交流。

2. 描述服务行业的现状，列举出服务领域存在的主要问题，并且说明哪些问题会直接影响你的工作和学习，想想应该怎样解决这些问题，将对策列出。

3. 美国独立企业联盟主席杰克·法里斯 13 岁就在父母的加油站工作，任务是快速检查油量、传动带、蓄电池、水箱。法里斯发现他干得好，顾客就会再来。法里斯就多干些，擦车、擦玻璃、擦车灯。有一段时间一位老太太每周都来清洗、打蜡，但是车旧、不好处理，而且她很苛刻。法里斯忍受不了，向父母抱怨。父亲告诫说："孩子，记住，这是你的工作，不管顾客说什么，你都要记住做好你的工作，并应有礼貌地去为顾客服务。"案例中法里斯是如何理解服务的？

4. 在网上搜索企业依靠服务在竞争市场中成功的案例。

5. 如何理解服务的无形性？

6. 服务的本质是无形的，如何理解服务的特征来源与无形性？

7. 分析麦当劳成功的经验，它是如何利用和解决服务的特征的？

8. 客户对于企业有哪些价值？

9. 学生针对教师客户，如何提高顾客让渡价值？

10. 客户分类对于企业有哪些价值？

11. 未来如何对待内部客户？

12. 如何理解客户服务的含义？

13. 如何理解客户服务的目标？

14. 客户分类对于企业有哪些价值？

15. 未来如何对待内部客户？

16. 针对你想从事的行业现状，在客户服务方面有哪些建议？

17. 如何树立内部客户品牌？

第2章

实践客户服务

学习目标 ☞

1. 了解服务流程及流程再造;
2. 掌握服务关键时刻行动要点;
3. 了解前台客服工作内容;
4. 了解会议服务工作内容;
5. 了解电话客服工作内容。

2.1 客户服务流程

引入案例

　　海尔集团从1984年开始创业,经过艰苦奋斗和卓越创新,从一个濒临倒闭的集体小厂发展壮大成为在国内外享有较高美誉的跨国企业。海尔成功的因素有很多,其中业务流程再造为海尔集团发展起到推动作用。自1998年海尔开始实施国际化战略以来,对原来的业务流程进行了重新设计和再造,大大提升了海尔的国际竞争力,促进了企业的可持续发展,取得了前所未有的经营效果。海尔集团流程再造思路是以订单信息流为中心带动商流、物流、资金流的业务流程。通过整合,海尔业务流程从原来分散的负责采购、制造、销售过程转变为统一面向市场客户的生产、开发产品过程,通过生产、开发出能满足消费者需求的商品,创造有价值的订单,避免了通过恶性价格竞争赢取利润。

2.1.1 客户服务流程

　　服务企业的服务活动都有自己的流程,流程的设置是否合理影响着服务能否顺利进行,因此,服务流程要随着服务及客户的变化及时做出调整。同时,通过观察或体验服务流程，客户也可以知道自己接受了哪些服务，以及如何参与服务。

基础知识

一、客户服务流程

1. 客户服务流程概述

流程的含义是一个或一系列连续有规律的行动，这些行动以确定的方式发生或执行，导致特定结果的实现，更简单地说就是一个或一系列连续的操作。

客户服务流程的概念是从客户角度来观察事物，由企业在每个服务步骤和环节上为客户提供一系列服务的总和。整个服务过程包括服务生产、交易和消费有关的程序、操作方针、组织机制、人员处置的使用规则、对客户参与的规定、对客户的指导、活动的流程等。

从企业角度说，客户服务流程是为了对客户服务工作细节的梳理，以便服务的质量、速度、满意度都达到标准化；是企业向客户提供服务的整个过程和完成这个过程所需要素的组合方式，如服务行为、工作方式、服务程序和路线、设施布局、材料配送等。

各职能部门也会有部门流程，对于部门的流程工作就是全面地监控工作进度，保证时间和质量；将工作有计划地进行下去，并掌控一切所产生的成本。流程规范了工作方式，监控了工作进度，保证了质量。

如我们熟知的电话客服流程就是一种咨询业务工作流程，当接通客户打入电话后，如何问候；客户问到其类问题，如何回答；如何结束这次通话，都有标准服务话术。如果去机关单元办理各种事项，经常会在明显的位置有办事流程的提示，让来办理事情的人员知道操作步骤，避免时间的浪费，它即是企业的业务流程和客户服务流程。这些服务流程无时无刻不出现在我们身边，大家已经习惯了它的存在。

? 想一想

举例说明身边的服务流程并与同学分享。

2. 客户服务流程的特征及分类

由于服务和服务产品的特点，服务的流程也表现出两个主要的特征：复杂性和差异性。复杂性是指服务流程中评估服务步骤数量和复杂程度的指标。差异性是指服务流程中服务人员客户化的程度和主观判断空间的多少。如大型超市的服务流程就比专卖店的服务流程复杂，医疗服务流程就比车辆年检服务流程差异性大。从服务流程的这两个维度分析服务流程，有些服务流程即复杂又差异性大，有些流程简单无差异，对企业和服务人员提出了不同的要求，如金融投资服务流程复杂而且差异性大，这就要求服务员工有较强的专业技术。如果从学生角度来说，即将走上工作岗位，对未来的服务工作流程要做必要的心理准备，如果是简单的服务工作，可能会比较枯燥，重复性的劳动会比较多；如果想去做具有挑战性的工作，就需要现在努力去掌握必要的专业知识和技能，为将来的工作岗位做准备。

客户服务流程有许多，通过对它们进行分类，可以对这些服务流程有进一步的认识。分类的方法有如下几种。

根据产品差异化的程度分类：标准化服务和专业化服务（差异低和高）。

根据服务对象的不同分类：处理实体产品的服务、信息服务和对人的服务。

根据服务接触的程度分类：服务过程中客户直接参与、客户通过电子媒介间接参与或没有参与。

以客户接待服务流程为例分析它的特征会发现，它紧紧围绕人而不是物品来展开服务，就要求在服务流程中对人的各种需求、特征等因素加以考虑，增加了服务流程的复杂性。对于服务人员来说，服务的对象是人，需要具备人的性格、心理、习俗等方向的知识，才能够在服务流程的环节中提供专业化的服务。

3. 服务过程流程图

服务流程图是用简洁明确的方式，将服务理念和设计思路转化为服务传递系统的图示方法。服务过程流程图是服务过程的分解细化图，其目的是准确地描述服务过程的各个程序，使得参与服务过程的员工、客户，以及管理者客观地认识服务过程，清楚自己在服务过程中的角色，以使服务能够顺利地完成。如在服务场所，可以或必须让客户知道的服务流程大多数是以流程图的方式展示给客户的，企业一定会将流程图展示在醒目的位置或有明确的服务流程标示，会让第一次来接受服务的客户在心理上有踏实的感觉，知道自己会经历哪些服务过程。

客户服务流程图的内容会展示出实施过程、服务接触点、客户角色、员工角色和服务中的可见要素。在绘制客户服务流程图时要注意两个方面：以客户视角来进行思考，注重客户对流程图的认识和评价；以全局观念来对服务整体进行设计。客户服务人员通过将服务流程用流程图的方式描绘出来，可以对整个服务过程有清晰的认识，对各个环节的目的和任务、自己的服务所处环节在整个过程中的地位、对客户产生怎样的影响、需要加强与哪些同事之间的协作配合等做到心中有数，达到提高客户服务的整体效果。

练一练

画出熟知的客户服务流程与同学分享。

4. 服务流程的瓶颈及原因

在客户服务过程中，客户会遇到一些服务不满意的地方，如在就餐服务过程中，大家可能都有过长时间等待的经历，主要是由于厨师需要时间来烹制食物，有些菜肴的制作方法本身需要很长时间，所以客人点餐后饭菜不能尽快端上餐桌，造成客人急切等待现象，这说明在服务流程设计中出现了瓶颈问题。瓶颈是在服务或产品生产过程中占据最长时间，从而限定了全过程的最大流速的活动。服务瓶颈有慢性的也有突发性的。慢性瓶颈有能力不足、质量问题、设施布局问题、设计缺乏柔性等；突发性瓶颈有机器故障、物料短缺、人员短缺等。

服务过程中出现瓶颈方造成客户的不满，必然要解决瓶颈问题。如何消除服务流程中的瓶颈一直是困扰企业的难题，解决问题的思路可以从以下几个方面考虑。

（1）通过细分流程可以使流程流动更加通畅有序，细化环节可以将隐藏在流程内部的问题找出来加以解决，但同时会让流程复杂化，环节连接出现问题，如果客户参与其中，也会引起客户不满。

（2）服务运作真正的效率取决于高峰期的服务运作，根据客户服务过程中需求量最大时的情况设计服务流程，可以解决瓶颈问题。看似很好的一个方法，其实对于企业来说就是不现实的方法，因为它增加了企业巨额成本，当高峰过后，它将面临利润损失，是企业无法也是不能承受的，也与企业以盈利为目的所违背，企业往往会采取一个中间值的方法来对待。

想一想

设想你未来的服务岗位上会有哪些服务瓶颈？可能的解决方法是什么？

（3）富余能力的处置，即使采用中间值处理，客户服务需求低估时也会有闲置情况发生，这是资源浪费现象，企业要对这些能力进行处理，降低企业损失。

二、客户服务流程设计与再造

1. 客户服务流程设计

客户服务流程设计是指设计者为提高服务效率和效益对服务企业各种资源的结构、配置等进行综合策划的活动过程。服务流程设计时，需要考虑的要素非常复杂。客户服务业务流程具有顺序性，一个环节结束后，进入下一个环节，各个部门各司其职是远远达不到现在客户的服务诉求的，要设计使得各部门的人统一调度和配合。企业必须在全面了解客户心理需求的基础上，设计合理的符合要求的服务。微笑服务只是服务的最初级的服务层次，已经不能满足客户深层次的要求，企业需要有针对性地提高详细服务和专业沟通能力，引导客户合理消费，提高价值。

服务流程设计包括定义服务活动，设计和控制服务产品，如回转寿司既是一个服务产品也是一个服务流程。服务企业把握着对服务的主导方向，它大致可分为三个方向。

一是客户导向性服务，用独特的流程来实现客户的高定制化，满足客户需求，但是企业会出现大量流程路径，可能伴有混乱流程，承担大量不确定性的杂乱工作。

二是企业导向型服务，客户处于被动地位，接受高度重复的流程来实现标准化服务，企业只需要有限的流程和低复杂性的工作。

三是合作型服务，是客户与企业妥协的产物，客户在服务流程中有一定的决策权利，企业增加适量的流程和中等复杂性工作。

想一想

1. 有哪些客户服务设计是以客户导向性服务？
2. 有哪些客户服务设计是以企业导向性服务？

服务流程设计要解决在客户与企业服务者接触时许许多多的不确定因素，如接触程度、服务变动与效率。流程中要把握服务质量，还要设计当出现服务失败后服务的恢复与承诺流程，整个流程设计中注意服务技术与服务、员工与服务之间的关系。流程设计中如兼顾了内部服务员工的满意度，员工状态稳定就会使得生产力提高，服务必然使客户价值上升，结果是客户从满意到忠诚，企业获得更大利润。

2. 客户服务流程的设计方法

1）生产线法（工业化法）

生产线法使服务企业能够像制造业企业一样，以流水线作业方式成规模地提供标准化的服务产品。这样的服务流程特点是服务行为自由度低，分工严格细致，操作标准化。

练一练

请画出麦当劳餐饮服务流程图。

2）客户合作生产法（自助服务法）

这种服务提供系统的设计方法来鼓励客户积极参与，允许客户在服务过程中扮演积极的角色。一些本来由服务组织承担的工作转交给客户来完成，这样一方面由于客户变为合作生产者而使服务企业生产力得到提高；另一方面客户的参与也提高了服务定制的程度，进而提高了客户的满意度。它的特点是提高了定制程度，理顺了客户服务需求。

3）高低接触分离法

高低接触分离法就是将一个服务提供系统分为高客户接触的作业和低客户接触的作业两部分，然后在每一个领域内单独设计服务过程，既实现了客户个性化服务，又能够批量生产，实现规划经济。

4）信息授权法

运用信息技术授权员工与客户，并使得客户得以在服务过程中采取较为主动的角色的服务流程设计，这需要员工授权和客户授权。

5）集成设计方法

集成利用上述四种方法的优势思路，将完整的服务产品和服务提供系统作为一个有机整体来考虑，将服务运营活动划分为前台运营和后台运营，在前台充分运用客户化方法，在后台尽量运用工业化方法，同时实现客户化服务高效运用的目标。

3. 服务流程设计面临再造设计

今日的市场信息瞬息万变，市场日趋饱和，客户需求日益增高。在这样的市场背景下，业务流程再造的思想应运而生，并成为全球的一种重要的管理学理论和实践方法。它主要是强调对企业现有的核心业务流程进行颠覆性的再思考和设计，从而使得企业的资源得以实现以流程为中心进行再次整合，最终达到提高企业的运营效率和经营业绩的目的，这是一次管理变革浪潮。原因还在于不少服务企业通常是在遭遇服务失败后，为挽救和保留不满意的客户才开始重视服务设计与质量改进工作的。最理想的做法是，要求企业从对服务质量的监督转向以优秀服务质量为设计导向。通过科学的设计达到客户满意目标，而不是遇到客户抱怨之后才着手弥补过失。

服务流程再造是指服务企业从客户需求出发，以服务流程为改造对象，对服务流程进行根本性的思考和分析。通过对服务流程的构成要素进行重新组合，产生出更有价值的结果。同时，通过服务流程彻底地重新设计，使服务企业业务流程的绩效获得极大改善和提高的活动过程。客户服务流程再造的目标是一个面向客户满意度的业务流程，它的核心思想是要打破企业按职能设置部门的管理方式，代之以业务流程为中心，重新设计企业管理过程，从整体上确认企业的作业流程，追求全局最优，而不是个别最优。如使用流程图法，描绘出流程图的目的就是为了流程再造，最终实现再造意图。

? 想一想

1. 在你未来可能的服务岗位上，对客户服务流程再造，画出一个以面向客户满意度为目标的业务流程。

2. 将前台客服工作流程进行再造，提高流程的复杂性，达到接待工作的专业化。

▮ 客户服务践行

1. 说出某企业的客户服务流程。
2. 画出办公室服务的流程图。

▮ 能力评价

学习本节内容，将自己的体会做成 10 分钟的幻灯片并讲解，然后从以下几个方面进行评价。

序号	评价内容	自　评	他　评
1	讲解内容		
2	演示文稿内容		
3	演示文稿风格		
4	讲解风格		
5	讲解效果		

拓展阅读

宜家家居服务介绍

在宜家营造体验式购物环境，使购物变得轻松、自在是宜家商场的特征。宜家强烈鼓励消费者在卖场进行全面的亲身体验，比如拉开抽屉、打开柜门、在地毯上走走、试一试床和沙发是否坚固等。在宜家，所有能坐的商品，无一不可坐上去试试感觉。展示处还特意提示："请坐上去！感觉一下它是多么的舒服！"这就是宜家。

● 宜家 IKEA 公司的创业发展史。

1926 年，宜家创始人英格瓦·坎普拉德出生在瑞典南部的斯马兰小村庄。1943年，坎普拉德创立宜家，这是他 17 岁时他父亲送给他的毕业礼物。IKEA 取自于他的名字首写（IK）和他所在的农场（Elmlaryd）以及村庄（Agannaryd）的第一个字母组合。起始销售低价格小商品，邮购产品目录。1950 年，将家具引入宜家的产品系列中；1951 年，出版第一本宜家产品目录。他们看到成为大规模家具供应商的机会，开始集中力量生产低价家具，今天熟知的宜家从此诞生了。1955 年，宜家开始设计自己的家具，并考虑平板可拆卸包装问题，就此形成宜家工作模式，即方便运输，部件化生产。1958 年，创建第一家宜家商场，这是北欧最大的家具展示场所。1965 年，开办斯德哥尔摩宜家商场，宜家概念的重要部分——仓储式商场诞生。1973 年以后，在联邦德国、澳大利亚、加拿大、奥地利、荷兰开办宜家商场。1998 年，在中国上海开办第一家宜家商场。

- 宜家的经营理念。

经营理念：提供种类繁多、美观实用、老百姓买得起的家居用品。

服务理念：使购买家具更为快乐。

宜家服务流程如图 2-1 所示。

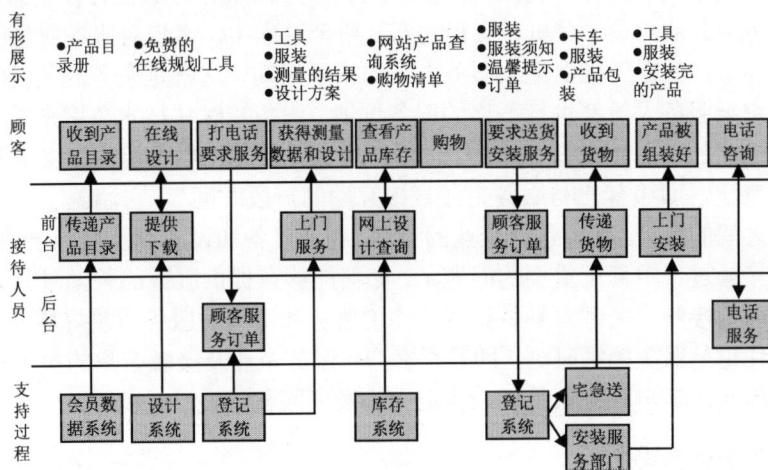

图 2-1　宜家服务流程

宜家购物流程如图 2-2 所示。

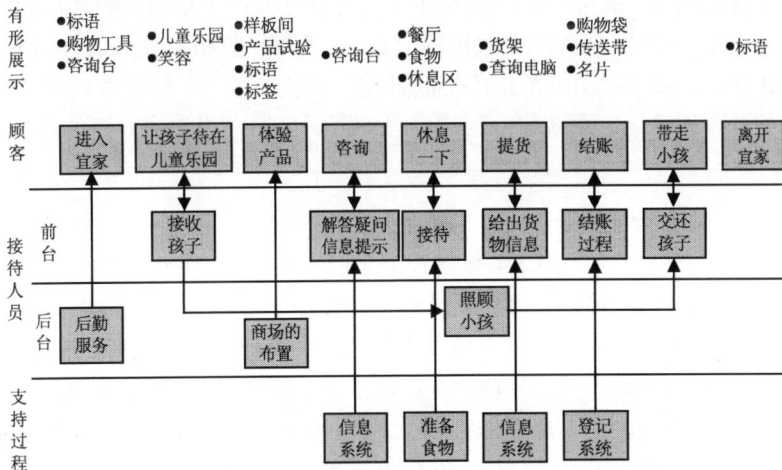

图 2-2　宜家购物流程

2.1.2 服务接触时刻

企业的生产和服务都是围绕满足客户需求展开的，在整个服务过程中，现场服务环节对客户的满意度影响很大，客户服务人员接触客户时的表现是客户亲身体验服务而获得的感受，它决定着服务的成败，与客户直接交互取得客户的认可，也是客户服务人员的能力体现。

基础知识

一、关键时刻

客户服务过程由许多环节构成，但各个组成部分在服务的地位有较大的区别，如在航空客运服务中，从购票、登机、飞行到离开整个过程中，客户对服务质量的评价往往会注重几个环节，如在飞机上空乘服务人员的接触活动，这就是服务的关键时刻，所以航空公司对空乘服务人员都进行严格的服务培训。服务接触从技术角度来看是"客户与服务提供商之间的双向交流"。1985 年，舒斯塔克对服务接触作出的定义从某种程度上来说要更为宽泛，即"客户与服务企业直接互动的一段时间"。它涵盖了客户与服务企业所有方面之间的互动，其中包括企业的员工、物资设备和设施以及其他一些有形要素，但是在服务接触过程中真正重要的问题是，如何能够在提供服务的关键时刻处理好这种与客户面对面的接触。关键时刻是指客户评价服务和形成对服务质量好坏评价的瞬间。关键时刻往往也是服务接触时刻，即是指客户、服务企业及接触客户的员工三者相互作用而形成。因此，客户服务人员要在实践中去发现服务的关键时刻。

二、关键时刻的行为模式

在服务接触过程中，服务人员首先所要做的就是给客户留下好印象，通过微笑问候让客户安心，并且赢得客户的关注和信任；其次是观察和感知客户，这一步骤非常重要，观察客户并寻找着眼点，取得与客户的交集，尤其重视客户而专心倾听客户的谈话，从而判断出客户的需求，这就要发挥服务人员的想象力，参照经验和相关知识去思考得出结论；然后就是实施行动，服务活动就是角色扮演过程，追求迅速完美的服务效果；最后是服务总结，将服务过程理论化、系统化，形成自己的服务手册，内化成自己的经验知识。

案例分析

曾经听到过这样一个故事，一个人开了一家小公司，手里没有好的货源，就想申请成为一家大企业品牌产品的代理商，他就去企业碰运气。在经理办公室外等候的人很多，都是一些规模比较大的公司，当他走进经理办公室时，几乎要失去信心了，无意间看到经理办公桌上有一本《周易》，坐下后他没有谈代理的事情，两个人开始聊起了《周易》，最后他才提出申请代理的事情。经理说自己也很累，经常要谈业务，和他聊天缓解了许多，代理给谁区别不大，就同意了他的申请。这个案例其实非常普遍，与客户有谈资可以拉近直接的关系，赢得客户的信任，有助于业务开展。因此可以看出，在与客户接触过程时，对客户的观察和有效交流，让客户满意非常重要。

有人将关键时刻的行为总结成"探索—提议—行动—确认"。其含义是：服务人员探索客户的需求，接着提出一个满足客户要求的提议，然后根据先前的提议采取行动，实践承诺，最后确认自己的行动是否获得客户的满意，甚至超越客户的期望。

？想一想

"探索—提议—行动—确认"这四个环节哪个更重要？为什么？请说出理由。

1. 探索需求

当我们走进商场时，可以看到商品琳琅满目，同一种商品有多个品牌，同一品牌也有多种款式或型号，充分体现出了商品的多样性。从这方面可以逆向推出不同的客户的认知不同、需求不同，那么客户真正想要的是什么？

了解客户的需求和想法是客户服务人员都想要知道的事情，这是一个探索过程，探索的起步无关乎你做什么，而是在于你怎么想。许多的服务失败就是没有发现客户的需求，它是服务过程的基础，如何才能做到成功探索呢？它包括 3 个要素：为客户着想、客户期望和积极倾听。

1）为客户着想

为客户着想才是服务客户成功的秘诀，先要让客户感到自己增值。为客户着想可分两个方面：客户的企业利益和客户的个人利益，如改善客户的服务，增加客户企业收入，降低客户企业成本等有助于客户的业务方面，再如减轻客户压力，协助客户个人成长，提升客户个人地位等有助于客户个人获得利益。立足于客户的立场，为客户着想才能探索到客户的需求。

2）客户期望

客户的期望就是客户要求背后没有直接说出来的想法，期望看到的结果。作为客户服务人员不仅要满足客户所表达的需求，更要挖掘客户潜在的需求，令客户愉悦。

案例分析

> 有一位老太太去菜市场买水果，到水果摊前问苹果酸不酸，小贩兴高采烈地回答："甜着呢!"老太太又问："有酸的吗？"小贩说："没有，没人要酸的。"老太太问了好几个水果摊，回答是一样的。老太太很失望，又走到一个摊位前，摊主是一个小伙子，笑着主动问需要什么，老太太还是问是否有酸苹果，小伙子感到奇怪，问为什么要酸苹果，老太太说儿媳妇怀孕了，喜欢酸的水果，小伙子立刻对老太太表示恭喜，并推荐了几种适合孕妇吃的水果，老太太虽然没有买到酸苹果，但是很高兴地买到其他几种水果回去了。这个案例告诉我们要发掘客户真正的需求，并超越客户的期望。

在探索客户需求时，可以发现客户的期望有可能是错误的。例如，病人去医院就诊，病人的期望是医生能够准确诊断出自己的病情，对症下药、药到病除。但是在现实中这是不可能的，即使常见的感冒病症，也没有特效药立刻消除症状，病人服药三五天之后，病症才能有效缓解。病人的期望太高也是造成医患矛盾之一。客户由于种种原因对服务的期望过高，势必造成客户对企业提供的服务不信赖，客户的这种错误，企业需要花费大量的资源去弥补，所以预防客户的错误是关键。如何管理客户的期望？首先收集与分析客户基本信息，掌握客户的心理预期，分析客户需求。客户的期望可能是模糊期望，客户能够意识到自己有必要接受某种服务以改变自己的现状，但却无法表达或者不知道应该怎么去做来达到这种目的。也可能是显性期望，客户明确知道自己需要什么样的服务，并能够清楚地表达出来；还有可能是隐性期望，客户认为这些服务是企业理所应当提供的，也是自己理应获得的，并不需要特别表达。客户的期望管理就要促使客户期望显性化，采用分级服务标准，同时关注公平和保证可靠性，在客户细分基础上，对不同客户群体应有针对性地推出不同类型的服务或产品，努力实现服务或产品差异化，及时修正不利的客户期望，做到超越客户期望。

3）积极倾听

探索客户的需求，首先要当一个好听众，积极倾听客户的声音。倾听时要和客户站在相同的立场。积极倾听表现在：倾听时要有良好的肢体语言，让客户感到被重视，不要打岔，对场面作出回应，即对客户表达的内容作出回应。问对问题，探索需求的问题要围绕客户的需求有针对性地展开，对关键问题或内容要清晰地界定和确认。

时刻站在客户的立场上思考问题并作出回应并非易事，往往与客户沟通时产生误解，甚至争执，都是因为服务人员更多时候站在自己的立场上思考问题。保持"同理心"就是要了解对方的意图和情感，与对方产生心理的共鸣，才能有效沟通。

想一想

1. 什么是为客户着想？
2. 如何将客户隐性需求显性化？

案例分析

一个业务员与客户谈一份合同，之前两个人已经谈过多次。这一次双方见面，客户非常高兴，和业务员大讲他儿子在学校比赛中获得冠军，他在平时是如何训练儿子的，业务员只是敷衍地说了几句，希望尽快将合同签了。最后客户说再考虑一下，就走了。当业务员再次和客户联系时，客户表示不想再与他签合同了。业务员说合同已经是极其优惠了，问还需要什么条件。客户回答说不是合同本身的问题，主要是上次见面时，对儿子获得冠军的事情不感兴趣，对他不尊重，只想着合同，只想着从中赚钱。这个案例是一个反面案例，业务员没有倾入感情去与客户对话，没有感受到客户的喜怒哀乐，没有做到积极的倾听才导致服务的失败。

2. 提出建议

提供适当的行动建议，以符合客户期望，这里"适当"是指提议应该达到的三个要素：完整、实际和双赢。完整是指满足客户的期望；实际是指考虑企业和服务者自身的能力；双赢是指客户与服务者都受益。

在为客户提出建议前，要对客户需求和企业支持能力进行分析。要为客户着想，要想客户的企业利益和个人利益，但企业要为客户创造价值的同时，也必须为自己创造利润，才能生存和发展，才能更好地服务客户。服务建议是在客户预期与企业利益之间的平衡点，确保服务者打算提供服务的是一个双赢的机会。对于这个商业机会，需要考虑的问题有许多，例如：这个服务机会是否真的具有利益？还有哪些竞争者？本企业的竞争优势在哪里？企业财务是否支持？谁将会影响此项决策？决策和实行的时程是什么样子？通过回答这些问题来决定提出什么样的服务建议。但是当不了解客户完整的期望；服务行动方案未被支持团队认可；缺乏做出服务提议所需要的专业技能；不是双赢的提议。这些情况下坚决不能提出服务建议。

想一想

1. 如何根据企业的利益做出双赢的提议？

2. 在哪些情况下不应当"提议"？

3. 行动

承诺并履行解决问题的方案，当交付所答应事项的时候，承诺对客户是很重要的，在行动阶段有以下指导原则可以帮助实现承诺。

1）为客户着想

在这个阶段服务者还在为客户着想吗？还在倾听客户的声音吗？客户的需求有改变吗？答案是肯定的。

2）防患于未然

服务者可以预留时间，以防错误或意外延误的风险，给自己一点安全缓冲，这样可以提早完成就更好了。

3）及时与客户沟通

和客户保持多沟通，不断地告诉客户的工作进度，也告诉服务团队。如果有任何坏消息，尤其当它影响到进度，无法履行诺言，甚至必须解除承诺时，必须及时告诉客户，越早与客户面对问题，就可以越早订出替代方案，让客户有时间考虑其他选择。隐瞒坏消息，最后才告诉客户，只会得到更坏的结果，信任也随之崩溃。

4）协调相关人员

服务人员应当像团队一样工作，将团队所有人协调在一起行动，运用专家们的专长来完成承诺客户的事项。

5）确认客户满意

是否完成工作应当由客户来确认，而不是服务人员自己认为已经完成了。因此，当逐步实践承诺的时候，要确认每一步骤都确实完成并且获得客户认可。

想一想

1. 怎样理解"行动"？

2. 体验过哪些"承诺"？

4. 确认反应

实施服务后，服务者必须确认客户的期望是否已经被满足，通过确认可以达到两个目的：第一，确定是否已让客户满意；第二，帮助客户回想为他们所做的事情，在客户的脑海里留下一个持续的正面印象，即一个正面的关键时刻。确认客户满意是总结回顾过程，有助于服务质量的提升，这已经得到企业的共识。确认客户满意的意义在于重视客户或者说让客户感到被重视。确认客户是否满意，主要是确认客户期望是否达成，对服务内容或事情是否满意；还在于确认客户感知是否愉悦？即在服务过程中对服务人员是否满意。通过客户对服务的反馈，可以对服务进行评估，留下好的服务经验和建议，对服务中的问题，在允许的情况下，给客户以服务补救，消除客户的不满，提高他们的满意度。

关键时刻行动模式是一个循环提升的过程，逐步形成自己的服务文化。这个服务行动模式其实理解很简单，主要的是行动，最关键的是付诸行动。

▌▌客户服务践行

1. 你一定有过这样的经历，作为干部接受老师的任务并布置给同学们，请填写下表。

这一任务的过程	
其中关键时刻	
理由	

2. 探索你父母对你在某件事情上的期望。

事件	
父母显性期望	
如何表述	
父母隐性期望	
如何表述	
事件结果	

▌▌能力评价

学习本节内容，将自己的体会做成 10 分钟的幻灯片并讲解，然后从以下几个方面进行评价。

序号	评价内容	自　评	他　评
1	讲解内容		
2	演示文稿内容		
3	演示文稿风格		
4	讲解风格		
5	讲解效果		

拓展阅读

服务接触模型

服务的特征之一是客户主动参与服务生产过程。在服务接触中，除了服务提供系统、有形展示等一些静态要素以外，能够起到能动作用的主体有三个：客户、直接提供服务的服务员工以及服务企业本身。为了提高效率，企业可能通过建立一系列严格的操作规程使服务系统标准化，结果严重限制了员工与客户接触时所拥有的自主权。客户只能从仅有的几种标准化的服务中选择，而不存在个性化的服务。

服务还具有交互性质。服务交互是指服务过程中客户与服务企业的人员的接触，也可以说是客户与服务人员进行接触并得到关于服务质量的印象的那段时间或过程。因此，Grove 与 Fisk 在 1983 年提出了服务交互剧场模型。他们将服务剧场的概念发展成一个完整的研究构架，以戏剧演出的概念描述服务接触的过程，包含四大组成要素：演员、观众、场景与表演。剧场具有 3 种功能：组织信息交流，限定演员和观众的互动方式，影响演员和观众的人际知觉。剧场理论中的"场景"指的就是提供服务的实体环境，服务依托"场景"这个有形实体完成传递服务过程。剧场理论中的"演员"，即是指为观众生产服务的人。剧场理论中的"观众"即为接受服务的客户。在服务接触的过程中，客户与服务人员的人际互动被称为"表演"，这是服务接触的核心。

诺曼还提出了服务关键时刻模型，在理解服务接触的重要性时，必须认识到代表服务企业"整体形象"的服务人员通常位于生产链中的最后一个环节，因为服务产品的生产和供应基本上是同步进行的，服务产品生产线上的最后一个员工同时还与客户接触，服务质量是由服务员工创造的，但却是由客户来加以判断和评说的。在客户看来服务接触发生时，这些与他们接触的员工体现了整个企业的形象，所以服务员工在展示服务企业"形象魅力"方面担负着巨大的责任。对于关键时刻影响的评估，可从三个方面入手：①标准期待值。这是客户对关键时刻最低限度期待值，标准期待值的范围很大，从客户认为会被采取的行动，到客户对某一部分体验的感受。②体验破坏因素。这是指造成顾客对于某一关键时刻感到失望或产生不满的体验。其中有些可能是起因于某些行为或不为，又或者只是单纯对于环境中的一些因素和事物的反应。③体验促进因素。这些是指发生在某一关键时刻，给客户的心目中留下极其良好印象的特别体验。

2.2 前台客服

记住客人的姓名

小李已是某酒店前台主管，说起这几年做前台客服人员的经验，她说首先就是要尽量记住你所接待的每一位客人的姓名，这将产生神奇的效果。

小李当班时，一次，一位常住外国客人从外面走进酒店大厅，当他走到服务台时，还没开口，小李就轻声称呼他的名字，主动微笑地把钥匙递上，这位客人大为吃惊，由于小李的做法，使他对酒店产生一种强烈的亲切感，旧地重游如回家一样。

还有一位客人在服务台高峰时进店，小李准确地叫出："乔治先生，服务台有您一个电话。"这位客人又惊又喜，感到自己受到了重视，受到了特殊的待遇，增加了一份自豪感，每次来这里都要住他们的酒店。

那天，一位外国客人第一次前往住店，小李从登记卡上看到客人的名字，迅速称呼他表示欢迎，客人先是吃了一惊，而后作客他乡的陌生感顿时消失，显出非常高兴的样子。简单的词汇迅速缩短了彼此间的距离。

一次，一位 VIP（贵宾）随带陪同人员来到前台登记，小李通过接机人员的暗示，得悉其身份，马上称呼客人的名字，并递上打印好的登记卡请他签字，使客人感到自己的地位不同，由于受到超凡的尊重而感到格外的开心。

学者马斯洛的需要层次理论认为，人们最高的需求是得到社会的尊重。当自己的名字为他人所知晓时就是对这种需求的一种很好得满足。

在各种服务性行业的工作中，主动热情地称呼客人名字是一种服务的艺术，也是一种艺术的服务。通过前台客服人员尽力记住客人的姓名和特征，借助敏锐的观察力和良好的记忆力，作出细心、周到的服务，满足客户需求，提高他们对企业服务工作的满意度，客人不仅会主动忠诚于企业的服务，而且今后在不同的场合也会自然而然地流露出他的满意。这种宣传比花很多钱打广告效果要好很多。

小贴士

国内著名酒店的规定

在为客人办理入住登记时，至少要称呼客人名字三次。前台客服要熟记 VIP 的名字，尽可能多地了解他们的资料，争取在他们来店报家门之前就称呼出他们的名字，当再次见到他们时能直称其名，这是作为一个合格服务员最基本的条件。同时，还可以使用计算机系统，为所有下榻的客人作出历史档案记录，它对客人作出超水准、高档次的优质服务。要把每一位客人都看成是 VIP，使客人从心眼里感到酒店永远不会忘记他们。

2.2.1　接待服务

在当今科技高速发展、经济迅速膨胀、竞争激烈的时代，无论大、中、小企业和公司，都在从各个方面完善自己，以增强竞争实力。而一个公司服务的好坏直接影响着企业的目前和长久发展。

当人们认识一个新的企业时，首先接触到的就是前台客服。从市场培育的角度来说，无论是稳定客户、潜在客户还是增长性客户，前台客服就像公司的一张"脸"，对他们起着决定性的作用，直接影响着一个公司的规模、质量、文化及效益。因此，每个公司对前台客服的设置就非常有必要，对前台客服人员的要求也就是高标准，这张"脸"不仅要长得漂亮，而且还要有后天的装扮，更要有一份职业的气质散发出来，吸引来宾、客户与合作者。因此，前台客服在当今企业中成为一个不可或缺的岗位。

本节将从前台客服工作中最重要的接待服务和内部事务服务两个方面来展开介绍。

▌基础知识

一、前台接待准备工作

1.　环境准备

良好的接待环境是以客户为中心，让客人满意的前提。环境准备工作包括硬环境和软环境两部分。

1）硬环境

接待工作的硬环境包括会客室、接待室等内的空气、光线、颜色、办公设备及室内布置的外在客观条件。

（1）绿化环境。在前台、会客室或接待室摆放一些绿色植物，摆放位置应以不妨碍视线交流及人员活动为宜，不能摆放在行走必经之地，如过道上。

（2）空气环境。空气环境包括温度、流通、湿度和清洁 4 个基本因素。空气好坏直接影响人的行为和心理，要做到通风换气条件好，室内相对湿度、温度合理。可安装空调、百叶窗等调节温湿度，上班前要做好室内通风，上班后要注意空气调节，禁止在屋内吸烟。

（3）光线环境。接待室或会客室内的光线应以自然光线为主，人造光线为辅，尽可能将会客室安排在面南的方向，通过安装百叶窗予以调解。使用人造光源时，最好用顶灯、壁灯，尽量不用台灯、地灯，以免直射到客人。

（4）声音环境。为使工作不受干扰，会客室或接待室及周围环境要能够保持安静，为了达到这样的环境，

？ 想一想

在公共场所通常只是摆放一些绿色植物，而不摆放鲜花，这是为什么？

小贴士

快速去除屋内异味

当接待室或会客室所接待的两拨客人时间比较接近时，通常可以采用气味比较淡雅的空气清新剂来快速去除屋内的异味，否则最好是通过开窗通风来达到清新空气的效果，保证客人进屋时的空气新鲜。

可铺地毯，减少走动带来的声响；窗户上安装双层玻璃，以便隔音；茶几上可摆放杯垫，以防放置茶杯时出声；门轴上可添加润滑油，避免开关门时出现噪声。

2）软环境

接待中的软环境主要包括会客室里的工作气氛，接待人员的个人素养等社会环境。

接待工作主要由人来做，工作效果的好坏、客人的满意与否，人的因素很重要。因此，接待服务工作的软环境需要注意以下几点：

（1）改善工作场所的人际环境。接待人员要目标一致，行动统一，有很好的凝聚力，即创造"人和"的环境，每个人职责明确，各尽其职。只有这样，大家才能不计个人得失，互相支持，配合得当，共同完成好日常接待工作。

（2）提高接待人员的个人素质。前台接待人员一方面需要加强道德修养；另一方面也要提高礼仪修养，要具有与不同类型人员打交道的本领。

2. 物品准备

齐备、良好的物品准备能提高接待服务工作的质量。接待服务工作需要准备的物品大致分为两种：必备用品和辅助用品。做好接待服务工作，也主要从这两方面进行。

1）必备用品的准备

客人来后，应准备好座位、茶水，应备有电话、复印设备，客人需要时，可以随时使用。接待室墙上可准备一面镜子，提醒接待人员随时修饰自己的仪容，始终保持优雅的仪表和风度。如是预约来访客人，准备好与其相关的资料。

2）辅助用品的准备

接待室的窗台、屋角、桌上可摆放一些花卉、植物，烘托室内气氛。在门口适当位置上放置一个衣帽架，方便客人脱挂衣物。适当准备些宣传的小册子、报刊等，为客人需要等待时阅读。

3. 接待人员的心理准备

1）诚恳

以诚相待、以信为本，这是人与人相处的根本，也是接待的一个重要原则。

2）尊重

尊重与诚恳密切相关，没有诚意，尊重就是虚伪的；没有尊重、诚恳就是不存在的。

3）公平

来客身份、地位有轻重、高低之别，衣着仪表各不相同，接待人员应该一视同仁的对待，防止以势力的眼光待人、以貌取人。

4）风度

接待人员在接待过程中要注意自己的仪表和谈吐。

5）效率

接待工作要讲究效率，一方面，要正确领会来客的目的、

> **小贴士**
>
> **接待工作的原则**
> - 诚恳热情
> - 讲究礼仪
> - 细致周到
> - 按章办事
> - 俭省节约
> - 保守秘密

要求，并正确向领导转达，或按领导意图正确回答或处理问题，不出差错；另一方面，办事要迅速，不拖泥带水，尽量缩短来客等待的时间，如有些事一时解决不了，要预先告诉来客需等候的时间。

二、前台客服接待流程

接待工作是前台客服人员每天都要做的一项重要程序性的工作，对于各种程序性强的工作，前台客服如果能够按照程序去做，就会节省大量时间，避免因工作程序颠倒产生问题。前台客服的接待工作主要有两大类：一类是日常接待工作；另一类是团体接待工作。

1. 日常接待工作

日常接待工作频繁、琐碎、复杂，处理不好会严重影响公司的正常运转活动。日常接待工作主要有两种：一种是预约好的客人接待工作；另一种是未预约客人的接待工作。

1）预约客人的接待流程

这类客人会提前与相关接待人员或前台客服打招呼，他们会定时、定点到来，上司给他们预留了充足的接待时间。所以，对于前台客服来说，这类客人接待起来相对比较简单，也胸有成竹，只需按照接待流程，关注不同类型客人的接待礼仪，让客人感觉到热情、温暖、舒服即可。

具体可参照如下接待流程：

（1）起身迎接并问好。

（2）登记身份。

（3）请客人稍等并上茶。

（4）联系接见人。

（5）带领或指引客人去会客室。

（6）起身恭送客人。

2）未预约客人的接待流程

这类客人不会提前打招呼，他们往往会突然造访，甚至带有很强的目的性。对于这类客人，前台客服人员处理起来就复杂多了。因为对于这类客人，前台客服人员不可预知其脾气秉性、讨扰时间、会见性质等，而上司也没有给这类客人预留会见时间，不可预知的因素增加，造成了接待工作的困难。

当然，在处理过程中，严格按照未预约客人接待流程操作，关注客人接待过程的礼仪礼貌，也能够顺利接待好未预约客人。

具体可参照如下接待流程：

（1）起身迎接并问好。

（2）询问并登记来访目的和身份。

（3）请客人稍等并上茶。

（4）确认并联系接见人。

（5）接见人在且有时间，带领指引客人去会客室，或接见人不在或没时间，与客人再约或婉拒。

（6）起身恭送客人。

2. 团体接待工作

团体接待工作也是接待工作中的一种，它不是每天都会发生，一般都是预约接待，但是团体接待工作往往要面临着人员众多或者接待规格高等的特点，所以在前台接待工作中既是工作重点也是工作难点。

具体可参照如下接待流程：

（1）了解来宾的基本情况。

（2）制定接待方案。

（3）准备资料和礼物。

（4）安排食宿行。

（5）迎接来宾。

（6）商议日程。

（7）宴请。

（8）会见会谈。

（9）陪同参观游览。

（10）互赠礼物。

（11）欢送客人。

（12）做好善后。

小贴士

未预约或是初次拜访的客人，不要将公司领导的各种联系方式随意相告，若有事宜，尽量选用转告方式。

想一想

1. 为什么团体接待工作需要制定接待方案？接待方案包括哪些内容？

2. 了解来宾情况时主要了解哪些内容？

3. 迎接来宾要注意做好哪些准备工作？

4. 宴请工作要注意哪些事项？

小贴士

1. 准备礼物或纪念品时的注意事项

为客人选择礼物或纪念品时，要根据来宾的风俗习惯、禁忌和喜好，要能体现民族特色和地方特色，有纪念意义但经济价值不必过高的东西。

2. 安排食宿行时注意事项

根据接待规格和来宾的身份、人数、性别、对方具体要求，通知具体接待部门安排好住宿。

团体饮食一般以酒店自助餐为主，接待方往往安排一到两次的正式晚宴，因此要事先根据接待规格和人数，确定宴请的时间、地点、席数和标准，点菜时要注意饮食禁忌。

接待活动中应根据实际工作需要，预先安排好接送车辆，确保出行顺利。

3. 会见会谈工作的注意事项

根据日程安排做好会见会谈准备工作并提供现场服务，如布置会议室、排定座次、合影安排、发言材料、产品陈列、操作展示、茶水服务等。

来宾如有重要身份，或活动具有重要意义，则应通知有关新闻单位派人进行采访、报道，负责介绍情况，安排采访对象谈话，并受领导委托对稿件进行把关。

三、前台客服接待工作礼仪和要求

1. 仪容仪表

"爱美之心，人皆有之"。作为公司的"代言人"，要想让客人有宾至如归的感觉，前台接待人员首先要有一个良好的仪容仪表。

（1）微笑。"微笑是最好的名片"，前台接待人员应首先面带微笑，为接下来的服务奠定一个良好的基础。

（2）卫生。前台人员应保持个人清洁卫生，头发梳理整齐，女性以盘发为主；面部保持清洁，不化浓妆，唇部润泽，口气清新；手部干净，不留长指甲，指甲修剪整齐，不涂抹鲜艳指甲油；可以使用清新、淡雅的香水。

（3）服装。前台人员应着职业装。

2. 迎接礼仪

（1）站立迎接，礼貌招呼。常说："欢迎光临""有什么需要我帮助的吗？"

（2）亲切询问，恰当应对。

（3）热情有度，举止规范。在这个环节中，接待人员要注意正确使用介绍礼、握手礼、递接名片礼、方位礼等礼仪。

3. 待客礼仪

本着"以客户为中心，尽最大可能满足每一名客户需求，进而提高服务客户的满意度和忠诚度"的原则，接待人员在待客环节要注意恰当使用行走引导礼，安排座位时要关注方位礼仪，上茶时也要关注相关礼仪。

想一想

如何理解"出迎三步，身送七步"，日常接待中我们该如何做？

4. 送客礼仪

"出迎三步，身送七步"，为了给客人一个良好的体验，接待人员不能忽视送客礼仪。具体应注意：起立相送，真诚告别，目送离去。

▌客户服务践行

一、案例分析

1. 案例分析一

宏达公司的前台接待人员小王昨天被告知今天上午 10 点要接待一名公司的贵客。早上 9 点 50 分，小王与同事打好招呼，提前到大门口做好接待准备。客人如约而至，小王引导客人进公司，请客人走在自己的左边，并不时地提醒客人注意脚下。进入客厅内的沙发前，她以手示意客人从自己的前面向左侧走过去，自己则从右边走向右边的沙发，双方都转过身来落座，这时客人自然地坐在右边的座位上了。

思考：请分析点评前台接待员小王接待工作的优缺点。

2. 案例分析二

当一名客人提出付款结账并出示长城卡买单时，前台接待员小李接过客人的卡一看，发现卡面编号上的最后一个数字像是被什么东西刮过，已模糊不清。收银员向客人询问是怎么回事，客人解释说是前几天掉在地上，不小心踩了一下，捡起来看时，已经磨损。针对这样的情况，前台接待员可以说，卡号已看不清，无法使用，请改用现金付款。从客人的神色中看出客人可能没有携带足够的现金，如果拒绝刷卡，客人虽然可以请他同来的朋友结账，但这会使客人感到尴尬，而这次消费也将会成为他一次很不愉快的经历。

思考：面对这种情况小李该怎么办？

二、技能训练

1. 训练一

以小组为单位，分角色练习案例分析一、二中的情节，争取以客户为中心，满足客户需求，提高客户的满意度。

2. 训练二

以小组为单位编写接待工作脚本，然后各组间互换，分角色练习接待工作，并分享本组是如何"以客户为中心，满足客户需求，提高客户的满意度与忠诚度"的？编写组与训练组相互点评分享。

▌▌▌ **能力评价** ▬▬▬▬▬▬▬▬▬▬▬▬▬

学习本节内容，将自己的体会做成 10 分钟的幻灯片并讲解，然后从以下几个方面进行评价。

序号	评价内容	自　评	他　评
1	讲解内容		
2	演示文稿内容		
3	演示文稿风格		
4	讲解风格		
5	讲解效果		
6	创新点		

拓展阅读

如何制定接待方案

1. 拟定接待方针

拟定接待方针即接待工作的指导思想，它体现了接待的目标。接待方针应根据对方意图、对我方态度和双方关系来制定，或热情有好，或不卑不亢，或故意冷落。

2. 确定接待规格

接待规格应根据接待方针确定，同时考虑来访者的身份、地位、影响、对方接待我方时的规格等因素。一般分为三种：高规格接待、低规格接待和平等（对等）接待。

1）高规格接待

高规格接待即主陪人员比来客的职位要高的接待。如上级领导派人来了解情况，传达意见，兄弟企业派人商量事项等都需要高规格接待。高规格接待可表现出主人的热情与重视。

2）低规格接待

低规格接待即主陪人员比来客人职位低的接待。如上级主要领导或主管部门领导来基层视察，只能低规格接待。外地参观学习团和旅游团的接待工作只需采取低规格接待。老领导故地重游或上级领导路过本地只需采取低规格接待。

3）平等（对等）接待

平等（对等）接待即主要陪同人员与客人职位、级别大体相当而采取的一种接待形式。这种形式最常用，要求接待人员热情、礼貌、不可怠慢来访者。

接待规格主要体现在以下活动中：

（1）迎送、陪同。

（2）客人吃、住、行。

（3）迎接仪式和规模。

（4）接待活动中礼仪活动的次数和隆重程度。

3. 安排接待日程

接待日程即接待活动的具体时间表。时间表一般以天为单位，从客人角度安排好迎送、拜会、宴请等各方面事宜，既要紧凑、周密、详尽，又要不太紧张。

4. 明确接待形势

明确接待形势即接待的方式、方法，包括迎接、宴请、会见会谈、参观游览等，要根据来客情况而定。

5. 拟定接待人员名单

接待人员的素质直接影响接待的结果，所以要精心挑选，重要接待活动还要进行培训。

6. 准备接待经费

接待经费有时是主方提供，也有客方自理的或双方共同负担的。方案中经费的来源和支出应当具体说明。

接待计划拟好后，要呈报领导者审阅批准，其中的接待形式和日程需征求客方意见。

2.2.2 内部事务服务

前台客服工作琐碎而繁杂，除了要做好各种接待工作外，还要做好公司日常电话接打与转接工作，文件和邮件的收发工作以及为出差的领导同事做好车船机票客房的预定工作等。本小节就从这几个方面进行介绍。

▌▌基础知识 ▬▬▬▬▬▬▬▬▬▬▬▬▬▬▬▬

一、电话接打

前台接听电话礼仪看似微不足道，实则十分重要。接打电话时的精神状态能通过声音一览无余地转递出去，礼貌、积极、热情周到的接听能够感染对方，不仅能够收到好的效果，还能把企业的严谨、干练的良好形象传输给客户，无疑是对企业文化的无声宣传。

1. 前台客服接听电话的基本要求

1）态度礼貌、友好

在通电话过程中，全凭声音传递信息，秘书要特别注意自己的说话方式和态度。

（1）要尽量使用礼貌用语，如"您好""请""不客气""谢谢"等。

（2）及时向对方表示问候。秘书对上司的声音一定要熟悉，除此之外，还应该努力记住经常联系的其他人的声音，例如部门的负责人、常有业务往来的客户等。这样拿起电话来，不等对方报上姓名就已经判断出他是哪位，及时问候并准确地称呼对方，会给对方一种格外受到尊重的、温暖的感觉。

2）声音积极、自然

（1）要微笑着接打电话。也就是要将自己的情绪调节到积极状态，这样微笑才会自然，通过话筒的声音才能体现出情绪饱满，态度热情。

（2）语速适中。说话太快对方不易听清，太慢又显得懒散，所以通话时比平常面对面交流时的语速稍慢一点即可。

（3）音量适中，以对方能听清为标准，声音太小固然不行，声音太大也会让对方不舒服，还会给人以咄咄逼人的感觉。

3）通话简洁、高效

前台客服每天可能要解答大量的电话，如果每一次通话都能简洁，那么每天的工作就能提高效率。一般通话应该尽量控制在 3 分钟以内。重要事项要做好记录：来电话者的姓名、电话号码和要义。

2. 前台客服人员接听电话技巧与应对

（1）前台接听电话时首先要确定对方的电话号码及接话人的姓名。

在可能的情况下，选择适当的通话时间，这样可以提高通话效果。

通话前准备笔和纸，做好备忘录。备忘录应简单明了，记录主要内容，如姓名、时间、地点、内容、原因、处理结果。

（2）电话铃响 3 声拿起电话。如果电话超过 4 次铃响以后才接起来，一定要说一声致歉的话："对不起（抱歉），让您久等了。"使用适当的问候语，说话声音清晰、温和、语调适中。

（3）如果正在处理紧急事情，听到电话铃响也应立即接起，然后要先致歉，向对方解释："对不起，请稍候片刻"，或者征求其意见可否另外时间打来，或打另外一个电话。例如："实在对不起，请您再拨一次……好吗？"如果暂时搁置电话，回头再接听时要说："对不起，让您久等了。"或"很抱歉，浪费您的时间了。"

（4）如果电话讲到中途断线，一般来讲，接听电话的一方应把电话放下，并等候对方再拨电话来，而打电话的一方要再拨一次，再次接通电话后，应加上一句"刚才中途断线，真是抱歉。"

（5）指定接听的人正在重要事情处理中时，应首先确定电话内容是否情况紧急；无法立即出面接听时要向对方致歉；告知对方，当事人何时方便接听；电话联络事项应尽量做成笔记。

（6）当事人不在时的电话处理：询问对方可否留话代为转达；当事人不在却遇急事时，留下对方电话号码，请当事人主动回电联络；当事人忙碌时，告知对方事后予以回电联络；当事人出差或病假时，告知该人回来或销假日期。

（7）受托传话时的处理：善用传话单或便条纸；便条纸上记录对方的姓名、来电事项、时间日期；复诵事项内容以免错误；告知自己的姓名以示负责；传话便条要确实交给指定的当事人。

（8）电话结束时，应与对方亲切道别，等对方挂断之后再放下话筒，轻轻放下话筒，做好记录总结归纳。

3. 电话接听的流程

（1）铃响三声拿起电话。

（2）问候并自报家门。

（3）询问对方身份。

（4）倾听来电事宜。

① 在自己职责范围内进行处理，并留言记录。

② 在自己职责范围外的明确被访人在否：被访人在，直接转接；被访人不在，告知情况，留言记录。

（5）电话接听结束。

（6）整理电话接听记录。

? 想一想

为什么等对方挂断之后再放下话筒？为什么需要"轻轻"挂上电话？

小贴士

电话接听记录单示例如下。

天天公司电话接听记录单

来电者		受话者	
对方单位		对方电话	
电话内容			
紧急程度	□ 紧急	□ 正常	
处理意见			
记录人		记录时间	

　　每个单位的工作内容不同，前台电话接听记录单可以有所不同，有所侧重，但是基本要素是不可缺少的，即何人为何事来电话，如何处理，用英文表示就是 5W1H，即 who/when/where/what/why/how。

二、文件、邮件的收发工作

1. 文件、邮件收发的基本工作要求

想一想

为别人转达电话内容时，如果当事人不在，可等当事人来后再转达，或将留言内容倒扣在桌子上，这是为什么？

　　（1）前台客服人员在处理每天的文件和邮件时一定要耐心、细心。在签收后要进行初步分拣，即要把私人邮件和商业邮件分开；把办公室内部和外部邮件分开；把同类的材料放在一起，包括邮局投递、专人投递和电子信息；如果你所在的公司还有其他种类的邮件（如订单或者收据等），应该使用一些分类工具，如分类架和分类盘等。

　　（2）为每天的邮件建立一个登记簿，建立登记簿进行登记的目的有两个：一是收发邮件有误的可以作为核对依据；二是可以作为回复邮件的提示条。

　　（3）分送的过程中，要注意不同文件与邮件采用不同的方式与方法。上司亲收件应立即呈送本人；应归不同部门办理的文件、信函要及时送交各相关部门；需由多人阅办的文件可按常规程序传阅或分送复印件；同事的私人信件可放人指定信袋或顺便送交；报刊杂志则分别上夹或上架。

　　（4）邮件分送过程中最好是由收件人签字记录存档，避免日后出现说不清楚的现象。

　　（5）前台客服每天都会收到公司内部寄出的各种文件、邮件，寄出前，首先要向寄出邮件的人询问清楚寄送的要求，比如时限、保密程度、费用等，这样才能按照要求顺利寄送好文件和邮件。

　　（6）寄送邮件前需要请寄送人登记文件、邮件的基本信息，最后自己也要在签收单上签字，避免出现问题责任不清。

　　（7）寄送邮件和文件前，需要将不同文件、邮件归类，寻找合适的投递公司进行投

递。寄送前认真、仔细填写、核对好收发地址，收存好邮寄凭据并登记。

2. 文件、邮件收发的基本流程

前台客服每天可能收到一大堆邮件、报纸、杂志、印刷品、包裹等，也可能每天要寄出一大堆文件或信函。这些事看起来容易，但要做得干净利落，不出差错，除细心与熟练外，还需掌握一定程序和方法。

1）文件、邮件接收的基本流程

（1）签收。

（2）登记。

（3）筛选。

（4）分送。

（5）记录存档。

2）文件、邮件寄发的基本流程

（1）明确需寄送文件、邮件事宜。

（2）签收。

（3）登记分类。

（4）联络投递单位。

（5）处理发送。

（6）记录存档。

三、预订车、船、机票和客房

1. 基本工作要求

（1）前台客服人员无论是为领导还是同事预订车票或是客房，首先要弄清预订人员的目的地、人数和基本要求，收集相关证件或号码，为预订工作做好准备。

（2）对于收集的有关人员的证件或号码要保管好，避免泄露个人隐私，为别人造成不必要的麻烦。

（3）预订各种票务工作时，尽量考虑差旅人的个人喜好，选择时间不要太早或太晚的车次和航班，时间上保证差旅人员能够顺利到达。座位上在公司合理的规定范围内，考虑其乘坐习惯，选择安全、舒适的位置。

（4）如公司有票务、酒店合作单位，只需要与相关的单位联系，预订好相应的票数、房型即可；如公司没有统一合作的单位，就需要多花费些心思选择在价位上适合、服务口碑较好的公司预订和购买。

（5）预订前询问清楚售票和酒店的付款方式，根据公司财务规定与其具体协商付款方式。

（6）预订时要讲清取票或送票的具体时间与方式，避免耽误公司领导和同事的行程。

（7）拿到票后要仔细查看张数和相关信息，避免信息错误影响行程。

（8）预订酒店时要根据入住人的习惯爱好选择相应楼层和朝向，一般最好预订朝阳、通风较好的房间。

（9）预订好客房后，要第一时间通知相关人员酒店的地址、电话及联系人的信息，如有变动也要尽快与其沟通。

2. 预订车、船、机票和客房的基本流程

1）预订车、船、机票的基本流程
（1）明确目的地及票数。
（2）收集相关人的证件或号码。
（3）选择交通工具。
（4）确定预订方式（网络、电话、旅行社或其他）。
（5）联系售票处，预付订金或票款。
（6）取票并分送。
2）预订客房的基本流程
（1）明确差旅目的地、房间数和标准。
（2）收集相关人的证件或号码。
（3）选择预订房间方式（网络、电话、旅行社或其他）。
（4）联系酒店，预付订金或票款。
（5）告知相关人酒店详细地址、电话及联系人信息。

▌ 客户服务践行

一、案例分析

1. 案例分析一

前台：下午好，这里是天天公司，很高兴为您服务，请讲！
客户：您好，麻烦您转接一下王总。
前台：先生您好，很高兴为您服务，我姓李，请问该怎么称呼您？
客户：我姓张。
前台：张先生您好，我们这里有两位王总，请问您是找哪一位？
客户：我找王家荣王总。
前台：好，请您稍等，我马上为您转王总。
客户：好的，谢谢！
前台：张先生，非常抱歉，王总的电话现在没有应答，需要我帮您向王总留言吗？
客户：好的，你告诉他就说张力来过电话了。
前台：好的张先生，需要我记录一下您的电话号码吗？
客户：他知道的，你说张力就可以了。
前台：好的张先生，我已经记录下来了，我一定会尽快转告王总，张力张先生您给他来过电话了。张先生，您还有其他的吩咐吗？

客户：没有了，谢谢你！

前台：不客气，张先生，祝您下午愉快！张先生，再见！

客户：谢谢！再见！

思考：请评价一下天天公司的前台接听电话的业务。

2. 案例分析二

一大早，天天公司的前台客服小李就收到了各种各样的文件、包裹、汇票和报刊杂志，其中有行政部张总的一封亲启文件，人事部钱总的一封涉密邮件，销售部主管的一个快递包裹和部门人员的一封邮件、一张汇票，财务部门小王的一张汇票、两张邮局包裹单，此外还有各个部门订阅的报纸杂志，各种邮件占据了小王整张桌子。为了不影响工作，小王把这些邮件统统收到一个篮子中，等到有空时再整理分送。

思考：

（1）小李处理邮件的方式恰当吗？请指出不当的地方。

（2）如果是你，该如何处理这些邮件？

3. 案例分析三

天天公司黄总需要去日本洽谈贸易，需要前台小李帮忙办理好出国手续、机票和酒店的预定。小李先收集好黄总办理出国所需的手续，另外通过网络帮助黄总预定了当天的飞机票，最后把黄总在日本大阪的酒店预定好。做完这些后，小李向黄总进行了简单的工作汇报，黄总却很生气，说她不懂工作流程，办事不力。机票需要重新预定头一天下午国航的，出国手续必须尽快办理，否则签证可能批不下来，酒店需要预定公司合作的那家。听完这些，小李傻在了那里。

思考：小李在这件事情上的主要问题是什么？她该如何做好这件事？

二、技能训练

1. 训练一

收集国内外常见邮件类型并分类，说说不同邮件在处理时需要注意的事项。

2. 训练二

（1）上午，前台客服突然接到一个客人电话，说是自己购买的本公司产品出现了质量问题。他情绪激动，言辞激烈。请以小组为单位，模拟前台客服来处理此投诉电话。

（2）一位想找公司经理的客人不愿报上自己的姓名和身份，请以小组为单位，模拟前台处理这个电话。

（3）天天公司前台小李手边有两部电话，这天上午，小李正在接听公司人事部的内线，这时另一部外线电话突然响了起来。请以小组为单位，模拟前台客服处理这种情况。

3. 训练三

天天公司的张总下周三要去上海出差，需要预定一张去上海的动车票。另外，张总需要在外滩附近开一个会议，请帮他预定一套客房。公司规定，经理出差可以坐商务舱、四星及四星以下宾馆，请帮他完成这项工作。

■■ 能力评价

学习本节内容，将自己的体会做成 10 分钟的幻灯片并讲解，然后从以下几个方面进行评价。

序号	评价内容	自　评	他　评
1	讲解内容		
2	演示文稿内容		
3	演示文稿风格		
4	讲解风格		
5	讲解效果		
6	创新点		

拓展阅读

一、某酒店前台邮件收发规定

（1）邮局、快递公司送交前台签收的一切邮件，应根据其件别、性质不同进行分类派送。需经签收盖章确认的邮件有汇款单、挂号信、包裹单、特快专递、电报等，普通邮件则免。

（2）为保证收件人利益，在签收前先确认邮件是否属代收范围（酒店各部门及员工、住客、写字楼公司员工等邮件）。再检查邮件完整情况，确认无误无损坏后方可签收。

（3）邮件签收后应及时按内容进行分类、过簿、联系、派送。

（4）需做专门簿签收的邮件应严格按内容填写并将邮件夹于簿夹内，对高额汇款（1000 元以上）、特快专递、包裹、加急电报等应及时致电收件人或由其所在部门代领取，将通知情况（接听人、收件）注明于该栏后面。

（5）收件人如为住客，则致电上房，如客人不在房时，可派送《住客留言单》，及做总机留言。

（6）收件人领取邮件时，确认姓名相符后请其签收，而汇款单则需出示有效证件核对，必要时抄下证件号码。

（7）一般挂号、包裹单、低额汇款单（1000 元以下）等邮件送人事部签收。

（8）前台应负责做好酒店发展管理人员的邮件传递工作。

（9）当班应对需收件人签名可却仍未被取走的邮件进行交班，并跟踪落实。

（10）各部门转来退信时，应贴上退条，并按退条上面的内容如实填写，盖上邮局专用章退还邮局投递员。

二、某公司前台客服考核表（见表 2-1）

表 2-1　前台客服考核表

职位名称		姓名		所在部门		考核起始日期	年　月　日
						考核截止日期	年　月　日

考核要素	评价要点	评价标准	信息提供方	实际值	加减分	得分
前台接待	接待效率	（1）能及时接待来访人员和接转来信来电，并合理通知和安排相关人员，可加 2 分 （2）如接待人员不当，造成影响员工正常工作的，每投诉一次减 1 分 （3）快递、报刊和来电转接不及时不准确，造成不良影响，经上级确认的每发生一次减 1 分				
前台接待	接待满意度	接待人员对工作的评价 （1）满意度达到 100%，加 2 分 （2）满意度低于 95%，减 1 分 （3）每降低 5%，减 1 分 （4）低于 80%，本考核不及格				
工作态度	任务完成情况	（1）安排的工作偶尔不能按时完成，影响正常工作者减 1 分 （2）安排的工作常常不能按时完成的减 3～10 分 （3）不服从上级工作安排的减 5～10 分				
	工作配合	（1）不能积极主动配合其他人员的工作，影响他人正常工作者减 1 分 （2）从未有效协助配合其他部门人员的，影响公司正常工作者减 3～5 分				
	学习情况	（1）能不断学习且提高了个人的工作能力、水平和工作效率的加 1 分 （2）长期工作效率不能提高且无自身提高者减 1 分 （3）不仅长期工作效率不提高而且影响他人工作者减 3～5 分				
	出勤情况	（1）上班出现迟到、早退、逃岗和违反公司出勤管理的每出现一次减 1 分 （2）考核期内出现 5 次者减 10 分，6 次以上者本考核 0 分 （3）出席会议、见面会等出现迟到 5 分钟以上者每出现一次减 2 分				
领导评语： 　　　　　　　　　　姓名： 　　　　　　　　　　日期：				总分		

2.3　会　议　服　务

美声公司经销商会议

一、会议时间：2014 年 12 月 30 日

二、与会人员：美声公司总裁、各部门主管；

美声助听器全国各地经销商；

助听器行业专家；

营销类专家；

媒体代表；

用户代表；

共计约 600 人。

三、会议主要任务：本次经销商大会将表彰年度优秀经销商，提升经销商的荣誉感与竞争力；发布 2015 年营销新品和营销政策，并通过培训，提升经销商的营销能力；通过活动，增进与经销商的感情。通过本次经销商大会，巩固企业文化，增强厂商之间的凝聚力，并促进新一年产品销售目标达成的目的。

2.3.1　会前服务

筹办一个会议就是一个挑战，需要考虑的事情很多，例如：如何进行电话沟通前的准备；电话沟通过程中可能使用到的一些基本工具；如何与我们的客户——会议主办方进行有效的沟通。

基础知识

一、确定邀请函发送对象

邀请函用于邀请特定单位或人士参加会议，是具有礼仪和告知双重作用的会议文书。发送对象是不受本机关职权所制约的单位和个人，也不属于本组织的成员，一般不具有法定的与会权利或义务，是否参加会议由对象自行决定。

在发放邀请函之前，首先要明确发放对象。这样才能有的放矢，制作出合乎规范、吸引力强的邀请函。

请根据案例任务，列出本次经销商会议的发送对象：

（1）＿＿＿＿＿＿＿＿＿＿＿＿

（2）＿＿＿＿＿＿＿＿＿＿＿＿

（3）＿＿＿＿＿＿＿＿＿＿＿＿

（4）＿＿＿＿＿＿＿＿＿＿＿＿

（5）＿＿＿＿＿＿＿＿＿＿＿＿

二、确定邀请函内容和格式

在确定了邀请函发送对象后，会议服务公司应该确定邀请函内容和格式。请完成以下工作：

（1）确定邀请函介质和内容。

（2）制作并发送邀请函。

1．确定邀请函介质和内容

1）选择邀请函介质

邀请函的形式一般采用纸质，但是现在也有电子版的邀请函。相对而言，纸质邀请函显得更庄重，电子版邀请函成本更低，更方便快捷。如果是时间和预算充裕，一般建议采用纸质邀请函。

2）编制邀请函

（1）制定邀请函标题。标题由会议名称和"邀请函"组成，表明该函件的主要目的。如果公司会议有特定主题，也可放入标题中，体现会议的独特之处。

案例：

×××××公司年终客户答谢会邀请函

××××××公司技术研讨会邀请函

网聚财富主角——阿里巴巴年终客户答谢会邀请函

（2）确定被邀请人称谓。被邀请人称谓部分包括全名、敬称和冒号。

① 被邀请者的全名。会议邀请函的称谓不能写绰号或别名。如果一张邀请函是发给两个人的，则在两个姓名之间应该写上"暨"或"和"，不用顿号或逗号。

② 敬称。较为常用的有先生、小姐、女士等，如果想要显示出特别尊重，可以用被邀请者广为人知的头衔、职位等。

另外，在称谓的前边可以加上敬语，如"尊敬的"，以示尊重。

案例：

尊敬的××总经理：

（3）编制正文。编制邀请函的正文时，请完成以下工作：

① 确定邀请函包含的信息。

小贴士

"邀请函"是一种独立的文案，与公文中的"函"是两种不同的文种，因此，公司会议邀请函的标题一般不写"关于举办"的字样，即不宜写成"关于邀请出席××会议的函"。

想一想

会议邀请函的正文应该包含哪些内容？

② 选择恰当的用词。

请在横线上列出本案例会议邀请函应该包括的信息：

信息一 _____

信息二 _____

信息三 _____

信息四 _____

信息五 _____

信息六 _____

公司会议邀请函的正文应该说明会议目的，介绍会议基本情况（单位、时间、地点等），有时也附上活动安排。邀请函的文字容量较大。从整体而言，对会议事宜的内容、项目、程序、要求、作用、意义可以做出详细的介绍和说明。另外，应表达出诚挚邀请的诚意。

③ 选择恰当的用词。邀请函的用语务必使被邀请者明确其中的意思，达到正常交流交际的效果。为此，邀请函的语言要准确、明白和平实。

（4）落款。邀请函的落款要写明会议主办单位的全称和成文日期，另外加盖公章。

（5）编制回执。回执是为了更准确地统计参会单位、参会人数，以便安排会议各项工作。回执中应让被邀请人标明：

① 单位名称。

② 参会人员信息（姓名、性别、职务、联系方式）。

③ 所需服务清单（交通、住宿、餐饮等）。

（6）其他。包括主办方的联系方式、交通路线图等，以供被邀请人参考。

案例：经销商大会邀请函

××集团2015年"畅饮自然"经销商大会邀请函

尊敬的合作伙伴_____ ：

非常感谢您长期以来对××集团的支持与协助！××集团自创办至今，承蒙诸位的大力支持与协助，××集团才能成长与壮大。

在净水器的市场里，客户需要的不再只是单一的品牌、单一的产品，而是需要更细化、更专业的产品组合与服务。××集团，专业的净水器厂商，为了能让客户拥有更好及更专业的服务，一直致力于扩大运营规模，扩大品牌影响力，成为全国第一的净水器提供商。希望在未来的日子里与各位经销商更加紧密地合作，共同开拓中国净水器市场。因此，本集团定于2015年1月15～17日举行××集团2015年"畅饮自然"主题会议，恭候您的莅临指导，您的参与将是我们无上的光荣。

在此次会议上，我们将进一步阐述××集团企业文化，分析市场优势及发展历程和前景、目前市场面临的新形势，××竞争力及××的商业模式，同时举办新产品发布会。

会议期间，将集合众多经销商的宝贵经验交流，区域市场的信息共享。在未来××集团的营销版图的布建工程中，您是最重要的一份子！请您拨冗莅临参与！

本次经销商大会将为尊敬的各位提供VIP待遇：

1. 住宿安排：免费提供 14 日、15 日、16 日、17 日 4 晚，四星级酒店；
2. 用餐安排：免费提供 15 日、16 日两日的会议用餐；
3. 晚宴安排：15 日、16 日举办聚餐晚宴；
4. 旅游安排：17 日青岛一日游。

真诚邀请您共襄盛举。

敬祝 商祺

×× 集团　总经理：×××

2014 年 12 月 5 日

参会回执

公司名称					
区　　域			与会总人数		
选择交通工具			是否需要安排车接送		
与会人员姓名	职　务	性　别	联系电话	酒店入住时间	返程时间
其他说明（需要公司提前准备或配合的事宜）：					

注：请在 12 月 15 日前填好此表并传回集团，谢谢配合！

联系人：××

电话：××××××××　　传真：××××××××

2. 印制邀请函

本节引入案例中，邀请函内容确定后，经主办方美声公司审阅，同意后以此内容发送。主办方同意后，会议服务公司的任务是印制邀请函和盖章。

1）印制邀请函

在印制邀请函时，一般用 A4 纸，最好是用质量较好的纸张。有条件的还可以请专业设计师对邀请函的纸张进行设计，或者加印封面。另外，如果有条件，用印有底纹的纸张也是很好的选择，底纹一般是公司 Logo 或者显示主办方企业文化的花纹。

2）盖章

一般而言，公司会议邀请公司外人员参加时，在每一份邀请函上都应加盖公司的公章，以显得真实可信。

三、邀请参会者

邀请函制作完成后，应该使用邀请函邀请参会者。

为落实邀请工作，请完成以下工作：

（1）寄送邀请函，并与被邀请者电话沟通确认。

（2）统计参会人数。

1. 寄送邀请函，并与被邀请者电话沟通确认

纸质版邀请函的寄送一般通过邮政。除了寄送邀请函之外，还应配合电话等方式确认，从而达到邀请的目的。

在电话沟通过程中，需要做的工作包括：

（1）简要介绍会议情况。

（2）提醒被邀请者注意会议时间、地点和其他重要事项。

（3）强调参会的益处。

2. 统计参会人数

统计参会人数的作用在于便于主办方和服务方更好地为参会人员提供服务，同时便于节约成本。

参会人数的统计，一般是通过收取回执进行。

在临近回执收取截止日期时，服务方可以向尚未交回执的被邀请者再次电话沟通，以再次提醒其参会。

练一练

会议服务公司已经向被邀请者发出了邀请函，现在需要向对方进行电话说明，请据此编制一个双方的对话。

四、准备会议

会议前的准备工作除了分发邀请函或会议通知外，还有许多任务要完成，它们有一个共同的特点，需要不断地相互沟通协调以达成共识。这些任务如下：

（1）根据会议规模和预算来选择和布置会场。选择开会场所有一些注意的事情，如场所的位置与交通情况，参会人员如何到达；会场的布置时间以及彩排时间；会场内外的宣传内容和张贴位置以及路引标示；座位的安排应根据会议的类型而选定；会议音响和灯光安排；还有会议安全问题。

（2）依据参会人员数量准备会议资料，会议材料往往到最后时刻才能完全准备好，对于文秘人员主要进行文件的打印和装订工作，务必仔细，防止遗漏或错页现象发生。

（3）准备会议用品，有的使用会议经费来购买，有的租用会场方会免费提供，这些都会受到会议经费的制约，会前要充分考虑全面。

（4）安排与会人员食宿是会前非常重要的内容，关系到与会人员对会议的满意程度。在会议经费允许的情况下，考虑酒店的位置、舒适度、与会场的距离、交通等情况，同时还要注意房间的安排。

五、餐饮准备

1. 确定餐饮服务商

会议主办方应选择有良好的声誉、完善的管理制度、较大的供餐规模、符合国家食品安全要求，具备所需设施设备与训练有素的服务人员的餐饮企业作为餐饮服务商。

邀请餐饮服务商根据会议性质制定餐饮方案，与餐饮服务商进行初步沟通，提供会议性质、主题、人数、与会人员资料和要求，提供餐饮预案供主办方选择，并对方案做进一步沟通，力求达到会议主办方的预期效果，对餐饮场地进行考察并对餐饮服务商提交的餐饮方案进行审核、确认。

2. 确定餐饮形式

通常情况下，会议主办方在会 3 个月前确认各项餐饮事宜。会议餐饮根据实际需要划分包括以下几种形式。

1）早餐

早餐食物的选择范围很大，可以是正规的复杂早餐，也可以是自助早餐。品种多样的自助早餐会让人"各食所需"，更适合会议用早餐，尤其是大、中型会议。

2）茶歇

一般供应咖啡、茶或其他饮料，是否需要食品，酌情而定。

> **小贴士**
>
> 通常茶歇的准备包括点心要求、饮品要求、摆饰要求、服务及茶歇开放时间要求等，一般不同时段可以更换不同的饮品、点心组合。

茶歇通常安排在活动或会议间歇当中，是一种简便的招待形式，以咖啡、茶、软饮为主，配以甜品、小食及水果，供来宾在休息时食用。适用于时间较长、或不设正餐的活动和会议。茶歇场所布置如图 2-3 和图 2-4 所示。

图 2-3　茶歇场所布置（一）

图 2-4　茶歇场所布置（二）

3）午餐

午餐如何安排，主要根据下午会议日程而定。一般来说，午餐以工作餐为宜（自助餐形式居多）。午餐不宜大吃大喝，以免影响下午的会议安排。

4）正式晚餐

晚餐食物的选择比较宽松。根据与会者需求安排自助式或围桌式筵席，如果在餐会中还安排演讲，选择服务人员送餐的围桌式筵席较好，自助餐食物种类较多，因为较难控制食物量，需要周密规划。

5）招待酒会

招待酒会是形式较简单、用酒和点心待客的宴会，不用排席次，客人到场、退场都较自由，常为社会团体或个人举行纪念活动或联络和增进感情而用。招待酒会的目的决定食品选择的方式。

作为会议主办者，应努力为与会者选择健康的、美味的、与会者喜欢的配餐，以便会议期间与会者能感到精力饱满，心情愉快。

3. 会议菜单设计

1）根据预算设计菜单

设计菜单时，要考虑花在餐饮上的预算开支有多少，最好的办法是和餐饮部经理、会议服务部经理、餐饮主管等周密策划。在选菜时还必须考虑与会议的目标和主题相符。

2）确定菜单

确定菜单时，应考虑以下因素：

（1）会议类型和会议目标。

（2）娱乐项目。

（3）较受欢迎的菜，新口味或特色菜品。

（4）还要考虑当地是否能提供。

（5）餐厅规模、聚会人数，以及餐厅环境。

（6）服务类型和客人背景。

（7）用餐时间长短。

菜肴选择，应考虑以下因素：

（1）根据与会者国籍。

（2）根据与会者宗教信仰。

（3）根据与会者口味特点。

（4）根据季节特征。

（5）根据与会者性别。

（6）根据与会者年龄。

（7）根据餐饮预算。

（8）根据用餐形式。

（9）根据用餐人数。

▌ 客户服务践行

1. 会议邀请函上应该包含哪些内容，有何要求？

2. 在制作会议邀请函时，如何能更好地打动经销商和其他邀请对象，促使他们参会？

3. 美声公司和会议服务公司签订了会议服务合同，根据合同内容，会议服务公司需要根据美声公司提供的经销商名单，在主办方的协助下对经销商进行邀请。请根据会议情况制作纸质版和电子版邀请函。

能力评价

　　学习本节内容，将自己的体会做成 10 分钟的幻灯片并讲解，然后从以下几个方面进行评价。

序号	评价内容	自　评	他　评
1	讲解内容		
2	演示文稿内容		
3	演示文稿风格		
4	讲解风格		
5	讲解效果		
6	创新点		

拓展阅读

会议服务准备

一、会议服务流程

　　会议服务流程如图 2-5 所示。

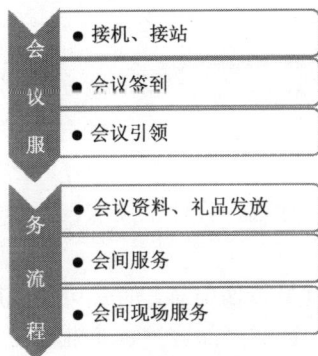

图 2-5　会议服务流程

二、会议礼品

　　会议礼品：是会议主办单位为了加强与与会者之间的感情及商务交流而赠送给与会者的纪念性礼品。一般都带有主办单位名称及标志，如图 2-6 所示。

三、会议资料

　　会议资料的准备和发放是会议现场服务工作中重要的一环。会议现场服务人员应为每个与会者准备好资料袋并在会前分发给他们。资料袋里一般包括的资料如图 2-7 所示。

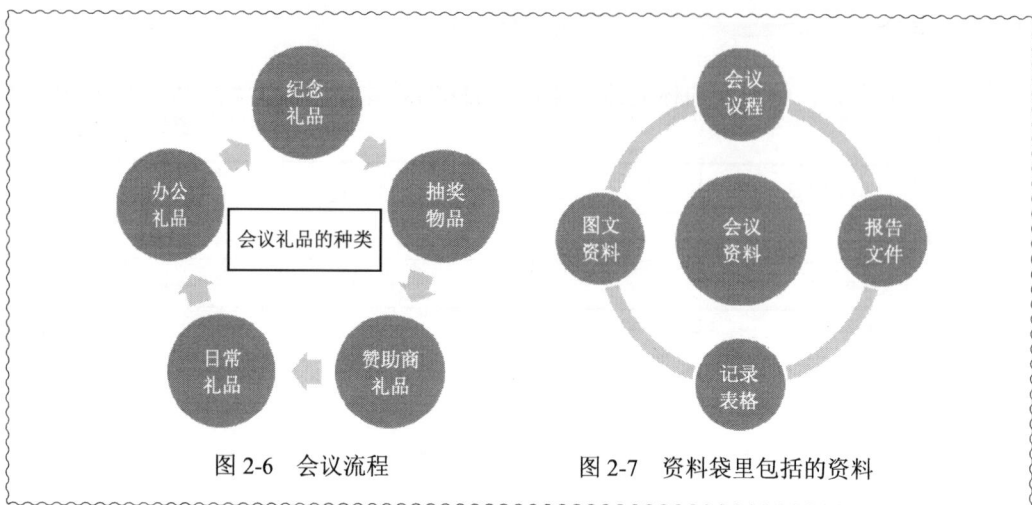

图 2-6　会议流程　　　　图 2-7　资料袋里包括的资料

2.3.2　会中服务

公司年会指公司一年举行一次的集会，是公司一年一度不可缺少的"家庭盛会"，用于各部门报告一年来的工作业绩，确定下一年的工作计划，主要目的是激扬士气，营造组织气氛、深化内部沟通、促进战略分享、增进目标认同，并制定目标。公司年会往往在年终举行，不仅总结表彰，还可能开展一系列的庆祝活动，为新一年度的工作奏响序曲。

■■ 基础知识 ■■■■■■■■■■■■■■■■■

一、公司会议的作用

公司会议：由公司主办，以行政、管理、技术、营销等为主要内容，以促进公司的发展为主要目的。

会议的一个最重要的作用就是传递信息，而公司会议所要传达的是具有高度商业价值的信息。公司在经营过程中，针对产品客户、企业员工、供应商、分销商、合作伙伴甚至是竞争对手会不断产生信息传递的需要，举办会议活动已经被确立为一种最主要的信息传递形式。产品发布、员工答谢、技术论坛、经销商奖励、供应商恳谈、合作伙伴交流，这些信息需要进行分门别类的处理，由此要有细分的会议形式与之对应。从传递信息的需求开始，到最后的会议形式，为了确保传递的精准性，公司会议的形式呈一种极大的发散状态，就会议类型的丰富性而言，公司会议具有绝对的优势，并且随着商业模式的不断升级，其形式仍将保持最旺盛的创新性。对于会议中心而言，公司会议形式的多样性意味着稳定的生意机会，而公司会议形式的不断创新则意味着巨大的收益增长空间。

二、公司会议的特点

公司会议与其他类型的会议相比较，在很多方面存在着鲜明的特点。

1. 举办目的：公司可持续发展

公司会议是典型的效果驱动的会议，也就是说主办方最关注的是会议所发挥的作用，主要包括：产品是不是得到充分的展现，与供应商、经销商的关系是不是通过会议活动得到了加强，业务能力是不是得到了实质性的提升等。因此，主办方一般对价格不算太敏感，预算是以参会者满意为前提的。与强调收益、以会养会的协会类会议相比，公司会议更敢花钱。

为了让参会者有更美好的体验，主办方更加看重会议举办场所的品牌价值，有实力的公司近两年已经完成了消费升级，过去被广泛使用的郊区度假村正在逐渐被弱化，取而代之的，是具有一定会议容量的高星级酒店和拥有高水准服务能力的专业会议场馆，在会议活动中树立企业品牌价值，正在被公司客户广泛实践。此外，公司会议期间，主办方一般会安排较高规格的宴会或是酒会，有的还会安排娱乐活动，赠送精美礼品也被普遍采用，整个会议消费的链条被拉长，这种变化给会议中心或是会议酒店带来了新的商机。

2. 会议形式：创新带来新变化

公司会议大型化是一个明显的趋势，参会人数越来越多，会场搭建越来越复杂。很多商业会议或是活动，如新车发布、电子消费品发布、时装发布等，都表现出了会议场地舞台化利用的趋势，专业的灯光舞美被广泛使用。具有升降功能的舞台，数百组的电脑灯，巨型的 LED 背景屏，特效烟雾机，带摇臂、滑轨的多机位拍摄，舞台威亚悬挂，这些专业演播大厅的设备被设置在会议场地。公司会议需要场地空间足够开阔，地面承重能力足够强，会场上方有足够数量的吊点或是吊杆用于灯光、音响的扩展，电力要能够负荷巨大耗电量的各种设备，有足够提升能力的货用电梯等，以此来满足会场搭建的需要。

3. 举办周期：档期灵活

公司会议的举办是由商业需求所决定的。随着公司业务的发展，市场竞争的加剧，为了扩大影响力，争夺市场，公司举办会议的频次越来越高。

4. 公共空间：巧妙利用，布置新颖

除了会场内的变化，会场外也同样引人关注。例如，在室外平台举办酒会，在序厅设置餐饮休息及上网区，在较宽敞的通道布置广告展示，在大堂区域布置精品展览等，这些对公共空间创新性地运用进一步丰富了公司会议的形式，并且总能够营造出与众不同的参会体验。

5. 信息技术：会议服务的新趋势

公司会议大量信息化手段的运用，或直接、或间接的要求会议场馆能够紧跟步伐，实现信息服务功能升级换代。

三、接待参会人员

会议服务商按照与会议主办方的协议，安排现场临时服务人员进行会期的接待工作。接待工作的任务以主办方人员自行完成为主，但为了高质量完成工作中的配合、衔接任务，会议服务商和现场临时服务人员都要熟悉和掌握现场接待工作的主要工作环节及礼仪服务标准。会期现场接待主要工作包括迎接、报到、签到、引导、茶水、茶歇、送别等。

1. 迎接

迎接是会议活动接待工作的重要环节，是实施会议服务的开始，也是会议主办方的企业形象、接待理念及企业文化的重要表现；会议服务方要准确、高效地完成会议主办方的会议目的。因此，会议服务方和服务人员应高度重视这一工作环节。会议现场的迎接工作主要有以下几项。

1）实施针对性服务，了解与会者基本资料

知晓每名与会者的基本信息是会议主办方的重要工作，会议服务方要向会议服务人员介绍与会者基本信息，以便他们做好迎接工作。

与会者的基本资料主要包括与会人员或团体的名单、性别、民族、职务、参加会议的目的等。这是确定迎接方案的前提。

2）做好迎接准备

会议接待人员根据已经确认的与会者人数、身份，准备迎接实施设备，安排迎接方式与人员。

3）按时迎接

根据国际礼仪惯例，迎接人员应提前在接待现场就位，仓促的、漏洞百出的接待是极不礼貌的行为，是失职和不守信誉的体现。因此，会议服务方按照迎接预案，安排现场服务人员提供迎接服务。

礼仪要求为：提前 15～30 分钟到指定地点迎接与会者，迎接工作持续到会议开始后 15～30 分钟结束。在接待期间服务人员始终以饱满的、热情的、真诚的笑容迎接全体与会者。

2. 与会者现场登记注册

1）设立会议登记处

为方便会议开幕当天到达的与会者，主办方会在会场设置会议现场登记处，为与会

想一想

与会者的参会感受取决于会议服务的水平。如何让每一位与会者在会议中带着满意、载着收获返回呢？

查一查

在迎接工作中有哪些主要环节？

者提供登记有关信息和解决与会者困难的场所，例如，核实进入会场的人员的身份，收取参会费用等。因此，会议登记处应设置在会议厅大堂，便于会议登记者进入会议室区域。登记处专设已登记付款台和现场登记者台。会议登记处场景如图 2-8 所示。

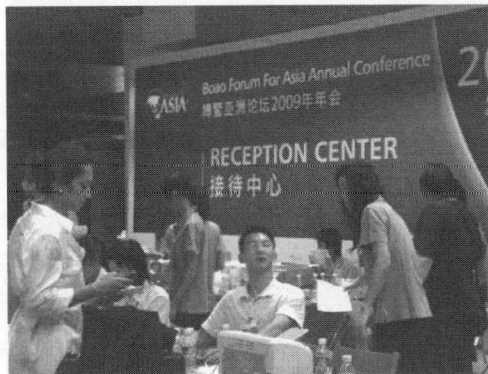

图 2-8　会议登记处

会议登记处设置要求如下：

（1）指示标志明显，能引导与会者按程序进行登记。

（2）登记处要有足够的空间，满足与会者办理登记手续、存放会议资料袋等工作进行的需要。

（3）设置咨询服务台，回答与会者提出的问题。

（4）如果是大型会议，应多设几个登记台，分组登记，减少登记时的拥挤。

（5）设置随从或家属登记台。

（6）提供会议登记用的笔记和其他文具用品。

（7）设置 VIP 休息室，新闻记者工作室。

（8）登记台前应设椅子，使客人能够坐着而非站着办理注册登记手续。

2）现场登记服务人员注意事项

现场登记一般由会议组织者自行安排人员，有时需要会议中心派人协助。在进行会议登记时，会议中心服务经理和会议组织者都应在场，共同迎接与会者并提供各种帮助。

（1）熟悉会场及周边环境，及时准确地满足与会者所需服务。

（2）涉及付费的事宜（如通过银行汇款或邮件等），要做好相应的记录（附带汇票存根或复印件及信用卡号）。

（3）遇到自己不能处理的事情时，应该请部门负责人帮忙。在请求帮助时，不要当场大声叫喊，而用眼神示意或者带与会者到协调员面前去谈。可以说："让我介绍一下，这位是我们的服务经理，他可以帮助你。"

（4）着装规范，佩戴"会议工作人员识别卡"。

（5）标准站姿或坐姿，保持面带微笑，给与会者愉快的感觉。

（6）当遇到与会者抱怨时，即使认为自己有理，也不应不理不睬甚至针锋相对，而应通过合理的方式予以解决。

3）发放资料、礼品

会议主办方通常会为每位参会者准备一份有纪念意义的会议礼品，礼品发放通常在与会者登记注册或会议结束时。大部分会议主办者选择在与会者登记注册时随会议资料一同发送给与会者，如图 2-9 所示。

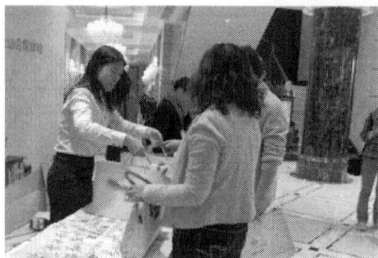

图 2-9　发放资料袋

会议资料及礼品的发放可以通过以下三种方式进行：

（1）在会务组设在酒店的临时办公室里分发资料袋。

（2）与会者在登记入住时在前台领取。

（3）由酒店服务员将资料袋送到与会者的客房。

与会者的资料袋包括会议的全套资料及会议期间的活动安排说明。会议现场服务人员应充分认识资料袋的价值，因为这是会议指引性文件。

通常，发放给与会者的资料袋中包括会议活动日程表、组委会情况介绍、各类代金票券、陈述会议目的及目标的介绍函、会议发言人员情况及内容概要、出席者名单（公司名称和电话）胸卡、安全预案说明、附近餐厅名录、购物场所名录、举办地交通路线图、游览图等。会议组织者可以根据不同的会议要求增加或删减。

3. 与客户签到服务

1）设立签到标识

签到标识如图 2-10 和图 2-11 所示。

图 2-10　签到标识（一）

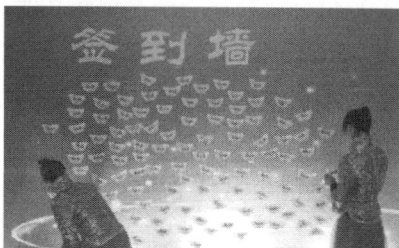

图 2-11　签到标识（二）

2）确定会议签到形式

会议签到是为了及时、准确地统计到会人数，便于安排会议工作。有些会议只有达到一定人数才能召开，否则会议通过的决议无效。因此，会议签到是一项重要的会前工作。会议签到一般有以下几种方法。

（1）簿式签到。与会人员在会议工作人员预先备好的签到簿上按要求签署自己的姓名，表示到会。签到簿上的内容一般有姓名、职务、所代表的单位等。缺点是不适用于大型会议，参加会议的人数多，采用簿式签到不太方便。簿式签到的优点是利于保存，便于查找。

（2）证卡签到。会议工作员将印好的签到证事先发给每位与会者，签证卡上印有会议的名称、日期、座次号、编号等，与会人员在签证卡上写好自己的姓名，进入会场时，将签证交给会议工作人员，表示到会。其优点是比较方便，避免临开会时签到造成拥挤。缺点是不便保存查找。证卡签到多用于大中型会议。

（3）会议工作人员代为签到。会议工作人员事先制定好参加本次会议的花名册，开会时，来一人就在该人名单后画上记号，表示到会，缺席和请假人员也要用规定的记号表示。例如："√"表示到会，用"×"表示缺席，用"0"表示请假等。这种会议签到方法比较简便易行，但要求会议工作人员必须认识绝大部分与会人员，所以这种方法只适宜于小型会议和一些常规性会议。对于一些大型会议，与会人员很多，会议工作人员不能认识大部分人，逐个询问到会人员的姓名很麻烦，所以大型会议不适宜采用这种方法。

（4）座次表签到方法。会议工作人员按照会议模型，事先制定好座次表，座次表上每个座位按要求填上与会人员姓名和座位号码。参加会议的人员到会时，就在座次表上销号，表示出席。

印制座次表，与会人员座次安排要求有一定规律，如从×号到×号是某部门代表座位，将同一部门的与会人员集中到一起，便于与会者查找自己的座次号。采用座次表签到，与会者在签到时就知道了自己的排数和座次号，起到引导的效果。

（5）手机二维码签到（见图 2-12）。手机二维码签到是指将会议报到信息保存到二维条码中，利用群发彩信或短信技术，将信息发送到参会者手机上。

（6）电脑签到。电脑签到快速、准确、简便。与会者进入会场时，只要把特制的卡片放到签到机内，

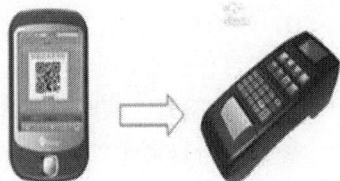

图 2-12　手机二维码签到

签到机就将与会人员的姓名、号码传到中心，与会者的签到手续就在几秒钟内即办完，将签到卡退还本人，参加会议人员到会结果由计算机准确、迅速地显示出来。电脑签到是先进的签到手段，一些大型会议都是采用电脑签到。

（7）多媒体智能签到（见图 2-13 和图 2-14）。多媒体电子签到又称签到多媒体机，这是近年来出现在高端会议、大型公关活动上的一种新型互动签到方式，是伴随着新兴多媒体互动技术、多点触控技术、3G 网络的应用发展而出现的一种新产品，它的功能已经远远超出了传统会议签到范畴，更准确地说它是参会者与会议互动的桥梁和平台。从会议签到开始，通过融入互动元素让参会者与会议有更紧密的互动，从而达到会议营销与品牌推广的目的。

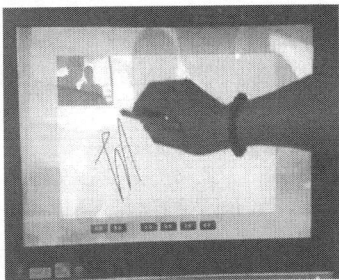

图 2-13　多媒体智能签到（一）

图 2-14　多媒体智能签到（二）

（8）快速通道式签到系统（RFID 无线射频识别）（见图 2-15）。快速通道系统是为了实现各级政府、人大、政协、论坛、峰会等会议的签到数据采集、数据统计和签到报表打印，实现会议管理自动化而专门研制的通道式远距离会议签到系统。快速通道式签到特点如下：

图 2-15　快速通道式签到系统

① 体积小，容量大，寿命长，可重复使用，可支持快速读写，非可视识别，移动识别，多目标识别，定位以及长期跟踪管理。

② 快速签到，实时显示，允许多人同时通过。

参会人员只需走过会议签到通道，系统就会快速识别验证参会人员信息，并能同时区别出席、列席、特邀、旁听等类型的签到卡，对冻结、挂失或非法的签到卡给出语音提示和声光报警。会议的组织者可以非常方便地实时统计、查阅会议出席情况，如应到会议人数、实到人数及参会人员的座位号等，为有效地掌握、管理参会人员出入和出席情况提供了方便快捷的解决方案。

RFID 也是智能卡的家族成员，是一种利用射频通信实现的非接触式自动识别技术，RFID 电子标签具有的 RFID 技术正在迅速和其他技术发展相融合。尤其是和计算机技术、网络技术、无线通信技术、便携式消费类电子产品技术的发展相融合，随着 3G 商用网的启动和三网融合的大趋势，必将进一步促进智能卡以及 RFID 技术的新应用，开拓更大的新市场。

四、摄像、摄影服务

1. 摄像、摄影服务管理

会议的摄像工作比较复杂，需要会前做好充分的准备。明确会议时间表，以免开会时手忙脚乱。根据会议内容及要求，准备相关物品与设备，进行会场布置，工作人员提前 30 分钟到位。

会中拍摄内容包括如下几个方面：

（1）拍摄空镜头，拍摄签到台。

（2）拍摄会议背景材料，拍摄会场外景。

（3）拍摄贵宾厅，拍摄领导。

（4）拍摄横幅，拍摄宣传标语。

（5）拍摄嘉宾发言，拍摄茶歇。

（6）拍摄合影，拍摄用餐。

2．会议拍摄注意事项

（1）会议开始后，会场只允许有会议期间拍摄任务的工作人员走动。

（2）摄影、摄像时，应将设备设置为静音状态。

（3）严禁摄像设备遮挡与会者视线。

（4）不要让摄像机的采音装置与会场的扬声系统距离太近，以免产生刺耳的音啸声。

（5）没有特殊需要，禁止使用闪光设备。

（6）如有会议合影，应提前准备好相关设备（照相架、背景板等）。

小贴士

会议服务人员的工作注意事项：

（1）保密工作。

（2）密切注意与会人员的需要。

（3）不断提高自身素质。

五、会场服务

除了必要的会场茶点服务外，要有记录会议服务、记录会议的进行过程及代表的发言内容。会议都有自己的进程和事先安排发言顺序，但也会出现会议主持人临时做出的调整，需要会议秘书进行及时沟通协调，随时准备提供必要的会议文件及有关资料，供讨论时参阅。会议服务人员还要注意灯光、室温、卫生、名牌、桌椅、纸笔、饮水杯、各种投影设备等是否正常工作，保持通信畅通，及时处理各种突发事件。会议服务人员要训练有素，工作热情、细致，每个人应有明确分工，由负责人统一调度指挥，才能确保会议的顺利进行。

▌▌ 客户服务践行

1．请为本节案例中的经销商会议选定与会者的会议礼品。

2．设计一份会议日程。

3．参加一次会议服务工作。

▌▌ 能力评价

学习本节内容，将自己的体会做成 10 分钟的幻灯片并讲解，然后从以下几个方面进行评价。

序号	评价内容	自　评	他　评
1	讲解内容		
2	演示文稿内容		
3	演示文稿风格		
4	讲解风格		

续表

序号	评价内容	自　评	他　评
5	讲解效果		
6	创新点		

案例分析

世界三大宗教食品习俗与禁忌

佛教，于公元前 6 世纪至前 5 世纪，由古印度的迦毗罗卫国净饭王之子乔达摩·悉达多创立的。从公元前 3 世纪开始不断向境外传播。我国佛教是在公元 1 世纪时传入的，以后逐渐形成了饮食禁忌。一是不吃荤，"荤"包括一切动物性食品和葱、蒜、韭菜等辛香味食物；二是不饮酒。而南传佛教和西传佛教饮食禁忌较少。

基督教，公元 1 世纪，发源于罗马的巴勒斯坦省（今日的以色列、巴勒斯坦和约旦地区）。它建立的根基是耶稣基督的诞生、传道、死亡与复活。基督教在饮食上没有太多禁忌，只是在节日时对饮食有一些规定。如在复活节，为了纪念耶稣的复活，信徒们要举行斋戒，不吃肉食，不用刀叉进食，减少娱乐。

伊斯兰教，"伊斯兰"是阿拉伯语译音，原意为"顺服"，指顺服唯一的神——安拉。我国习惯称为"回教"或"清真教"。公元 7 世纪初，由穆罕默德创立于阿拉伯半岛，以后逐渐发展为世界性宗教。伊斯兰教的饮食禁忌较多，主要是不食猪肉、狗肉、驴肉、马肉、兔肉、无鳞鱼及动物的血和非阿訇宰杀的动物和自死的动物，同时还禁止饮酒。

2.3.3　会后服务

在会议画上一个圆满的句号时，会议服务公司的服务还将继续……采集与会者的意见及建议，延伸服务时间及服务范围，不断地调整、创新服务方式，做到服务效能最大化，让与会者更满意。

▌ **基础知识**

会议经费的结算是办会者在会议结束后对整个经费使用情况即会议开支费用的结算。会议经费的结算依据是会前经费预算。会议召开之前应拟定会议开支预算，并经领导审核批准。准备专门账册，对会议的各项开支进行详细记录。会议结束后，会议财务工作人员、秘书应按照经领导审定的预算进行决算。一切会议都宜遵循勤俭节约的原则，精打细算，尽量减少不必要的开支，又要保证会议的质量和档次。超过预算指标，又无正当理由的不予报销。要做好会议经费的结算工作，及时向领导汇报，并向财务部门报销。

一、与服务商结清款项

1．账目统计

（1）提前列出清单与酒店核对详细消费明细。
（2）提前列出完整的会议消费明细与会议承办方核对。

2．结清款项

1）确认付费方式
主办方工作人员要提前确认服务商和与会者的付费方式。
会议结束后，承办方、服务商财务将会议的相关单据分类、自审，做出明细账目交主办单位的负责人及财务审核确认，按照协议约定结清款项。
2）结算方式
（1）银行转账结算。
（2）公务卡方式结算。
（3）支票结算。
（4）信用卡结算。
（5）现金方式结算。
会议结算单概览如表 2-2～表 2-4 所示。

表 2-2　会议费结算单（一）

收款单位盖章：　　　　　　　　　　　　　　　　　　年　　月　　日

项　目	内　容						
会议名称（内容）							
开会时间							
代表人数			其中：工作人员　　人				
会期（含报到）天数							
实际开支	合计	住宿	餐费	场租费	交通费	印刷费	公杂费

表 2-3　会议费结算单（二）

会议名称：

序号	结算内容	票据张数	金额	备注
1	会议住宿费			
2	会议餐费			
3	会议交通（用车）费			
4	会议场租费			
5	会议公务费			
6	会议考察费			
	合计			

表 2-4　会议（培训）结算单（三）

单位名称（盖章）			
会议（培训）名称		会议（培训）类别	
会议（培训）开始日期		会议（培训）审批人或机构	
会议（培训）结束日期		会议（培训）参加人数（人）	
单位联系人		单位联系电话	
宾馆名称			
宾馆联系人		宾馆联系电话	
食宿费用是否自理			
服务项目（名称）	结算价格（元）		
会议场所			
客房			
合计		大写：	
注			

3）开具发票

开具发票（票样见图 2-16）的工作人员事先要与财务部门确定正确的收费开票程序，

图 2-16　票样

不能出任何差错。另外，如果有些项目无法开具正式发票时，应与会议代表协商，开具收据或证明。

（1）提前准备会议发票。

（2）提前确认发票填写项目。

案例分析

开具发票时有出入怎么办

公司员工小张去某城市参加全国电子产品交流会，会期一周。按照会议通知，他交了 1600 元的会务费，组织方开具了发票。小张回来报销时，财务处说发票无效不予报销，原因是发票上缺少财务章。小张马上与会务组织方联系，几经周折才联系上，对方称他们的发票是正式的，不可能没有财务章。让小张将发票寄给他们，如果确实有问题，愿意承担责任。

点评： 发票是报销的凭证。发票开具应按照规定的时限和顺序，逐栏、全部联次一次性如实开具，并加盖单位财务印章和发票专用章。不符合规定的发票不得作为财务报销凭证，任何单位和个人有权拒收。任何单位和个人不得转借、转让、代开发票；没有经过税务机关批准，不得拆本使用发票；不得自行扩大专业发票使用范围。禁止倒买倒卖发票、发票监制章和发票防伪专用品。

二、进行客户跟踪回访

1. 客户回访的涵义

客户回访是企业用来进行产品或服务满意度调查、客户消费行为调查、进行客户维系的常用方法。客户回访是客户服务的重要内容，做好客户回访是提升客户满意度的重要方法。客户回访对于重复消费的产品企业来讲，不仅通过客户回访可以得到客户的认同，还可以创造客户价值。由于客户回访往往会与客户进行比较多的互动沟通，更是企业完善客户数据库，为来年的展会销售做铺垫。

2. 客户回访的程序

客户回访的程序如图 2-17 所示。

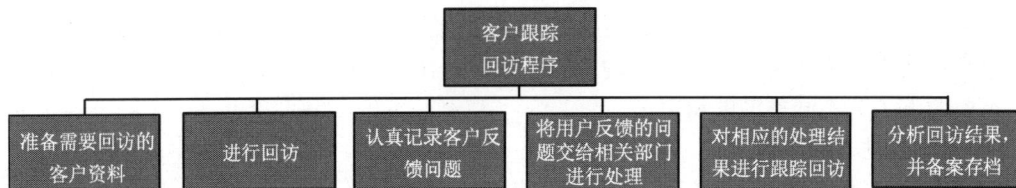

图 2-17　客户回访的程序

3. 准备客户档案资料

客户档案资料的格式如表 2-5 所示。

表 2-5 客户档案的格式

××××单位基本信息					
客户名称		地址			
电话		邮编		E-mail	
公司负责人		职务		联系电话	
		生日		爱好	
主要联系人		职务		联系电话	
		生日		爱好	
市场规模		年营业额			
开户银行账号					
主营业务范围					
往届参会情况					

4. 客户回访

客户满意度是衡量会议服务质量优劣的一个指标，因此客户满意度调查应坚持全面、客观、尊重顾客意见的原则，使调查结果切实反映会议服务质量状况。客户满意度调查方法有如下几种。

1）访谈法

访谈法是指通过访员和受访人面对面地交谈来了解受访人的心理和行为的调研方法。

访谈是以口头形式，根据被询问者的答复搜集客观的、不带偏见的事实材料，以准确地说明样本所要代表的总体的一种方式。尤其是在研究比较复杂的问题时，需要向不同类型的人了解不同类型的材料。

2）问卷法

问卷法是通过由一系列问题构成的调查表收集资料以测量人的行为和态度的研究方法。调查问卷是以书面提出问题的方式搜集资料的一种研究方法，即调查者就调查项目编制成表，分发给被调查对象，被调查对象根据问题填写答案，然后回收整理、统计和研究。问卷调查的最大优点是方法简便，节约时间，材料也比较容易整理和统计。

3）网上调查法

这是采用基于 Web 界面、跨平台的问卷调查系统，它能向 Internet 用户提供交互式、个性化的问卷调查服务，提高自身网站内容及访问量的一个软件平台。通过开展各行各业的问卷调查，可以迅速了解社会不同层次、不同行业的人员需求，客观地收集需求信息，调整修正产品营销策略，满足不同的需求，促进公司产品销售，同时也吸引了更多的长期用户群。

4）E-mail 问卷调查法

通过 E-mail 方式将问卷发送给被调查者，被调查者完成后将结果通过 E-mail 返回。这种方式的好处是可以有选择性地控制被调查者，缺点是容易遭到被访问者的反感，有侵犯个人隐私之嫌。直接向潜在客户发送调查问卷，这种方式比较简单直接，而且费用非常低廉。但要求企业必须积累有效的客户 E-mail 地址，而且顾客的反馈率一般不会非常高。

小贴士

客户满意度调查问卷的 6 种类型。

（1）自由叙述式：不给被调查者提供任何答案，让其按自己的思想用文字自由地回答。

（2）多重选择式：让被调查者从提供的互不矛盾的答案中选择出一个或几个答案来。

（3）是否式：让被调查者以"是"或"否"二选一的方法回答提供的答案。

（4）评定量表法：让被调查者按规定的一个标准尺度对提供的答案进行评价。

（5）确定顺序式：让被调查者对提供的几种答案按一定的标准（好恶或赞同与否等）作出顺序排列。

（6）对偶比较式：把调查项目组成两个一组让被调查者按一定的标准进行比较。

以上 6 种问卷类型各有其优点和缺点，要根据研究的目的、任务和被调查者的特点选择使用。研究者通常将几种型式并用。

客户回访通常都要填写《客户满意度调查表》，它可以通过各种途径与方法，如面呈、电子邮件、信函、网页、传真以及委托等方式发送和回收。将回收的问卷分类整理后送交相关部门进行分析总结。

小提示：发放跟踪问卷：从准备到发放问卷完毕要在 3 个工作日内完成，并在随后的 2 个工作日内取得客户的反馈信息。

三、开展会后营销

会后营销是会议的后续服务，也是会展业系统工程中的一个重要环节。在客户后续服务上应该注意细节，追求人性化和个性化的统一。

会后营销的程序及内容有以下几种。

想一想

美国有机构专门研究了与会者记忆率的变化，有以下的发现：与会者在会议闭幕后 5 周对会议情况的记忆从 100% 迅速下降到约 60%，此后记忆有所反弹，反弹的原因可能就是主办单位的跟踪服务开始发挥

1. 建立与会者信息数据库

会议后续服务首先要明确服务的对象，客户包括与会者和嘉宾，这两类客户除了国内客户外，还包括国外客户，要为他们服务，首先要有关于他们的完备的资料，即建立信息数据库。与会者的信息数据应当尽可能详尽，以下为必备内容。

1）企业信息

企业信息包括企业名称（全名和简称，简称可能有多种，都应标明）、地址、邮编、电话、传真、E-mail 地址，企业性质和主管单位，主要产品，年产值，主要市场，企业信誉等级等。

2）人员信息

人员信息包括该企业主要负责人和部门负责人的姓名、职务、职称、性别、年龄、联系方法等；与会者中的各界名流（VIP），他们具有重要的社会影响力，他们到会可以带来很好的宣传效应，应当尽可能地收集他们的相关资料，以便对他们进行采访、征求意见以及在下一届展会再发出邀请。对于国外与会者，来自不同的地区和国家，情况比较复杂，在数据库中，除了同国内客户相同的信息外，还应当增加以下内容。

（1）与会者的工作语言和母语。同国外客户的联系一般使用英语，但是也有客户不能或不愿意使用英语而习惯使用其他语种，对此在数据库中应当有所记录。

（2）与会者的宗教信仰。在不同宗教中有不同的礼仪和禁忌，以及节日、风俗、饮食习惯等，掌握这些信息有助于同客户的联系和接待。

（3）与会者所在城市的时区和同北京的时差。这样在电话联系时就可以掌握适当的时间，不给对方带来不便或降低工作效率。

与会者的其他相关资料也应当尽可能多的收集，有些看来似乎没有用的材料，有时可能发挥很大的作用，比如客户的简历、文化程度、毕业的学校和亲友关系等。与会者的后续服务实际上是一种营销工作，客户信息是营销的基础，越详尽越好。欧美和日本等发达国家，收集客户信息总是不厌其详，在它们的信息数据库中，甚至包含着对方当事人自己都意想不到的资料，一旦需要的时候随时可以调用，极大地提高了工作效率。

2. 搜集客户意见和建议

数据库中存储的主要是客户的基本自然信息，此外还要收集客户，特别是重点客户的意见和建议，这一方面是改进会议的工作，另一方面也是为了加强同客户的联系。所有与会者都希望得到良好的服务。服务的内容十分广泛，也是一些会议主办者容易忽略的地方。但是一个小小的疏忽可能就失去许多客户，例如会议交通服务，就可能使与会者感到不便，影响他们参会的情绪；又如饮料供应地点、休息坐椅放置的位子，这些看来并不重要的问题，也会影响与会者对会议的评价。会议主办方应当尽可能地满足与会者各种不同的需要，这就必须听取他们的意见与建议。收集意见和建议时还应包括媒体，并应当主动向客户提供各种资料，供客户选择发表，争取客户的支持。

3. 会议现场向与会者发布下届会议信息，现场提供报名登记服务

会议期间主办方应及时通报会议信息，为下届会议报名登记奠定基础。会议信息应具有连续性。发布会议信息最方便、最具影响力的方法是建立会议专门网站，国际会展局以及国外一些大型会展机构都有自己的网站，博鳌论坛等也设有专门网站，用于发布会议信息。另外，会议现场和会议官方网站同时提供下届会议报名登记服务。

4. 会后发布下届会议信息

会后可通过以下途径发布下届会议信息：
（1）会议闭幕式上向新闻媒体及与会者发布下届会议的信息。
（2）答谢宴时向与会者发出下届会议邀请。
（3）发送致谢函一并附上下届会议邀请函。

5. 保持长期感情联系

对于与会者应当保持密切的感情联系，这样他们对下届会议才有热情参与，而且他们可能向主办方反馈许多十分有用的信息。上海能够击败其余 4 个强有力的竞争对手，取得 2010 年世博会的主办权，原因很多，其中之一就是在昆明 1999 年世界园艺博览会结束以后，利用建立的联系，对国际展览局的许多成员国继续做工作的结果。

培养忠诚客户和建立良好的新客户网的一个重要诀窍是为客户提供人性化和个性化的服务，尤其要注重细节方面的运作。向与会者寄送会议或行业的各种信息和材料，这也是一种保持感情联系的方法。但仅这样是不够的，同与会者联系还应当尽可能采用一些个性化的方法，例如：对客户所提供的信息由会议主办方高层人士亲笔签署回信表示感谢；对客户提出的意见和建议除表示感谢外，还告诉客户接受和整改的方法；对于重要客户的各种庆典活动，发出贺函或派员参加，并赠送花篮或礼品；在新年前向客户以及其负责人和联系人寄送贺卡，贺卡可以广泛寄发，低成本而取得较好的效果。同客户的联系要主动而经常，态度要诚恳并守信，这样就一定能同客户保持密切的关系，不断发现和获得新的商机。

▍▍ 客户服务践行

1. 请为 2014 年全球移动互联网大会（GMIC）设计会议结算项目并以小组为单位模拟结算流程。

任务背景介绍： 2014 年全球移动互联网大会（GMIC）于 5 月 5 日至 5 月 6 日在北京国家会议中心举行。本届大会主题为"下一个 50 亿"，由领袖峰会和智能软硬件、手游、移动金融、全球化专场、创新大赛等分会组成。主要参会代表来自腾讯、百度、新浪、小米、UC、宏碁等国内公司，以及 Facebook、LinkedIn、Tango、Coursera 等硅谷代表。本届会议行业与会者 15000 人。

2. 请为 2014 年电子设计创新会议（EDI CON2014）设计客户满意度调查表并完成客户满意度调查实施任务。

任务背景介绍： 2014 年 4 月 8 日至 10 日，电子设计创新会议（EDI CON2014）在北京国际会议中心盛大召开。电子设计创新会议是一种把技术论坛和行业展会相结合的新型展会模式，专注于高频/高速电子行业。EDICON 为工程师和系统集成商提供了一个良好的机会，让他们了解当今通信、计算、RFID、工业无线监控、导航、航空航天及相关领域使用的最新的射频/微波和高速数字产品及技术信息。EDICON 还可以让设计师们近距离地接触中国创新企业和世界领先的跨国技术公司。

今年电子设计创新会议的参会代表达到 2500 人，EDICON 为工程师和厂家提供了一个深度交流的平台。通过这个平台，不仅厂商能够展示最新的优秀产品和技术，与会工程师也能够把握技术前沿，紧跟技术发展的步伐，在工作中将会有更清晰的方向。

电子设计创新论坛开幕式主要是来自全球领先的技术专家和商界领袖发表的主题演讲，为如何落实 5G、新的毫米波通信网络、下一代的全球导航卫星、新的先进的雷达系统等未来必将面对的挑战提供深度的见解。同时，EDI CON2014 为与会工程师提供了很多由行业和技术带头人举行的技术会议、研讨会和小组讨论，这让 EDI CON2014 展览和会议紧密结合，让工程师能学到更多。

▌▌能力评价

学习本节内容，将自己的体会做成 10 分钟的幻灯片并讲解，然后从以下几个方面进行评价。

序号	评价内容	自　评	他　评
1	讲解内容		
2	演示文稿内容		
3	演示文稿风格		
4	讲解风格		
5	讲解效果		
6	创新点		

拓展阅读

企业欢迎哪些会后服务

中国上海人才市场目前对 100 多家交流会设摊招聘单位进行了以"企业欢迎怎样的会后服务"为主题的专项调查。

据悉，时下中国上海人才市场推出的招聘会服务项目主要有六种，即网上发布企业招聘信息（会后一个月）、猎头方式推荐、提供每月一期高级人才快递、高级人事经理研讨会、人事咨询代理一条龙服务和高层次专业人才沙龙。从调查统计结果看，最受企业欢迎的会后服务是"网上发布企业招聘信息"和"提供每月一期的高级人才快递"，分别占总数的 61.7%和 46.8%，对这两项的需求比例明显高于其他四项。由此表明：目前参会企业对人才市场提供的服务中最感兴趣、最受欢迎的是高层次人才的信息提供。参会企业对猎头方式并不十分欢迎，尤其令人感到意外的是三资企业、跨国公司对猎头方式的反应最为冷淡，倒是民营企业和股份制企业较有兴趣。"高级人事经理研讨会"一项出乎意料的受到民营企业的欢迎，股份制企业对于"人事代理一条龙服务"显示出较大的热情，反映了它们迫切需要了解政策和与人才引进政策相关的种种服务。另外，在交流会会务安排方面，超过 50%的企业把举办人才面试洽谈会的首选地点选在上海展览中心，说明位于市中心的上海展览中心始终是企业印象中的招聘会"黄金地点"，也有 24% 的企业把高层次人才面试洽谈会的首选举办地选择为五星级酒店，部分企业相当重视高级人才面试洽谈时的环境。对招聘地点选择有较高要求、乐意花大价钱选择理想位置的企业多分布于生物制药、IT、电子通信等高新技术行业和消费品行业，尤其是跨国公司、三资企业。在面试人员的入场资格问题上，只有 17%的企业选择了让应聘者自由购票入场，而87%的企业选择了完全或部分凭人才市场的邀请信入场。大部分企业希望事先对应聘者进行筛选，有针对性地进行面试，以确保招聘成功率。对为企业特设的全封闭"面试洽谈区"，以及对洽谈会新增"企业形象展示区"的看法，有 33 家和 29 家单位表示对上述两个区域的强烈兴趣，分别占调查总企业数的 39.3%和 34.5%；同时又有 35 家和 36 家企业对这两点表示肯定，分别占总企业数的 41.7%和 42.9%。洽谈会全新推出的企业形象展示区以及封闭洽谈区是符合市场规律、受到企业欢迎的。有54.5% 的全民、集体企业和46.5%的三资企业希望下一次能进行企业形象展示，民营企业在这方面的意识相对较弱；民营企业对全封闭洽谈区表现出了浓厚的兴趣。

上述案例表明：全面的会后信息服务将为与会企业、与会者完善市场服务功能提供有益参考。

客户满意度调查问卷的回收分析

一般来说，客户满意度调查问卷的回收率如果仅有 30%左右，资料只能作参考；若为 50%以上，可以采纳建议；当回收率达到 70%～75%以上时，方可作为研究结论的依据。对回收的问卷，在剔除废卷的同时要统计有效问卷的回收率。保持一个较高的问卷回答率（即有效问卷率），也是我们获得真实可靠资料的保证。一般来说，调查一类专业人群，最低回答率被认为是 70%。当调查一般民众时，因为不回答的原因可能是缺乏兴趣，所以允许出现更高的不回答率。

因此，问卷的回收率一般不应少于 70%。如果有效问卷的回收率低于 70%，要再发一封信及问卷进行补充调查。另外，如有可能，可以做小范围内的跟踪调查或访谈调查，了解未回答问题那部分被试者的真实看法，以防止问卷结果分析的片面性。

影响问卷回收率的主要因素有：回收问卷的有效程度；调查组织工作的严密程度；调查内容的吸引力；问卷填写的难易程度；问卷回收的可控制程度。据统计，邮寄问卷的回收率约为 30%～60%，而当面发送问卷的回收率可达到 80%～90%，并且当面发送并回收，可以检查问卷是否有空填、漏填和明显的错误，以便及时能更正，保证问卷较高的有效性。因此，要想提高问卷的回收率，必须设计出短小、精干、有吸引力、容易填答的问卷，最好使用当面发送问卷的方法。

问卷回收与统计：回收的问卷按照"问卷编号"顺序统一整理、统一封存。回收后撰写一份文字说明，其中至少包含以下内容：发放和回收的问卷总数、问卷的分布。

2.4 电 话 客 服

引入案例

关于电话客服——用声音描绘最佳形象

你有过这样的经历吗？

与一位朋友或客户经常通电话，但从未谋面；可一旦见面，就会发现他（她）与你想象的完全不一样。这是为什么呢？——因为人都有通过声音去想象别人容貌的习惯。如果你说话时没有笑，听筒另一边的客户即便没有看见，也同样可以感觉得到。

因此，你需要用全身心去说话，而不管是否面对客户。

2.4.1 呼出服务

人都有一种习惯，就是通过一个人的声音去描绘对方的外在形象。这种习惯对于客户服务人员尤其是在线的电话服务人员来讲是至关重要的。人有好几张"脸"：第一张脸是外表长相，第二张脸是一个人的字，第三张脸是他的声音。作为一名客户服务人员，你的第一、第二张脸并不重要，而第三张脸却是至关重要的。通过声音让客户感到你真的能帮助他，做到这一点很难。实际上很多时候需要把表情、肢体语言在听筒这边表现出来，然后运用声音通过听筒传过去。

随着经济的发展，电话客服与我们的生活联系也越来越紧密。简而言之，电话客服是客服人员代表公司通过电话与客户进行沟通交流维护的一种方便快捷的方式。具体来说，一般电话客服承担以下一些工作内容：接受客户咨询，记录客户咨询、投诉内容，按照相应流程给予客户反馈；能及时发现来电客户的需求及意见，并记录整理及汇报；为客户提供完整准确的方案及信息，解决客户问题，提供高质量服务。电话客服可以分为呼入服务和呼出服务两个方面。

很多公司，对于使用和接听电话的销售人员和电话的服务人员的坐姿都有严格的要求。比如说，不允许胳膊支在桌子上接听电话，不准背靠在椅子上接听电话。为什么呢？

因为你的姿势会通过听筒、通过声音传达到客户那边，客户能在大脑中通过你的声音想象出你正以一种什么样的姿势再给他打电话。所以说，客户服务的电话技巧是有讲究的。

情境：想象一下这样的场景，在一个忙碌的客户服务中心，电话声此起彼伏。

一位坐席人员接起一个电话，客户服务就从这个时候开始讲起。

坐席：这里是星星公司客户服务中心，请问您有什么问题？

客户：我的网上密码忘记了（或被盗了），找回了很多次都没成功。

坐席：这位先生，请问您贵姓？

客户：我姓张。

坐席：张先生，请问您找回密码是通过我们网站提交密码提问进行找回的吗？

客户：是的。我是一年前注册的，现在谁还能记住密码提示问题？

坐席：密码找回是通过密码提示问题找回的。

客户：你的意思是我就找不回密码了。

坐席：张先生，我很理解您此时的心情，如果我遇到您这种情况，我也会像您一样着急，我们这么做的目的也是为了保护客户的利益。

客户：保护我的利益就要帮我找回呀！我都使用一年多了，好不容易才修炼到现在这样的级别。我就这样认了吗？

坐席：张先生，和您的谈话中，可以看出您一定是×××方面的高手。在网上经常发生密码被偷、信息被盗的现象，就像现实生活中小偷偷走了我们的钱包一样，要找回一定需要相应的线索。而密码找回也是通过提供密码提示问题这一线索找回的，希望您能理解。

坐席：（保持沉默 20 秒）

客户：还有没有其他的办法？

坐席：我很希望能够给您更多的帮助。目前密码的找回只能够通过密码提示问题。如果公司有其他的方案，会第一时间通知您。请您多多包涵。

？ 想一想

该客服人员在接听客户电话的过程中有什么做的好的和不足的地方？

客户：谢谢！（结束电话）

基础知识

一、呼出服务的内容

呼出服务是企业通过呼叫中心的客户服务代表直接对客户进行主动呼叫，是企业重要的营销手段之一。它打破了企业传统的被动式服务模式，真正实现了呼叫中心由成本中心转为利润中心。呼出服务主要包括销售类、数据库类、调研类、业务支持类等。从市场开拓到顾客满意度调查，为公司提供扩大市场规模机会。

1. 市场开拓调研

通过电话、网络、传真、邮件等多媒体方式针对某个领域向消费群体调查产品、服务的使用情况及客户满意度。

2. 挖掘潜在客户

利用电话营销手段，为委托方的产品筛选适合产品的客户数据，进行产品信息的传递，将挖掘的意向客户与沟通录音反馈给委托方。

3. 电话营销

电话营销是通过使用电话来实现有计划、有组织并且高效率地扩大顾客群、提高顾客满意度、维护老顾客等市场行为的手法。

4. 会议/活动邀约

利用呼叫中心平台以及精准的客户数据库，为委托方的会议要求进行客户筛选，进行电话信息介绍，进行邀约。

5. 客户关怀

针对现有客户，特别是维修客户和投诉客户送去委托方对客户的真切关怀，加强委托方和客户间的沟通，培育客户忠诚度。

二、电话呼出技巧

1. 电话沟通与面对面沟通的区别

挑战 1：客户容易挂电话，说"不"，态度粗鲁。
对策：不要把客户的否定异议认为是针对个人的，花点时间与之建立良好的关系，让客户看到好处，对异议做好心理准备，运用异议解决模式。
挑战 2：时间有限。
对策：做好组织和准备，询问客户目前是否有时间接听电话。
挑战 3：没有目光接触和身体语言。
对策：运用你的语言、语调来显示对客户感兴趣和关心，将你的热情传达给客户。
挑战 4：容易分心。
对策：倾听、专注、做笔记。
挑战 5：不容易建立信任度。
对策：准备好实例，证明你所说的话准确。

2. 电话呼出面临的自我心理挑战

不愿意给顾客打电话的借口：
（1）太忙了，没有时间。
（2）我还有别的更重要的事情要做。
（3）现在不是时候或今天心情不好。
（4）刚打了个很失败的电话，还无法进行下一个电话。

造成打电话时的这种心理障碍的原因：
（1）怕遭到拒绝。
（2）不良后果的预测。
（3）担心对方会有被打扰的感觉。
（4）缺乏成功的经验。
（5）沮丧的心理。

3. 电话呼出的常见问题

电话呼出的常见问题如下：
（1）抓起话筒却不知从何说起，语无伦次。
（2）使用"超级简略语"，如"我是某公司××"。
（3）挂完电话才发现还有问题没说到。

4. 拨打电话的基本技巧和程序

为了提高通话效果及正确的表达思想，请注意以下几点。

1）电话机旁应备记事本和铅笔

不可太相信自己的记忆，重要事项要做记录。可在电话机旁放置好记录本、铅笔，当他人打来电话时，就可立刻记录主要事项。如不预先备妥纸笔，到时候措手不及、东抓西找，不仅耽误时间，而且会搞得自己狼狈不堪。

2）先整理电话内容，后拨电话

给别人打电话时，如果想到什么就讲什么，往往会丢三落四，忘却了主要事项还毫无觉察，等对方挂断了电话才恍然大悟。因此，应事先把想讲的事逐条逐项地整理记录下来，然后再拨电话，边讲边看记录，随时检查是否有遗漏。另外，还要尽可能在 3 分钟之内结束。如果一次电话用了 5 分钟甚至 10 分钟，那么一定是措辞不当，未抓住纲领、未突出重点。

3）态度友好

有人认为，电波只是传播声音，打电话时完全可以不注意姿势、表情，这种看法真是大错特错。双方的诚实恳切，都饱含于说话声中。若声调不准就不易被对方听清楚，甚至还会听错。因此，讲话时必须抬头挺胸，伸直脊背。"言为心声"，态度的好坏，都会表现在语言之中。如果道歉时不低下头，歉意便不能伴随言语传达给对方。同理，表情也包含在声音中。打电话表情麻木时，声音也会冷冰冰的。因此，打电话也应微笑着讲话。

4）注意自己的语速和语调

急性子的人听慢话，会觉得断断续续、有气无力、颇为难受；慢吞吞的人听快语，会感到焦躁心烦；年龄高的长者，听快言快语，难以充分理解其意。因此，讲话速度并无定论，应视对方情况，灵活掌握语速，随机应变。打电话时，适当地提高声调显得富有朝气、明快清脆。人们在看不到对方的情况下，大多凭第一听觉形成初步印象。

因此，讲话时有意识地提高声调，会格外悦耳优美。

5）不要使用简略语、专用语

将"行销三科"简称"三科"这种企业内部习惯用语，第三者往往无法理解。同样，专用语也仅限于行业内使用，普通顾客不一定知道。有的人不以为然，得意洋洋地乱用简称、术语，给对方留下了不友善的印象。有的人认为外来语高雅、体面，往往自作聪明地乱用一通，可是意义不明的外来语并不能正确表达自己的思想，不但毫无意义，有时甚至会发生误会，这无疑是自找麻烦。

拨打电话的具体程序如下：

（1）确认对方工作单位及姓名。

（2）自报公司名称及本人姓名。

（3）寒暄问候。

（4）商谈有关事项、确认注意事项。

（5）礼貌的道别、轻轻地放好话筒。

客户服务践行

学校要举行三十周年校庆，请给相关校友打电话进行邀请，并提前写出注意事项。

能力评价

学习本节内容，将自己的体会做成 10 分钟的幻灯片并讲解，然后从以下几个方面进行评价。

序号	评价内容	自　评	他　评
1	讲解内容		
2	演示文稿内容		
3	演示文稿风格		
4	讲解风格		
5	讲解效果		
6	创新点		

拓展阅读

如何创造积极的电话形象

- 不断评估自己。
- 恰当的身体姿势。
- 做好准备。
- 说话自然。
- 有时间概念。
- 掌握服务主动性。

用专业的态度结束通话：如果想顺利结束通话，可以使用来电者的姓名，总结双方的关键行动方向，一旦双方达成一致，可以感谢客户接受你的服务，并询问其是否还有其他疑问，或者其他可以为他效劳的地方，然后请客户先挂电话。

2.4.2　呼入服务

电话呼入一般是指电话客服人员负责接听客户电话，分析客户使用情况、需求和反馈意见，协调相关部门为客户及时提供优质的服务。

具体工作细则如下：

（1）详细记录并核实客户的咨询、疑问。

（2）分析并及时给予答复，过后作相关信息记录，如客户的相关资料等。

（3）若无法及时答复，需收集客户的详细资料，为其建立个案，包括时间、地点、人物、事件、联系电话等，将此发给相关负责人。待获取解决方案后，客服代表必须尽快回复客户，最多不超过三日。

（4）若客户对提供的解决方案表示接受，则礼貌结束通话；若客户对解决方案表示不接受，应尽可能地取得顾客的理解和支持，委婉答复客户，建议反映给公司，以求得完美。若客户需求非客服部提供的服务范围，则向顾客说明并礼貌结束通话。

▌▌基础知识

一、进行呼入服务时的禁忌

1. 接听电话时的禁忌

（1）电话铃响得令人不耐烦了才拿起听筒。

（2）对着话筒大声地说："喂，找谁啊？"

（3）一边接电话一边嚼口香糖。

（4）一边和同事说笑一边接电话。

（5）遇到需要记录某些重要数据时，总是在手忙脚乱地找纸和笔。

2. 转达电话时的禁忌

（1）抓起话筒向着整个办公室吆喝："×××，你的电话！"

（2）态度冷淡地说："×××不在！"就顺手挂断电话。

（3）让对方稍等，就自此不再过问他（她）。

（4）答应替对方转达某事却未告诉对方你的姓名。

3. 遇到突发事件时的禁忌

（1）对对方说："这事儿不归我管。"就挂断电话。

（2）接到客户索赔电话，态度冷淡或千方百计为公司产品辩解。

（3）接到打错了的电话很不高兴地说："打错了！"然后就粗暴地挂断电话。

（4）电话受噪声干扰时，大声地说："喂，喂，喂……"然后挂断电话。

二、接听电话的程序和基本技巧

1. 接听电话的程序

（1）听到铃声响两下后拿起听筒。

（2）自报公司名称及科室名称。

（3）确认对方姓名及单位。

（4）寒暄问候。

（5）商谈有关事项，确认注意事项。

（6）礼貌地道别，轻轻地放好话筒。

2. 注意事项

1）电话铃响两次后，取下听筒

电话铃声响 1 秒，停 2 秒。如果过了 10 秒钟，仍无人接电话，一般情况下人们就会感到急躁。因此，铃响 3 次之内，应接听电话。那么，是否铃声一响，就应立刻接听，而且越快越好呢？也不是，那样反而会让对方感到惊慌。较理想的是，电话铃响完第二次时，取下听筒。

2）自报姓名的技巧

如果第一声优美动听，会令打或接电话的对方感到身心愉快，从而放心地讲话，故电话中的第一声印象十分重要，切莫忽视。接电话时，第一声应说："你好。这是××公司。"打电话时，则首先要说："我是××公司××处的××。"双方都应将第一句话的声调、措词调整到最佳状态。

3）轻轻挂断电话

通常是打电话一方先放电话，但对于职员来说，如果对方是领导或顾客，就应让对方先放电话。待对方说完"再见！"后，等待 2～3 秒钟才轻轻挂断电话。无论通话多么完美得体，如果最后毛毛躁躁"咔嚓"一声挂断电话，则会功亏一篑，令对方很不愉快。因此，结束通话时，应慢慢地、轻轻地挂断电话。

三、转达电话的技巧

1. 关键字句是否听清楚

常有这种情况：顾客打电话找经理，经理却不在办公室。这时，代接电话者态度一定要热情，可用下面的方法明确告诉对方经理不在。

根据了解的情况，告诉对方经理回公司的时间，并询问对方："要我转达什么吗？"对方可能会说出下列几种愿望：

（1）稍后再打电话。

（2）想尽快与经理通话。

（3）请转告经理……

经理暂时不能回公司，则可告诉对方："经理出差在外，暂时无法联系，如有要紧事，由我负责与经理联系行吗？"

另外，当不便告知具体事项时，要留下对方的姓名、电话、公司的名称。

若受顾客委托转告，则应边听顾客讲边复述，并按 5W1H 内容，认真记录。

给经理打电话时，应告诉经理顾客的姓名、公司名称、电话号码、打来电话的时间，并与经理一一确认。

无论如何，都必须复述对方姓名及所讲事项。通话结束应道别："我叫××，如果经理回来，定会立刻转告"。自报姓名，其目的是让对方感到自己很有责任感，办事踏实可靠，使对方放心。

2. 慎重选择理由

通常，由于各种原因，如因病休息、出差在外、上厕所等，被指定接电话的并不在，这时，代接电话的应学会应付各种情况。告诉对方，××不在办公室时，应注意不要让对方产生不必要的联想，特别不能告诉对方××的出差地点，因其出差所办事情，或许正是不能让对方觉察知晓的商业秘密。

另外，如果遇到领导正在参加重要会议，突然接到客户的紧急电话，怎么办？这时应正确判断、妥当处理。

如果领导事先有说"开会期间，不得打扰。"当然不能例外。要想谋求一个两全其美的办法，既不中断会议，又不打扰领导，那么，就应活用纸条。如在纸条上写道"××先生电话找您，接电话（　），不接（　），请画勾。"然后悄悄走进会议室，将纸条递给领导看，领导一目了然，瞬间即画好勾。如此这般，既不影响会议，领导又能当场定论，是一种很适合的方法。

四、应对特殊事件的技巧

1. 听不清对方的话语

当对方讲话听不清楚时，进行反问并不失礼，但必须方法得当。如果惊奇地反问"咦？"或怀疑地回答"哦？"对方定会觉得无端地招人怀疑、不被信任，从而非常愤怒，连带对你印象不佳。但如果客客气气地反问："对不起，刚才没有听清楚，请再说一遍好吗？"对方定会耐心地重复一遍，丝毫不会责怪。

2. 接到打错了的电话

有一些职员接到打错了的电话时，常常冷冰冰地说："打错了。"最好能这样告诉对方："这是××公司，您找哪儿？"如果自己知道对方所找公司的电话号码，不妨告诉他，也许对方正是本公司潜在的顾客。即使不是，热情友好地处理打错的电话，也可使对方对公司抱有初步好感，说不定就会成为本公司的客户，甚至成为公司的忠诚支持者。

3. 遇到自己不知道的事

有时候，对方在电话中一个劲儿地谈自己不知道的事，而且像竹筒倒豆子一样，没完没了。职员碰到这种情况，常常会感到很恐慌，虽然一心企盼着有人能尽快来接电话，将自己救出困境，但往往迷失在对方喋喋不休的陈述中，好长时间都不知对方到底找谁，待电话讲到最后才醒悟过来："关于××事呀！很抱歉，我不清楚，负责人才知道，请稍等，我让他来接电话。"碰到这种情况，应尽快理清头绪，了解对方真实意图，避免被动。

4. 接到领导亲友的电话

领导对部下的评价常常会受到其亲友印象的影响。打到公司来的电话并不局限于工作关系。领导及前辈的亲朋好友，常打来与工作无直接关系的电话。他们对接电话的你的印象，会在很大程度上左右领导对你的评价。

5. 接到顾客的索赔电话

索赔的客户也许会牢骚满腹，甚至暴跳如雷，如果作为被索赔方的你缺少理智，像对方一样感情用事，以唇枪舌剑回击客户，不但于事无补，反而会使矛盾升级。

正确的做法是：处之泰然，洗耳恭听，让客户诉说不满，并耐心等待客户心静气消。其间切勿说"但是""话虽如此，不过……"之类的话进行申辩，应一边肯定顾客话中的合理成分，一边认真琢磨对方发火的根由，找到正确的解决方法，用肺腑之言感动顾客，从而化干戈为玉帛，取得顾客谅解。

面对顾客提出的索赔事宜，自己不能解决时，应将索赔内容准确及时地告诉负责人，请他出面处理。闻听索赔事宜，绝不是件愉快的事，而要求索赔的一方，心情同样不舒畅。也许要求索赔的顾客还会在电话中说出过激难听的话，但即使这样，到最后道别时，仍应加上一句："谢谢您打电话来。今后一定加倍注意，那样的事绝不会再发生。"这样，不仅能稳定对方情绪，而且还能让其对公司产生好感。正所谓："精诚所至，金石为开。"对待索赔客户一定要诚恳，用一颗诚挚的心感动客户，以化解怨恨，使之从这次处理得当、令人满意的索赔活动中理解与支持本公司，甚至成为公司产品的支持者。通过对索赔事件的处理，也能了解公司的不足之处，并以此为突破口进行攻关。当你经过不懈努力，终于排除障碍、解决问题，甚至使产品质量更上一层楼，使企业走出困境，不断繁荣昌盛，这时，谁又能说索赔不是一件好事呢？

五、有效的提问技巧

在客户服务的电话技巧中，有效的提问技巧非常重要。很多人认为，向客户提问题是为了得到答案，但有的时候不是。在客户服务中很多提问的目的都不是为了得到答案，而是为了洞察当时客户的问题，提问的目的只不过是给客户提供一种发泄的渠道而已。

提问的好处如下：

（1）通过提问，尽快找到客户想要的答案，了解客户的真正需求和想法。

（2）通过提问，理清自己的思路。这对于客户服务人员至关重要。"您能描述一下当时的具体情况吗？""您能谈一下您的希望、您的要求吗？"这些问题都是为了理清自己的思路，让自己清楚客户究竟想要什么，你能给予什么。

（3）通过提问，可以让愤怒的客户逐渐变得理智起来。客户很愤怒，忘记向你陈述事实了，客户服务人员应该有效地利用提问的技巧："您不要着急，一定给您解决好，您先说一下具体是什么问题，是怎么回事儿？"客户这时就会专注于对你所提的问题的回答上。在他陈述的过程中，情绪就会从不理智而逐渐变得理智起来。

1. 针对性问题

当不知道客户的答案是什么的时候才使用，通过提出一些有针对性的问题，就这些问题进行了解。比如说，像中国移动或者中国联通服务热线，可能客户投诉说："开机的时候，手机坏了。"或者说："始终信号不好，接收不到，或者干脆屏幕什么显示都没有。"这个时候，客户服务人员可能会问："那您今天早晨开机的时候，屏幕是什么样子的？"这个问题就是针对性的问题。针对性问题的作用是让你获得细节。

2. 选择性问题

选择性问题也算是封闭式问题的一种，就是客户只能回答 "是"或者"不是"。这种提问用来澄清事实和发现问题。

3. 了解性问题

了解性问题是指用来了解客户信息的一些提问。在了解信息时，要注意有的客户会比较反感提这个问题。比如说咨询："您什么时候买的呀""您的发票是什么时候开的呀""你当时发票开的抬头是什么呀""当时是谁接待的呀"等，客户觉得像在查户口。作为客户服务人员，提这些问题的目的是为了了解更多的信息，这些信息对客户服务人员是很有用的。可是客户有的时候不愿意回答或懒得回答。因此，在提了解性问题的时候，一定要说明原因。比方说："麻烦出示一下您的身份证，因为要做登记""麻烦您输入一下密码，因为……

4. 澄清性问题

澄清性问题是指正确地了解客户所说的问题是什么。有时候客户会夸大其词说"你们卖的是什么破手机呀，通话质量特别差，根本听不清楚"。这时客户服务人员首先要提澄清性问题。因为这时候并不知道客户所说的质量差到了什么程度，这时可以问："您说的通话效果很差，是什么样子，能详细地描述一下吗？"了解客户投诉的真正的原因是什么，事态有多严重，这叫澄清性问题。

5. 征询性问题

征询性问题是告知客户问题的初步解决方案。"您看可以吗？"类似于这种问题叫做征询性的问题。当告知客户一个初步解决方案后，要让客户做决定，以体现客户是"上帝"。比如，客户抱怨产品有质量问题，听完他的陈诉，就需要告诉他一个解决方案："如果您方便，可以把您的机子拿过来，可能需要在这里放一段时间。"比方说答应给客户赔偿，因为是属于退换承诺期内的，这个时候客户服务人员怎么去回答客户呢？当发现确实有质量问题的时候，客户服务人员往往跟客户说："那这样吧，给您换一个。"很少有人说："帮您退了，您看可以吗？"或者说："帮您退了，您看这样行吗？"为什么不说后一句，因为知道对方肯定会同意。有的客户服务人员在这个时候还要表现出是施舍给客户的，所以忽略了运用征询性的问题来结束对客户的服务。

6. 服务性问题

服务性问题也是客户服务中非常专业的一种提问。这个提问应在什么时候拿来用呢？一般来说，是在客户服务过程结束时用的，其作用是超出客户的满意。"您看还有什么需要我为您做的吗"？当在五星级酒店时，这句话会经常听到。没有经过培训的人员通常不会说这句话。服务性问题的提出是体现一个企业的客户服务是否优质的一个标准。比方说，去一些档次比较低的宾馆，服务人员要帮客户开门。推开门，服务人员却先进去了。而在档次高一些的酒店，服务人员就会让客户先进去，除非是提行李的服务人员。这就是高标准的客户服务。

7. 开放式问题

开放式问题是用来引导客户讲述事实的。比方说："您能说说当时的具体情况吗？您能回忆一下当时的具体情况吗？"一句话问出来，客户就滔滔不绝了，这就是开放式问题。

8. 关闭式问题

关闭式问题就是对客户的问题做一个重点的复述，是用来结束提问的。当客户已经描述完问题以后，你说："您的意思是想重新更换一部产品，是这样的吗？"这就是一个关闭性的问题。

六、客户服务人员在处理客户投诉时应避免的错误

1. 避免使用命令口吻

人们不喜欢接受命令，也不喜欢没有选择余地，所以通常客户服务人员在提问说话的时候都是一种请求式的方式。比方说："请您等一下。"——这叫命令口吻。换一种方式说："请您等一下好吗？""您能稍等一下吗？"——这叫做征询性口吻。

2. 避免推卸责任

避免推卸责任是指什么？告诉客户所能做的事情时，不要说："这件事情不归我管"，而要说："我的同事忙，我帮您把他找过来好吗？""其他部门负责这件事情，我把电话号码给您好吗？"

客户服务践行

1. 学习拨打、接听电话的要点，找出自己目前的不足之处后制订改进计划。

要点 1：电话机旁应备有笔记本和铅笔。

- 是否把记事本和铅笔放在触手可及的地方。
- 是否养成随时记录的习惯。

要点 2：先整理电话内容，后拨电话。

- 时间是否恰当。
- 情绪是否稳定。
- 条理是否清楚。
- 语言能否简练。

要点 3：态度友好。

- 是否微笑着说话。
- 是否真诚面对通话者。
- 是否使用平实的语言。

要点 4：注意自己的语速和语调。

- 谁是你的信息接受对象。
- 先获得接受者的注意。
- 发出清晰悦耳的声音。

要点 5：不要使用简略语、专用语。

- 用语是否规范准确。
- 对方是否熟悉公司的内部情况。
- 是否对专业术语加以必要的解释。

要点 6：养成复述习惯。

- 及时对关键性字句加以确认。
- 善于分辨关键性字句。

2. 请写出你的客户服务规范用语。

问候用语：

_____

_____

_____

业务用语：

_____

_____

_____

结束用语：

_____

_____

_____

3．拨打三个不同类型企业的客服电话，咨询有关业务事项，将交谈的全过程进行记录，并根据所学分析电话接待的优点与不足。

■■ 能力评价

学习本节内容，将自己的体会做成 10 分钟的幻灯片并讲解，然后从以下几个方面进行评价。

序号	评价内容	自　评	他　评
1	讲解内容		
2	演示文稿内容		
3	演示文稿风格		
4	讲解风格		
5	讲解效果		
6	创新点		

拓展阅读

电 话 礼 仪

电话礼仪列举如下：

（1）电话铃响，迅速接听，首先"自报家门"。

（2）迅速给出答案，回答、拒绝或转其他同事。

（3）适当记录细节。

（4）拨通前先打好腹稿。

（5）迅速切入主题。

（6）使用电话敬语。

（7）等对方挂断后再挂电话。

（8）同事不在时帮助接听电话，并留言记录。

（9）电话时间控制在 3 分钟以内，最长不超过 5 分钟。

电话礼仪要求与客户沟通要点如下。

1．重要的第一声

当我们打电话给某人或单位时，若一接通，就能听到对方亲切、优美的招呼声，心里一定会很愉快，使双方对话能顺利展开，对该单位有了较好的印象。在电话中只要稍微注意一下自己的行为，就会给对方留下完全不同的印象。同样说："你好，这里是××公司"。但声音清晰、悦耳、吐字清脆，给对方留下好的印象，对方对其所在单位也会有好印象。因此要记住，接电话时，应有"我代表单位形象"的意识。

2. 要有喜悦的心情

打电话时我们要保持良好的心情，给对方留下极佳的印象，由于面部表情会影响声音的变化，所以即使在电话中，也要抱着"对方看着我"的心态去应对。

3. 端正的姿态与清晰明朗的声音

打电话过程中绝对不能吸烟、喝茶、吃零食，即使是懒散的姿势对方也能够"听"得出来。如果打电话的时候，弯着腰躺在椅子上，对方听到的声音就是懒散的、无精打采的；若坐姿端正，身体挺直，所发出的声音也会亲切悦耳，充满活力。因此打电话时，要当成对方就在眼前，尽可能注意自己的姿势。

最好养成用左手拿话筒的习惯，右手空出来后随时都可将对方所讲的话或重要事项记下来，尽量站着听电话，即使采取坐姿，也要伸直上身，如此有助于语调的提高，精神集中，更能展现你高雅的神韵。通话时，如遇到不礼貌者，也应该稳定情绪，稍安勿躁，以礼相待。

下列词句有助于巩固与客户的关系：

请	我可以……
谢谢	你有没有考虑过……
我能/我会……	对不起（我为……感到抱歉）
我能怎么帮助您呢？	然而、和或仍（避免提及"但是"）
我错了	这是我的错
我能了解您的感觉、情况、争	您是否介意……
论的要点和所关切的事（避免	您如何认为
提及"问题"）	我欣赏
你是对的	

下列词句在使用中会引起客户的反感，请尽量避免使用：

你不明白	你错啦
你不得不……	你没有在听我说……
你没有理解我的意思	听我说
等几秒钟	我从来没说过……
我（我们、你）不能……	依我看……
我们有规定（禁止）……	你的问题在哪里
这不是我的工作范围（责任）	"无题"这个词
你的话没道理	你明白吗
你必须……	你有没有意识到
你应该……	"但是"这个词
你需要做的是……	全局性词汇

你们不得不……　　　　　　　"不"这个词

你为什么不……　　　　　　　亲昵的词汇

我不知道　　　　　　　　　　表示亵渎或粗俗的词

小　结

实践客户服务需要知道客户服务流程，从宏观上讲企业业务的每个步骤和环节都是为客户提供服务，涵盖整个服务过程，企业为了让客户服务的质量达到标准化，提高客户满意度，对服务流程细节进行分析梳理，使用服务过程流程图方式呈现，可以看出客户服务流程具有复杂性和差异性特征。客户服务过程中这些特征表现出的情况形成了服务流程的瓶颈，阻碍了服务过程的顺利进行，企业需要对客户服务流程重新设计再造，服务流程设计再造强调以客户导向性服务思想对企业现有的核心业务流程进行再思考和设计，最终达到提高企业的运营效率和经营业绩的目的。

客户服务是人参与的活动，客户服务质量是由客户的亲身感受决定的，服务人员的表现对客户体验有直接影响。

探索客户的需求时，要本着为客户着想、发现客户真实期望而积极倾听，然后提供适当的行动建议，这个建议要符合客户期望，同时企业还要能够接受。履行客户服务行动是服务的主体，过程中一定要及时与客户沟通，达到客户满意，服务完成后，务必让客户确认是否满意，加强客户的满意感受。

公司的前台岗位是一个典型的服务岗位，主要工作内容是接待服务和内部事务服务。前台接听电话是频繁而重要的工作，作为公司与客户的接触点，电话沟通与现场接待工作是一样的，要符合公司接待流程和待客礼仪。内部事务工作比较繁杂，如收发文件、信件、包裹等，预定车、船、机票和客房等，会议准备等，这些工作要求细心、周到和高效，以让同事满意为重。

会议服务就是客户服务，会前筹备、会中现场服务和会后整理。会前服务包括会议确认、人员联系、文件和礼品准备、会场和酒店预订等，在此阶段如何沟通成为非常关键的内容。会中签到、接待、服务保障体现了工作的及时特点和服务人员的应变能力。会后的服务还将继续，总结整理和善后，跟踪与会者的意见及建议等。

企业呼叫中心的坐席人员已经成为客服的代表，呼入服务起到企业和客户之间的桥梁作用，呼出服务是企业重要的营销手段之一，实现了呼叫中心新的盈利模式。

思　考　题

1. 思考办公室服务的流程。

2．对办公室服务流程提出再造思考。

3．如何管理客户的期望？

4．挖掘客户需求的提问技术有哪些？

5．聆听的关键技术有哪些？

6．面对客户异议如何引导？

7．如何发现客户的心理需要来为客户增值？

8．如何呈现利益：把自己的长处和客户的需要联系起来。

9．前台客服人员的接待服务内容有哪些？

10．接待服务流程是什么？

11．内部事务工作的主要内容有哪些？

12．为内部客户服务时，如何了解他们的需求？

13．请为公司年会拟定一份 100 名与会者用餐的宴会菜单。

14．会议邀请函上应该包含哪些内容？有何要求？

15．在制作会议邀请函时，如何做能更好地打动经销商和其他邀请对象，促使他们参会？

16．会议签到的方式有哪些？

17．会中拍摄的主要内容包括哪些？

18．会后服务的内容有哪些？

19．会议的结算款项有哪些？

20．开展会后营销的必要性是什么？

21．试想在遭到拒绝和不理解的情况下，如何继续电话交流？你会采取什么方法？

22．列举经常使用的一些提问技巧和方法，和同学交流对电话客服岗位的认识。

第 3 章

客户服务的评价

学习目标 ☞

1. 了解客户服务的标准和服务质量的概念;
2. 掌握提高客户服务满意度的方法;
3. 了解提高客户忠诚度的方法;
4. 了解客户投诉处理流程;
5. 掌握树立客户服务品牌的重要性。

3.1 客户服务的标准与质量

引入案例

2009 年发生多起严重医患矛盾恶性事件。北京市卫生局组织三甲医院的院长到医院"当一天患者",活动中发现最长就诊时间 7 小时,95%的时间用在排队上。卫生部新闻办公室同时表示,公立医院管理中存在着患者满意度不高的问题,要求各医院提高医疗服务水平,解决医患矛盾。

3.1.1 客户服务的标准

每个服务企业都会制定自己的服务质量标准,但是服务质量的好坏是由评价者的主观意识来判断,没有绝对客观的评价标准,而且企业的服务质量一般是由客户来评价。所以,企业要去发现被客户认可的服务标准,采取相应的措施,以提高客户的满意度。

基础知识

一、服务标准与服务标准化

1. 服务标准

服务标准也称为服务质量标准，是指服务机构用以指导和管理服务行为的规范。服务企业在了解客户的期望或要求后，将这些有价值的信息转化变成服务标准，以便按客户的期望来设计和管理企业服务行为，从而使客户满意。但事实上，许多服务企业的服务标准并非来自对客户的期望的理解，而是来自自己的期望，是企业根据运营需要制定的服务标准。这样的服务标准与客户的期望之间存在着差距。

从客户期望出发来制定服务标准，即制定客户导向的服务标准，是指服务企业按照客户期望或要求而制定的服务标准。而服务企业导向的服务标准是服务企业的效率、成本、技术质量等运营目标所要求的服务标准。这样的服务标准代表服务企业的目标和需要，它不一定代表客户的期望或要求。因为企业的目标与客户的期望或要求往往是不一致的，按照这样的标准提供服务，最终不一定能满足客户的需要。

按美国著名营销学家科特勒的观点，企业导向的服务标准是从服务生产者的利益出发和满足生产者需要而制定的服务标准。客户导向的服务标准，是从客户的期望或要求出发而制定的。按客户导向标准提供服务，能更好地满足客户的期望或要求。因此，采用客户导向的服务标准，能给服务机构带来更多的客户，增强服务机构的营销竞争力。

例如，在某现代饭店里，服务人员的服务标准可以用 Service（服务）中的 7 个字母来概述：S，即 Smile（微笑），服务人员要对每一位客户微笑；E，即 Excellent（出色），服务人员要将每一项工作都做得很出色；R，即 Ready（准备），服务人员要随时准备为客户服务；V，即 Viewing（看待），服务人员要把每一位客户都当成需要特殊照顾的贵宾看待；I，即 Inviting（邀请），服务人员每一次服务结束都要向客户发出下一次再来的邀请；C，即 Creation（创造），服务人员要善于创造温暖的服务气氛；E，即 Eye（眼光），服务人员要始终用热情的眼光关注客户。通过这个案例可以看出服务标准紧紧围绕客户展开，体现出以客户为中心，对客户的尊重和关怀。

> **？ 想一想**
>
> 1. 比较企业导向服务标准和客户导向标准。
> 2. 服务人员的服务标准 Service 对学生的意义。

2. 服务标准化

由于服务的特性，使得服务质量千差万别，严重影响到服务企业形象，为了缩小服务差异，管理者提出了服务标准化的概念。服务标准化主要包括两方面的含义：一是用技术设备代替人而引起的标准化，如网上银行使用信息技术在互联网上，客户按照标准流程完成转账、付款和交易等业务，这是一种服务标准化；二是因操作方式的改进而引起的标准化，如自选超市服务，客户可以在货架间自由走动选购物品，然后排队付款，这种方式也是服务标准化。服务标准化可能让客户感到少了点人情味儿，但标准化却能提高服务效率，给客户带来便利，节约客户成本，这同样是客户所期望的，是符合客户导向的，是能够被客户接受的。

标准化有它的两面性，从一方面看是约束服务人员行为和自由的，但从另一方面看，如果将简单的、重复的服务操作标准化，有利于防止服务人员在服务过程中的"自由性"，同时解放出部分人员从事非标准化和个性化的服务，从而更好地进行客户导向的服务。因此，标准化不仅与客户导向不矛盾，而且一部分服务的标准化可以增强另一部分服务的客户导向。

练一练

1. 分享你接受过的标准化的服务。

2. 调查企业文员服务工作中有哪些服务标准化，并与大家分享。

实施服务标准化的意义在于降低服务偏差。服务企业采用标准化管理，建立企业的约束机制，在现有的企业资源条件下，实施服务质量控制，可以将服务效果控制在一定的范围内，生产出满足客户需求的服务产品。

二、制定客户服务标准的重要性

制定服务标准对于服务行业来说至关重要，按照服务标准实施服务可以有效提高企业的服务水平，从而实现企业竞争力的提升。同时，可以提高员工的职业化水平，促进员工工作的标准化和规范化。对于服务企业来讲，制定客户服务标准化的重要性体现在以下几个方面。

1. 为企业和企业员工明确目标

树立企业及员工的工作目标是企业前进的动力，服务过程是一个人发挥作用的过程，每个人的不同服务思想可能会造成服务效果不同，整个服务企业就会有散乱感，服务企业如果有了服务标准，员工就知道什么样的服务是最好的，就会朝着这个方向去努力。服务标准是面向全体人员的，它不仅为员工服务方法提供指导，同时也指明了企业工作方向。

2. 向企业员工传达期望

企业制定服务标准可以向客户及员工传达企业的期望。虽然服务标准可以做到清晰、简洁、直观，但是它需要服务人员在面对客户实际操作中去把握，有效地体现服务标准，让每位员工了解企业对于服务的要求和期望。同时，服务标准更可以让客户知道企业对于客户的态度和更清楚地了解企业提供的服务程度。

3. 评价员工服务质量的依据

服务标准是一个有效的员工业绩评价系统的基础，可提供给企业人力资源部门和管理人员参照，以便对员工服务质量作出评价。

4. 使客户对企业的服务起到监督作用

服务标准，实际上是给客户一个明确的、可以兑现的承诺，这将影响到客户对服务的期望度，这种期望度会随着服务标准的高低而起伏。服务的不确定性不能成为服务人员不能达到服务标准的理由，客户会根据对服务的期望来感受服务是否达到标准而作出投诉选择。客户的投诉会对企业的经营产生影响，因此它间接对企业起到监督作用。

三、客户服务标准的内容

对于服务企业来讲，客户服务标准是一个系统，它涉及企业的硬件、业务、管理制度、文化、员工等诸多方面。

1. 服务硬件标准

企业开展客户服务所必需的各种物质条件，如服务地点、服务设施及服务环境，这些对服务起着决定性的作用。也就是说，不具备这些硬件条件就不能开展服务活动，如在商场的食品销售区，常常看到冰柜等设施，这是因为对于食品销售服务的卫生条件有严格的标准，对食品存放温度也有规定的结果。

再如国家对酒店的星级管理中有这样的标准，五星级酒店应有至少 50 间（套）可供出租的客房，70%客房的面积（不含卫生间和门廊）应不小于 $20m^2$，应有标准间（大床房、双床房）、残疾人客房，两种以上规格的套房（包括至少 4 个开间的豪华套房），套房布局要合理。

2. 服务软件标准

服务软件涵盖了客户服务工作开展的所有程序和系统，它是在硬件基础之上为满足客户需要的各种机制和途径。仍以五星级酒店的服务标准为例，要求酒店总机电话服务生在正常情况下，电话铃响 10 秒内应答，接电话时正确问候宾客，同时报出饭店名称，语音清晰，态度亲切，转接电话准确、及时、无差错，转接如果没有客人接听，15 秒后回复，熟练掌握岗位英语或岗位专业用语。这个服务标准反映出服务标准具有时间性。时间性对服务来说是非常重要的指标，服务质量是以客户的感受来作出的评价，让客户等待会引起客户的急躁情绪，必然引起客户的不满。

预见性是在服务流程中一定要考虑的问题，服务是与人打交道，可变因素非常多，尽可能将所有的可能性都要想到，每一种可能都要有应对措施。

预订流程是及时接听电话，确认宾客抵离时间；熟悉饭店各项产品，正确描述房型差异，说明房价及所含内容；提供预订号码或预订姓名，询问宾客联系方式；说明饭店入住的有关规定，通话结束前重复确认预订的所有细节，并向宾客致谢；如果是实时网络预订，界面要友好，及时确认。这个流程体现出了服务标准中的流畅性、弹性、及时获得客户反馈以及畅通的沟通渠道。企业的生产经营离不开组织管理以及人员的考核，这是企业能够顺利开展活动的必要条件，对于服务标准中的监管同样必不可少。

3. 服务人员标准

服务人员在服务过程中起着重要的作用，服务人员的服务意识、服务精神以及他们在服务过程中的一言一行等决定着服务质量的好坏。因此，服务企业首先要对服务人员制定一系列的规定，主要表现在仪表、态度、身体语言和语调等方面，让服务人员关注客户、行动得体、有礼貌地解决客户问题，同时指导和提高销售技巧。

如许多服务企业对员工的仪容仪表有这样的规定：遵守企业的仪容仪表规范、端庄、大方、整洁；着工装、佩工牌上岗；服务过程中表情自然、亲切、热情适度，做到微笑服务。员工言行举止方面应达到：语言文明、简洁、清晰，符合礼仪规范；站、坐、行姿符合各岗位的职业规范与要求；使用协调适宜的自然语言和身体语言对客户服务；耐心解释客户提出的问题，做到不推诿、不应付，使宾客感到对其尊重。而对于员工业务能力与技能：掌握相应的业务知识和服务技能，并达到熟练运用的程度。

想一想

1. 调查会议服务有哪些硬件设施及用途。

2. 对企业前台客服人员有哪些要求？

四、制定客户服务标准的步骤

客户服务标准不是一成不变的，它是一个不断循环完善、提高的过程。制定客户服务标准的程序，首先就要确定服务的接触环节，掌握客户的期望或要求，按客户期望或要求拟定服务标准，评估和选择服务标准，再实施和修订服务标准。

服务接触环节对服务质量的影响是毋庸置疑的，所以要确定的服务接触环节，包括确定各接触环节影响整体服务质量的重要程度，这对服务标准的制定是有价值的。服务企业可以据此加强重要环节的服务标准，适当减少非重要环节的服务标准，这样可以优化服务营销资源的配置和降低管理成本。掌握客户对某个服务接触环节的期望或要求以及期望或要求的重要程度，服务企业可以据此对客户的期望或要求进行筛选，以便在选择服务标准时掌握重点。

例如，美国 AT&T 公司将电信服务过程确定为四个服务接触环节：销售、安装、维修和账务。客户对不同服务（接触）环节的期望和要求是不一样的。在销售服务环节，客户的期望或要求是销售服务人员很懂专业知识；在安装服务环节的期望或要求是安装及时、设备完好；在维修服务环节则是不出现重复维修；在账务服务环节是账单准确。

按客户期望或要求拟定服务标准，是一个分解服务的过程，将服务过程细化、再细化，放大、再放大，从而找出影响客户服务体验的每一个要素。必须从客户的体验出发，找出每个细节的关键因素，可以用提问的方式来找到它们。例如：如何以尽可能完美的结局结束服务？如何尽可能早的去除负面影响？如何分割快乐，让快乐遍布整个过程？如何捆绑痛苦，让不可避免的问题一次出现？承诺哪些选择？就将这些关键因素转化为服务标准，如"物美价廉感觉"的标准、"优雅礼貌"的标准。在此基础上再调查，根据客户的需求对标准重新评估和修改。

例如肯德基快餐，将客户对快餐要快的要求标准化为"客户在任何一家肯德基快餐店付款后必须在 2 分钟内上餐"，将客户对食品安全卫生的要求标准化为"炸鸡在 15 分钟内没有出售，就不允许再出售"。这就是将两条客户期望的关键点转化为服务标准，这些定量化语言有助于服务标准的明确、具体、可操作。

　　制定客户服务标准应当与服务标准的可接受性和可执行性相兼顾，要注意标准并不是越严越好、越细致越好。虽然严格的标准可能让服务人员在工作中更加认真，但是客户对服务提供者的期望也会越高，服务提供者只有提高自己的能力和水平才可能满足客户的期望或要求，并不能提高客户的满足感；相反，如果服务标准定

练一练

　　对接待服务工作制定服务标准，并与大家分享。

得过低，没有挑战性，服务人员感到容易达到，那么这样的标准对提高服务人员的服务能力和水平就没有太大意义。

客户服务践行

　　1. 调查前台服务需要哪些硬件设施以及这些实施的用途，填写下表。

设　　　施	用　　　途

　　2. 观察会议服务中参会人员的期望与要求并写出相应的措施标准，填写下表。

期望与要求	措施标准

能力评价

　　学习本节内容，将自己的体会做成 10 分钟的幻灯片并讲解，然后从以下几个方面进行评价。

序号	评价内容	自　评	他　评
1	讲解内容		
2	演示文稿内容		
3	演示文稿风格		
4	讲解风格		
5	讲解效果		

拓展阅读

沃尔玛公司的"超值服务"标准

美国沃尔玛零售公司是世界上著名的零售公司，其之所以成功，在于其有许多其他商家不具备的优势，如超值服务标准，包括日落标准、比满意还满意标准、10步标准等。"日落标准"是指每天的工作必须在当天日落之前完成；对于客户提出的服务要求，在当天予以满足，决不拖延。这个标准注重客户对购买物品上的时间需求，体现出尊重客户的理念，已成为沃尔玛企业文化的重要内容。"比满意还满意标准"，公司创始人沃尔顿对此的解释是："让我们成为客户最好的朋友，微笑着迎接光顾本店的所有客户，尽可能提供能给予的帮助，不断改进服务，这种服务甚至超过了客户原来的期望，或者是比其他任何商店更多、更好的服务。"超越客户期望的服务标准成为沃尔玛员工心目中的优质服务标准，给公司带来了无数的回头客。"10步标准"是指只要客户出现在沃尔玛员工10步距离的范围内，员工就必须主动上前打招呼，并询问是否需要什么帮助。沃尔玛的这些经营理念现在已经被证明是成功的范例。薄利多销并不一定有顾客盈门，但服务到位却使得沃尔玛成功地走到今天。

3.1.2　服务质量

企业的服务质量管理贯穿整个服务过程，某一个环节的服务质量出现问题都会影响整个企业的服务质量。服务质量是由客户作出评价，与客户的需求期望紧密相连，因此企业应在提高个性化服务程度，调整产品和服务去满足客户的需求。

基础知识

一、服务质量内涵

服务质量与有形产品的质量有所不同，它是能够满足行业规范和客户需求的服务特征的总和。服务质量不是服务者自己评定，而必须由客户识别和认可。所以，服务质量是发生在服务生产和消费过程中，由客户感知的服务质量，具有极强的主观性和差异性，但是也会有一些客观方法加以衡量和检验。想要提高服务质量，需要企业内部形成有效的管理和支持系统。

1988 年，美国的服务管理研究学者 Parasuraman、Zthaml 和 Berry 通过对服务业的探索研究，提出了服务质量五要素：可靠性、响应性、保证性、移情性和有形性，围绕这五个要素对服务质量进行定义。

1. 可靠性

可靠性是可靠地、准确地完成服务承诺的能力。可靠的服务行为是客户所期望的，它意味着服务以相同的方式、无差错地准时完成。可靠性实际上是要求企业在服务过程中不能出现差错，差错给企业带来的不仅是直接意义上的经济损失，而且可能意味着失去很多的潜在客户，因为差错会使客户对企业失去信任感，没有了信任就没有了商业活动。对于企业内部同样如此，我们在办公室服务过程中，如果协助同事们完成任务时不能较好地履行职责，将会产出信任危机，这对我们的工作也是致命的打击。

想一想

1. 将知道的企业提高服务可靠性案例与大家分享。

2. 在秘书工作中提高服务可靠性的措施有哪些？

2. 响应性

响应性是指乐于帮助客户并迅速有效提供服务，体现了对客户的重视。让客户等待，特别是无原因的等待，增加了客户的时间成本，会对企业品牌感知造成不必要的消极影响。对于客户的各种要求，企业能否给予及时的满足，可以表明企业是否把客户的利益放在第一位。服务传递的效率反映出企业服务质量的一个侧面，客户等候服务的时间关系到客户的感觉、客户印象、企业形象以及客户满意度的重要因素。所以，尽量缩短客户等候时间，如果在服务传递过程中出现等待，就要扩张服务，尽可能将等待纳入服务范围，如有些餐厅为等位客户提供免费服务，以提高客户满意度。

3. 保证性

保证性是指员工所具有的知识、礼节以及他们高超的能力。它能增强客户对企业服务质量的信心和信任。当客户接受友好、和善、专业的服务人员服务时，他会坚定自己的信心，确信自己找对了服务企业，从而获得信心和安全感。服务人员缺乏友善的态度会使客户感到不快，没有专业知识或专业知识太少也会令客户担心。为了确保服务质量，服务人员不但要对客户礼貌和尊敬，还要具备岗位所特有的服务专业知识和技能。

4. 移情性

移情性是设身处地地为客户着想和对客户给予特别的关注，提供个性化服务，使整个服务过程洋溢着"人情味"。这是客户服务导向的体现，从客户角度出发可以容易地接近客户，对他们的信息更加敏感，有效地理解他们的需求，这也是服务人员面对客户时首先要做到的。

餐饮服务业竞争激烈，服务质量的好坏直接决定企业兴衰。著名的连锁快餐店能够快速占有市场份额，成功的秘诀之一于他们为客户着想的理念。他们不仅仅提供标准化的食品，走进餐厅还可以看到儿童娱乐区，孩子们在区内高兴地玩耍，而就餐人群也络绎不绝。因为他们发现了客户的需求和消费心理，让孩子快乐，能留住家长。

想一想

1. 将享受到的企业服务移情性案例与大家分享。

2. 在秘书工作中如何运用服务移情性措施提高服务质量？

5. 有形性

有形性是指有形的物理设施、通信设备、人员等的外观感受。有形的环境是服务人员对客户更细致的照顾和关心的有形表现。

相关学者在研究的基础上得出结论，不管是对于服务性行业的哪个部门，客户在对服务质量要素重要性的认识是一致的：可靠性最为重要，有形性最不重要。客户从这五个方面将预期的服务和接受到的服务相比较，最终形成自己对服务质量的判断，期望与感知之间的差距是服务质量的量度。从满意度看，既可能是正面的，也可能是负面的。

服务质量的评估是一个主观的感知概念，它取决于客户对服务质量的预期与实际体验到的服务质量水平的对比。在服务传递过程中，如果客户所体验到的服务质量水平高于或等于客户预期的服务质量水平，客户会表示满意，从而认为企业具有较高的服务质量；反之，则会认为企业的服务质量水平较低。不同客户对同一服务评价不同，是因为客户的服务期望会受到口碑、个人需要和过去经历的影响。

1983 年，格罗鲁斯认为服务质量分为技术质量（又称为结果质量）和功能质量（又称为过程质量）。技术质量是指提供客户"什么"，功能质量是指"如何"提供服务。西方学者认为，技术质量是客户在服务过程结束后得到了什么，这个结果能被感知但技术质量涉及技术方面的有形内容，客户比较容易感知到并且对它的评价相对客观。功能质量则指的是企业如何提供服务或者说客户是如何得到服务的，涉及服务人员的仪表仪态、服务态度、服务方法、服务程序、服务行为方式等，这些更具有无形的特点，因此难以作出客观的评价。在功能质量评价中客户的主观感受占据主导地位。客户对服务质量的评价主要依据五个要素，除"可靠性"与技术质量有关外，其余几个要素都或多或少与功能性质量即服务过程的质量相关，可见，服务过程的质量对客户感觉中的整体服务质量有极大的影响。

想一想

从服务质量要素出发，如何提高行政助理的工作质量？

二、服务质量管理

加强服务质量管理有利于增强服务企业的竞争力，树立企业良好的市场形象，增强客户"认牌"购买的心理倾向。尤其是当服务企业提供的服务相似的时候，怎样提供服务将成为客户选择服务性企业的重要标准。在服务过程中加强质量管理可以防止服务差错的出现，提高客户对整体服务质量的感觉。服务的不可分性特性表明，客户高度参与服务过程给服务企业的质量控制带来了很多难以预料的随机因素。经研究发现，在面对面服务的过程中，客户一旦对服务的某一方面不满，可能会导致他们对整个企业的全盘否定，这就是服务企业经营管理中著名的 100-1=0 效应。加强服务的质量管理刻不容缓。

服务质量问题源于客户感知质量，是期望质量与体验质量之差，二者也是变量，提高服务质量就变成了研究哪些因素影响到了客户的期望质量，服务过程中哪些环节影响到了客户感知质量。20 世纪 80 年代中期到 90 年代初，美国营销学家 Parasuraman、Zeithamal 和 Berry 等人提出了服务质量差距模型（GAP），如图 3-1 所示。GAP 模型专门用来分析质量问题的根源。

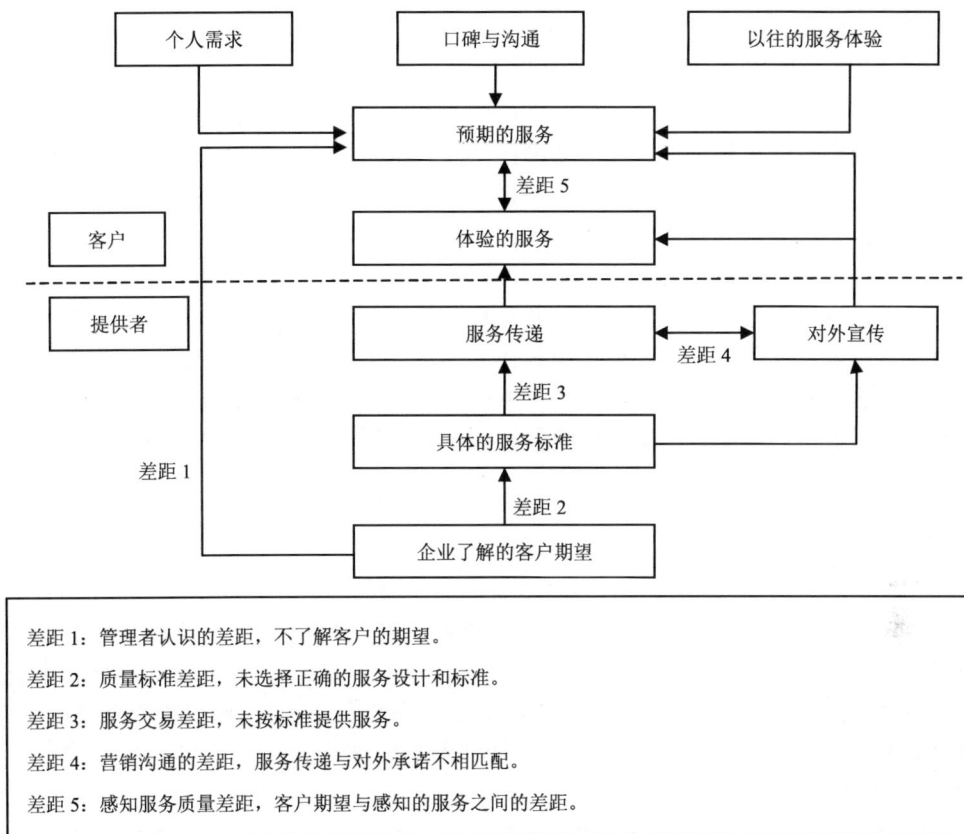

| 个人需求 | | 口碑与沟通 | | 以往的服务体验 |

```
┌─────────────┐        ┌─────────────┐        ┌──────────────┐
│  个人需求   │        │  口碑与沟通 │        │ 以往的服务体验│
└─────────────┘        └─────────────┘        └──────────────┘
              ┌──────────────────────────┐
              │      预期的服务          │
              └──────────────────────────┘
                     差距 5
              ┌──────────────────────────┐
 客户         │      体验的服务          │
- - - - - - - └──────────────────────────┘- - - - - - - - -
 提供者       ┌─────────────┐      差距 4    ┌──────────┐
              │  服务传递   │───────────────│ 对外宣传 │
              └─────────────┘               └──────────┘
                     差距 3
              ┌──────────────────────────┐
  差距 1      │    具体的服务标准        │
              └──────────────────────────┘
                     差距 2
              ┌──────────────────────────┐
              │  企业了解的客户期望      │
              └──────────────────────────┘
```

差距 1：管理者认识的差距，不了解客户的期望。

差距 2：质量标准差距，未选择正确的服务设计和标准。

差距 3：服务交易差距，未按标准提供服务。

差距 4：营销沟通的差距，服务传递与对外承诺不相匹配。

差距 5：感知服务质量差距，客户期望与感知的服务之间的差距。

图 3-1　GAP 模型

GAP 模型说明了服务质量是如何形成的。客户部分反映出两项内容：其一是期望的服务受到客户的实际经历、个人需求以及口碑沟通的影响，当然也会受到企业营销沟通活动的影响。另外是实际经历的感知服务，它是客户自身内部决策和内部活动的结果。从服务提供者层面可以看出，在服务交易发生时，生产过程实施是一个与服务生产相关的质量因素，服务企业的营销宣传不仅是客户期望的函数，而且还影响客户的体验质量，管理者对客户期望的认识，对确定组织所遵循的服务质量标准起到指导作用。

模型说明了服务质量的产生机制，客户与企业共同参与了服务质量的形成过程，客户体验的服务质量，是由客户感知出来的质量，服务质量差距模型中客户期望与客户感知的服务之间的差距（差距 5），是差距模型的核心。要弥合这一差距，就要对其他 4 个差距进行弥合。同时，模型还体现了服务质量计划和分析工作的程序和步骤，企业由此可以发现产生服务质量问题的原因。

质量差距分析是一种直接有效的方法，可以发现服务企业与客户对服务观念存在的差异。明确这些差距是制定战略、战术以及保证期望质量和现实质量一致的理论基础，这会使客户给予企业服务质量以积极评价，提高客户满意度。

三、提高服务质量策略

通过对服务质量差距模型分析，可以总结出缩小预期与体验之间服务质量差距的方法，从而达到提高服务质量的目的。

1. 准确了解客户实际的期望

首先是确定目标市场，对目标市场进行需求分析，企业对客户服务期望出现偏差的原因在于对客户需求缺乏深入的调查了解，所以缩小认知差距，提供优质服务最重要的第一步就是要了解客户究竟需要什么。了解客户需求不能凭主观的判断，需要实际的调查，重视客户抱怨。客户在面临真实的或误解的问题时往往情绪激动，通常的做法是让客户一吐为快以减轻他们激烈的反应。要认真倾听了解客户想要的解决方法，提供公平的解决方案。客户在抱怨中往往提供更具体的信息，所以鼓励客户抱怨来获取信息，成为提高客户服务的手段之一。例如，在服务场所显眼的地方，常常能够看到客户服务台或开设免费投诉电话，让客户便于反映问题和得到问题的反馈，当然对客户抱怨一定要及时处理才能真正提高服务质量。

案例分析

曾看到过这样一个故事：办公室里来了一位秘书为领导写材料，这份材料被领导批示修改，反复多次才完成，这样的事情重复出现，给这位秘书造成了心理压力，但他坚持下来了，后来有机会得到升职。这个案例反映出这个秘书就是一个为领导服务的服务者，领导不满意才会多次投诉（批示），在多次修改中，秘书领悟到领导的意图，达到领导的期望才获得领导的满意。因此，抱怨就是客户给你的机会，从中可以悟出客户的真实意图。

了解客户实际的期望必须保持企业管理层与一线员工的沟通顺畅，一线员工直接接触客户，对客户服务中的客户期望和问题有更多的了解，通过向他们征询意见是最简单节约成本的方法。由于服务行业的发展变化与科技、时尚、事件、思潮联系紧密，所以要建立动态客户期望管理机制，以适应客户需求的不断变化。

2. 制定的服务标准体现期望

掌握了客户期望和感受后，企业以此来制定适当的标准和建立相应的系统提供让客户满意的服务。这一过程企业管理层要积极参与，只有企业管理层树立了客户导向的服务意识，才会愿意接受因提高服务质量而暂时出现的困难和增加的成本。服务质量标准要尽可能地体现出管理层对客户服务期望的认识，减少标准差距。让一线服务人员参与制订质量标准，能让他们更好地理解和接受该标准，如果由管理层强行武断地下达标准，只会受到员工的抵制。服务规范应该清晰具体并能量化，否则就不能指导员工。管理层还要对服务绩效进行衡量并提供定期反馈及时修订。比如，现在超市都提供储物箱、小推车以及带小孩座椅的推车、停车场、免费班车等使得客户能够方便、从容、轻松购物，这些已成为超市的服务标准内容之一。

3. 服务绩效达到服务标准

制定好服务规范后，关键在实施过程中如何减少交付差距，即减少服务标准和实际提供的服务之间的差距。这就需要保证服务支持系统正常运转，必须要求服务人员具备相应的知识和技能，在培训中要让员工理解并贯彻质量标准，如员工在客户尤其是与生气和不安的客户打交道时，需要掌握一定的社交技巧，当然企业要对他们提供物质和精神上的支持。通过标准化管理保证服务质量的一致性。

为了增加员工服务的灵活性，企业应适当员工给提高授权，提高授权不但能够让员工根据不同情况灵活快速地采取措施，而且还让员工感受到信任而进一步做好工作，但是过度授权也容易导致混乱和权力滥用，同时在员工绩效考核体系中应把质量作为重要指标加以考评。

4. 服务承诺符合服务实际

在企业宣传中，最初为了吸引较多的客户也许会过高许诺，不能兑现时会导致客户不满而失去客户，因此企业要坦诚与客户进行服务沟通，杜绝过度承诺，减少宣传差距，加强各部门之间的沟通，防止因部门目标的不同导致宣传活动中的承诺和实际提供的服务不一致，从而产生不必要的冲突，树立以客户满意作为统一的目标。服务中可能会出现因客户原因导致的问题，企业要在客户接受服务之前帮助客户了解自己的角色和责任，还要知道出现问题后采取的措施及处理程序，更重要的是要取得客户的理解。

四、服务质量补救

即使是最出色的服务企业也不能避免偶然的失败，和战场上没有常胜将军一样，完美的服务过程是一种最理想的状态，无论是员工还是设备、环境等都有可能会引起客户不满，给企业带来负面影响。为防止客户流失，企业应该重视服务补救，经常用到的措施如打折、赠品、免费服务等，一次高质量的服务补救会使客户的满意度水平大幅提高。

实施服务质量补救毕竟给客户造成了麻烦，是亡羊补牢的措施，所以服务中应避免失误，争取一次做好，提高服务质量可靠性。当发现服务失误后，一定要及时真诚地面对客户，做好充分的解释工作，获得客户的理解，提供有效服务补救措施，给予适当的补偿，并跟踪客户对补救的满意度，从中吸取教训。服务补救的目的不只是简单地解决问题，而是怎样挽留客户。

▌客户服务践行

1. 调查你身边的人，看看他们对你的服务期望与他们对你服务感知之间的差距有哪些，并填写下表。

人员	期望与感知之间的差距

2. 拜访你认识的前台客户，看看他们在服务质量方面是如何做的，并填写下表。

特 征	措 施
可靠性	
响应性	
移情性	
保证性	
有形性	

▌▌ 能力评价

学习本节内容，将自己的体会做成 10 分钟的幻灯片并讲解，然后从以下几个方面进行评价。

序号	评价内容	自 评	他 评
1	讲解内容		
2	演示文稿内容		
3	演示文稿风格		
4	讲解风格		
5	讲解效果		

拓展阅读

35 次紧急电话

日本东京一家百货公司的一名职员接待一位购买 CD 机的美国女客户，并销售给她一台未启封的 CD。最后，这位职员清理商品时发现，卖给了那位美国女客户的只是一个只有外观的样机。于是，职员立即向公司汇报，在商场内马上四处寻找那位女客户，但是一直没找到。

百货公司经理马上召集有关人员研究对策，现在只知道女客户是一位美国名叫基泰丝的记者，并留下一张"美国快递公司"的名片。公司公关部连夜开始查找，打电话到东京各大酒店查询无果。又打长途电话到"美国快递公司"查询，得知基泰丝父母在美国的电话号码。再打国际电话找到基泰丝的父母，进而得到基泰丝在东京的住址和电话号码。这一过程总共打了 35 个紧急电话。

第二天一早，百货公司给基泰丝打了道歉电话，并派人前往基泰丝的住处，为表示歉意，为基泰丝送来一台新的 CD 机，外加 CD 一张和蛋糕一盒，来人向基泰丝解释了如何查询她的住址和电话号码，及时纠正失误的全部经过。基泰丝深受感动，她本来是买 CD 机送人的，但买回后发现 CD 机根本不能用，非常恼怒，立即写了题为《笑脸背后的真面目》的批评稿，准备到百货公司投诉。百货公司的这些做法，使基泰丝深为敬佩，她重写了一篇题为《35 次紧急电话》的表扬稿。

3.2　客户的满意度与忠诚度

引入案例

达芬奇家居股份有限公司 2000 年在上海成立，经历了 11 年的发展，成为亚洲规模最大的高档家居代理公司，多次获得《胡润百富杂志》颁发的最受富豪青睐的家居品牌奖。但是 2011 年央视播出了《达芬奇天价家居"洋品牌"身份被指造假》，报道称，调查发现，达芬奇销售人员所说的 100%意大利生产的国际超级品牌家居，是由东莞的一家不知名的家具企业生产。达芬奇家居股份有限公司被起诉索赔，营业额下降90%，上市工作停顿。"造假门"事件对整个行业都有巨大影响。

3.2.1　服务满意度

现代企业的经营理念之一就是以客户为中心，从客户的角度或用客户的观点而不是企业自身的利益和观点来分析客户的需求。在整个经营活动中贯彻提高客户满意度的宗旨，尽可能满足客户需求，尊重和维护客户的利益。客户满意是目标也是手段，企业通过高度的服务满意度吸引客户，赢得市场。

基础知识

一、客户满意概述

1. 客户满意的含义

客户满意可以简单地理解为，客户满足情况的反馈，它是对服务或产品性能的评价。还有学者认为客户满意是客户体验的高兴程度，同时强调客户满意度对企业利润有显著影响。更有学者认为客户价值是客户满意的原动力，让客户满意的过程就是一个价值让渡的过程。

菲利普·科特勒认为满意就是一种人的感觉状态水平，是指一个人通过对一个产品的可感知效果与他的期望值相比较后，所形成的愉悦或失望的感觉状态。客户的期望形成于客户过去的经历与体验，以及种种言论。当感知效果小于期望时表现为不满意；当感知效果与期望相同时表现为满意；只有感知效果大于期望时才表现为高度满意，并且认为客户满意度大小与客户让渡价值的大小有关系。

？ 想一想

1. 你对接受过的哪次服务认为满意，理由是什么？

2. 比较不同学者的客户满意观点，与大家分享。

2. 客户满意的意义

高度满意的客户对企业的发展有着巨大作用，能给企业带来许多好处。客户满意本身就是因为客户获得利益，同时客户满意对于社会也有意义。

1）对社会的意义

客户满意的社会意义表现为以下几点：①产品和服务的质量是否满意由客户直接评价，可以有效地规范市场秩序，培育公平竞争的市场环境；②在客户满意为宗旨的竞争中进行服务质量水平的比较，可以为产业升级、调整经济结构的不断优化发挥重要的作用；③满足不同客户的个性化需求，适应客户从低层次向高层次的心理需求转变，适应人们对价值观念的变化，有利于社会生活质量水平的提高；④还有利于推动社会文明建设，企业的整个经营活动都坚持"以客户为中心"的原则，以提高客户满意度为目标，必然会建立诚实守信的经营机制，树立良好的道德观念，对促进社会风气的进一步好转发挥积极作用。

2）对客户的意义

客户消费前，企业为了能够让客户有满足感，在各种媒体上进行广告宣传时，不会有不能实现的承诺，所提供信息应是真实可靠，降低了选择产品和服务时的风险。客户消费时，不同企业在市场竞争中为了赢得客户，将会时刻关注客户的需求，并为客户提供超越期望的产品或服务。客户消费后，如果客户在使用或接受服务时出现问题，企业将会迅速采取措施加以弥补和纠正，力争使客户从不满意转向满意。

3）对企业的意义

客户满意最大的好处是由于客户对企业的满意而不断重复消费，并出于信任而购买更多的新产品和服务，拓展企业的经营范围。客户对企业的认同会使得他们忽视竞争者的广告宣传，从而对该企业产品或服务的价格不敏感或感到物有所值。客户满意会让那些满意客户成为企业的义务宣传员，形成口碑效应，引来更多的客户。满意的客户还会对企业提出自己的想法和建议，将需求及时反映出来，让企业提高自己的服务管理水平。

企业在追求客户满意的过程中为企业打开发展空间，首先是企业追求客户满意度，将使得客户在双方关系中处于主导地位，企业会转变经营战略，从"我生产什么你要什么"到"你要什么我就生产什么"。由于许多企业受传统观念影响较深，在竞争的市场中不免会遇到经营困难，提高客户满意度的进程就是转变经营战略的过程。其次是员工在经营活动中起着巨大作用，企业通过员工来实现市场观念和质量意识的转变，员工在与客户接触中感受到客户的不满、抱怨和期望，如果企业的经营战略和文化理念被全体员工认同，有助于增强员工的责任心和事业心，从而形成强大的凝聚力和战斗力，员工队伍的素质将呈现明显提升。再是客户的需求和期望在不断变化，客户的满意度也是在不断提高的过程，现在对你企业满意，是相对于其他竞争企业的不满意而言的，如果其他企业提高了满意度，就会对你的企业不满意。企业追求客户满意度将会有力推动企业持续改进和创新。最后是企业提高客户满意度，必然会调查自己与竞争对手之间的差距，了解他们的经验和做法，采取有效对策，赶上并超过竞争者，从而增强企业竞争能力。

总之，客户高度满意表现为忠诚、重复购买、树立品牌、善意建议，不满意则会通过投诉等途径表达自己的不满，因此企业一定要注重客户满意度的变化。

二、客户满意的特征

客户满意有以下基本特性。

1. 主观性

客户的满意度建立在客户消费产品和服务的体验上，其所感到的满足状态是个体的一种心理体验。客户满意的程度与其自身条件（如知识和经验、收入状况、生活习惯、价值观念等）有关，还与媒体宣传等有关。没有完美的满意模式，因为客户有鲜明的个体差异，所以要提供差异性的满意服务。

2. 层次性

客户满意的内容分为横向与纵向层面。

1）横向层面

（1）对企业理念满意。客户对企业的精神、使命、经营宗旨满意。企业始终站在客户立场上考虑和解决问题，把客户的需要和满意度放在一切考虑因素之首，尽可能尊重和维护客户利益。

（2）对企业行为满意。客户对企业完善的行为运作系统满意。

（3）对企业视觉满意。客户对企业的名称、品牌、标识、字体颜色、企业口号、形象等的满意。

2）纵向层面

（1）物质满意层。客户对企业产品的核心层消费过程中的满意，是客户满意中最基础的层次，如功能、质量、设计、包装等。

（2）精神满意层。客户对产品形成和外延层的消费过程中的满意，如外观、色彩、装潢、品味和服务。

（3）社会满意层。客户对产品消费过程中所体验到的社会利益的维护程度，包括产品的道德价值、政治价值和生态价值。

3. 相对性

客户满意是建立在道德法律和社会责任基础上的、相对的满意。不同客户期望、经历等不同对同一产品或服务感觉不同，有人满意，有人可能不满意，同一客户对某种产品或服务满意，也是相对于其他同类产品而言的。

4. 阶段性

客户接受企业的产品或服务是一个过程，客户对产品和服务的满意程度来自于这个过程中的体验，是在不

? 想一想

与大家分享你对某项服务满意的经历，并指出符合哪些满意的特征。

断与企业接触中逐渐形成的，因而呈现出阶段性，有时满意有时不满意。如企业与客户接触初期为了吸引客户可能让客户满意的程度高，随着竞争者的介入，客户的需求也会增高，如果企业不能达到要求，可能就会不满意。所以，客户满意是分阶段不断变化的。

三、客户满意度

满意的程度很难给出一个具体的值，常采用科特勒的定义。客户满意度是客户可感知绩效与期望差异的比较。

$$客户满意度 = \frac{可感知绩效}{期望值}$$

满意度是主观评价，客户满意度小于 1，客户产生不满意情绪，出现了与客户的希望相反的消极条件或事件，不满意因素主要集中在产品质量或服务方面，是客户消费的最低要求。当客户满意度等于 1 或接近 1 时，客户对产品或服务感知结果与期望相当，或者略好于期望，客户表示出满意，如有折扣、款式型号的多样性；当客户满意度大于 1，将会出现体验结果远远超出客户的想象，表现为兴奋、激动、非常满意的状态，如免费的点心水果、服务人员知道你的姓名等。

四、影响客户满意度的相关因素

客户满意度是现实体验与期望的比较，影响这两个变量的因素就会改变客户满意度，事实上有许许多多的因素都会对它产生作用，如企业的信誉、产品和服务质量、服务人员的态度与情感，甚至于社会环境。美国客户服务研究机构经过研究发现，客户对企业的满意程度和企业的信赖度、专业度、有形度、同理度及反应度有直接的关系。

1. 信赖度

企业是否能够始终如一地信守承诺关系到一个企业的成功与否，如果一个企业的产品质量、服务水平等不能达到宣传的程度，必然招致客户不满而产生失落情绪，企业声誉受损，企业在这个层面上的失败会使企业命运堪忧。如大家熟知的三鹿乳业，因为严重的产品质量问题，损害了消费者的利益，失去了客户的信赖也因而失去了客户。当企业做到守信时，随着信赖度的增加，企业会拥有良好的口碑。

2. 专业度

企业通过服务人员与客户打交道，专业的客服人员拥有良好的职业素质、丰富的专业知识和技能、有效的沟通技巧，只有这样才能提供优质的服务。所以，企业之间的竞争，也是专业人才的竞争，许多规模企业投入巨大精力，不断对员工进行培训，目的很明显就是为了提高员工的专业程度。

3. 有形度

企业的设施、环境的有形展示对客户心理有直接的影响，令人不愉快的环境会让客户却步，而干净、舒适的服务环境能让客户享受快乐。另一种有形展示是服务人员对客户的尊重和关怀的有形化，如大型商场提供休息长椅、儿童看护人员等。企业的有形展示展出企业文化和企业理念，影响着客户的满意度。

4. 同理度

反映在客户与服务人员的交互过程中，服务人员是否能够为客户着想，理解客户的处境，能够站在客户的立场来思考并解决问题，拥有这种移情性思维的员工才能让客户满意。企业的决策者拥有这样的同理心，随着时间的推移，客户将会在企业身上注入越来越多的情感，满意度也逐渐升高。

5. 反应度

当服务出现问题或客户产生需求时，企业服务人员能够随时给予客户回应，满足客户的愿望或迅速解决客户的问题，让客户满意。如现在的许多企业都设立了服务热线电话，24 小时值守，可以随时为客户解决遇到的问题，提高客户满意度。

对于办公室文员来说，首先要取得同事们的信赖，在为他们服务过程中，答应过的事情就一定要完成，尤其是工作忙的时候，不免会有忘记的时候，所以有经验的员工会将要完成的事情记在便签纸上，粘贴在计算机的屏幕框上，提醒自己还有哪些任务没有完成。其次是服务工作也有自己的专业能力，如协办会议时将各个环节都考虑到，并准备好预案，出现问题时能够及时处理。再者就是在工作中为同事们服务时，保持好心态，用同理心去理解对方的急躁。最后是待人要热情，遇到人或事要及时作出反应，如你坐在自己的工位上工作时，看到同事找你帮忙，要立刻放下手中的工作，站起来热情询问，将会获得同事们的赞许。

五、客户需求与隐含期望

让客户满意的关键是理解哪些东西对他们来说是重要的，并要尽力满足他们的期望。不仅仅是核心产品或服务，还有其他的因素影响客户的满意度。例如，客户需要洗衣机，洗衣机功能和质量是它的核心这是不言而喻的，客户还会明示出样式、送货等的要求，其实还有隐含期望，如较少的花费、较少的时间和精力或者是愉快的购物经历等。对于客户明示的、隐含的或必须履行的需求或期望，企业都要通过满足和超过客户的期望，迎合客户的需求来创造客户满意度。以现在的网购为例，企业就是满足的客户的隐含期望。

六、提高客户满意度的途径

从客户满意度的概念上可以看出，客户满意度是客户感知的绩效和期望的比较，所以提高客户满意度的方法可以从两个方面入手：一是降低客户对产品或服务的预期；二是提高客户对产品或服务的感知绩效。

降低预期的方法，虽然可以提高满意度，但它也可能会减少第一次消费的客户数量，造成客户流失。企业在营销过程中，经常使用各种促销手段来吸引客户，无形中会提高客户的期望，可能导致客户不满，减少了重复消费。因此，企业把握一个适当的客户预期非常重要。

影响客户感知绩效的因素有很多，这些因素对客户满意度的影响程度也不同，有些是急需改进以此来提高客户满意度；有些是客户认为的次要因素，可以维持；还有些因素让客户非常满意，可以继续保持企业的竞争优势。总体上说企业会根据自身的特点，通过聆听客户意见，重视跟踪系统，对客户反映的问题及时处理，协调部门合作，将有限资源用于必要的项目上。采取不同的方式提高客户满意度，更重要的是要运用创新思维，拥有竞争者不可复制的创新服务来提高客户满意度。

练一练

制订一个提高同学们对你满意度的计划？

▌客户服务践行

收集企业满意度调查问卷，对它们进行分析。

▌能力评价

学习本节内容，将自己的体会做成 10 分钟的幻灯片并讲解，然后从以下几个方面来进行评价。

序号	评价内容	自 评	他 评
1	讲解内容		
2	演示文稿内容		
3	演示文稿风格		
4	讲解风格		
5	讲解效果		

拓展阅读

设计满意度调查问卷

满意度调查一般比较简单，问卷表的一般结构有标题、说明、主体和致谢语。

1. 标题

每份问卷都有一个调查主题。调查研究者应开宗明义定个题目，题目应反映这个研究主题，使人一目了然，例如标题"××状况满意度调查"。

2. 说明

问卷开头是对问卷的情况说明，主要包括引言和注释。引言应包括调查的目的、意义、主要内容、调查发起单位等。其目的是引起受访者对填写问卷的重视和兴趣，并给予支持和合作。注释用来说明填写问卷的要求和注意事项。

3. 主体

这是问卷的核心部分。问题和答案是问卷的主体。影响客户满意度的因素有许多，彼此权重各不相同，问题的排列应有一定的逻辑顺序。由于不可能将任何影响客户满意度的问题全部解决，要有调研重点。

从形式上看，问题可分为开放式和封闭式两种。开放式问题又称无结构的问答题。受访者用自己的语言自由地发表意见，问卷上没有答案可选。例如：您喜欢此类产品的理由是什么？开放式问题能让受访者有机会尽量发表意见，缩短调查者与受访者之间的距离。缺点是受访者有可能填写随意，造成资料整理与分析困难。因此，开放性问题在探索性调研中是很有帮助的，但在大规模的抽样调查中，它就弊大于利了。

封闭式问题又称有结构的问答题。封闭式问题规定了一组可供选择的答案和固定的回答格式。例如：你购买次数是 □无　　□1　　□2　　□3及以上。答案是标准化的，对答案进行编码和分析都比较容易；问题的含义比较清楚，回答者易于作答，缺点是它无法完全表达受调查者的真实想法。

4. 致谢语

为了表示对调查对象真诚合作的谢意，如果前面的说明已经有表示感谢的话语，此处可以不要。

3.2.2　客户忠诚度

忠诚客户主要的特点是长期、大量购买企业的产品和服务，给企业带来丰厚的经济利益，忠诚客户还免费为企业介绍大量新客户，减少企业宣传支出。因此，培养客户的忠诚度是企业经营活动中的主要内容。

▊ 基础知识

一、客户忠诚的概念

1. 客户忠诚的含义

理解客户忠诚之前，先来看忠诚客户的含义，学者们认为是那些反复购买某品牌的产品，并且不去寻找其他品牌信息的客户。从客户重复购买的行为模式可以分析出，客户从心理上接受了这个品牌的产品和服务，在这个问题上情感和忠诚有明显的相关性，忠诚的客户通常会拒绝竞争者提供的优惠，愿意支付高额费用而经常购买这个品牌的产品和服务，说明客户真心喜欢此品牌的产品和服务。

从忠诚客户分析客户忠诚的含义，有的学者认为，客户忠诚就是更偏爱购买某一产品或服务的心理状态，或是对某品牌有一种长久的忠心。有的学者认为，客户忠诚是对自己偏好的产品和服务具有的未来持续购买的强烈愿望，以及将其付诸实践进行重复购买的客户愿望。有的学者认为，客户忠诚是指客户对企业的产品或服务的依恋或爱慕的情感，主要通过客户的情感忠诚、行为忠诚和意识忠诚表现出来。客户的情感忠诚表现为客户对该企业的理念、行为等的高度认同和满意；客户的行为忠诚表现为客户对该企业的产品和服务的重复购买行为；意识忠诚则表现为客户做出的对该企业的产品和服务的未来消费意向。

不同学者对客户忠诚的定义可能有区别，但是他们的共同之处有两点：偏爱情感和重复行为。客户忠诚是客户内心对此品牌产品或服务的认可，在长期使用中产生感情，无论环境如何变化，市场上替代品如何促销都不为所动，从而成为一种习惯，对此产生一种依赖情感。如人们从小到大都会钟爱某种食品等。在这种情感投入的驱使下，客户会持续不断地重复购买。持续购买可能还来自于促销、习惯、市场垄断等与情感无关的因素。

想一想

用实例来说明忠诚客户和客户忠诚。

2. 客户忠诚的意义

客户忠诚对企业的意义重大。客户忠诚最主要的表现是客户消费行为的连续性，对企业最直接的好处就是增大销量，提高企业市场占有率，使得企业扩大再生产成为可能。有美国经济学家对许多行业进行了长时间的观察分析，他们发现客户忠诚度在决定利润方面比市场份额更加重要，当客户忠诚度上升 5% 时，利润上升的幅度将达到 25%～85%。

客户忠诚是对企业产品和服务有偏好，并不为竞争者的促销所动，使企业在激烈的竞争中获得关键性的竞争优势，从而保证了在竞争的市场中企业的市场份额，也使其他企业进入市场设置壁垒，同时也为本企业进入新市场提供了扩张利器，这使得企业在市场竞争中强化了竞争优势。

客户忠诚是思想情感上的高度信任和忠诚，企业为忠诚客户提供服务的成本却是逐年下降的，更为重要的是，企业了获得新客户需要付出成本，特别是在供过于求的市场态势下，这种成本将会越来越昂贵，忠诚客户愿意免费向其他人推荐企业的产品和服务，降低了营销成本。

客户忠诚是客户企业产品和服务在长期竞争中所表现出的优势的综合评价，企业得到客户的认可和信任，忠诚客户会很乐意接受企业其他的产品，有利于推新产品和服务，从而实现企业经营的多元化。

客户对企业忠诚是客户"主动"行为，也能够使得自身心理得到满足。客户还可以得到"额外"价值，如获得企业资讯，通过参与企业活动更可增加情感沟通，可以憧憬企业的未来发展，坚信自己的选择是正确的，心理得到满足，创造更多的客户价值。

二、客户忠诚的分类

1. 垄断忠诚

源于垄断市场，即市场上只有一个供应商，客户是被动性的忠诚。如铁路客运服务在我国只有中国铁路总公司一家服务商。此时，该供应商就形成了产品或者服务的垄断，客户别无选择，只能选择此供应商提供的产品或者服务。

2. 惰性忠诚

惰性忠诚也称习惯忠诚，是指客户由于惰性方面的原因而不愿去寻找新的企业，或者即使意识到应该转移到其他企业了，但是因为惰性迟迟没有行动。如信用卡都有一些优惠活动，当客户习惯了使用某种信用卡，即使办理了其他的信用卡，大多数时候还是使用习惯的信用卡。所以，优先占领市场的企业会容易拥有惰性忠实客户。

3. 潜在忠诚

潜在忠诚是指客户希望能够不断的购买企业的产品或者再次享受服务，但由于企业的一些内部规定或者其他因素限制了这些客户的购买行为。例如，某企业开展买多件商品打折活动，有些客户不能满足条件而放弃购买。

4. 方便忠诚

方便忠诚是指客户出于企业地理位置等因素考虑，总是在该处购买。但是一旦出现更为方便的企业或者更为满意的目标之后，这种忠诚就会随之减弱，甚至消失。如大学、小区周边会有许多小店，附近的学生和居民会经常光顾这些店去消费，这些客户就具有方便忠诚。

5. 价格忠诚

价格忠诚是指客户对价格十分敏感，产生重复购买的原因在于该企业所提供的产品价格符合其期望。价格忠诚的客户倾向于能提供最低价格的企业，价格是决定其购买行为的关键因素，这也是企业为什么总会利用节日进行促销活动的原因。

6. 激励忠诚

激励忠诚是指在企业提供奖励计划时，客户会经常购买，一旦企业不再提供奖励时，这些客户可能就会转向其他提供奖励的企业。常见在产品上捆绑一些礼品来销售的企业就是为了促进客户的激励忠诚。

7. 超值忠诚

超值忠诚是指客户在心理上对企业的产品或者服务有高度的认同感。典型的有情感或品牌忠诚，这种忠诚对于很多行业来说都是最有价值的。例如，宝马汽车代表着高质量、高性能的汽车，驾驶宝马代表着一定的社会地位，客户非常喜欢宝马汽车，当有了足够的收入，就会购买宝马汽车。

讨论客户忠诚的分类可以明确各类客户的特征（见表3-1），使企业的活动可以针对不同的目标群体制定相应对策。

表 3-1 客户忠诚的分类和特征

分　类	特　征
垄断忠诚	客户只有一种选择
惰性忠诚	低依恋、高重复、易流失
潜在忠诚	低依恋、低重复、受限制
方便忠诚	低依恋、高重复
价格忠诚	低依恋、低重复
激励忠诚	提供奖励，活动后结束
超值忠诚	高依恋、高重复

三、客户忠诚度的测量

1. 重复购买次数

客户在一段时间内，重复购买某企业的产品或服务次数越多，说明对企业的忠诚度就越高，反之就越低。这里强调的是同一时段购买不同产品和服务次数的比较。

> **？想一想**
>
> 对于办公室文员来说，你的客户就是办公室的同事，他们是你的忠诚客户吗？属于哪一种客户忠诚？

2. 客户购买选择时间长短

在客户消费心理规律中有这样的现象，客户在选购商品时，肯定要有比较、挑选的过程。由于信赖程度有差别，对不同产品或服务，客户在购买时挑选时间的长短也是不同的。通常客户挑选时间越短，说明他对此产品或服务的偏爱越高，对它的忠诚度越高，反之则忠诚度越低。这个标准是对同类产品和服务的衡量，但一定要考虑到产品结构、用途等方面的差异。

3. 客户对价格的敏感程度

消费者对不同产品或服务的价格敏感程度是不同的。对于喜爱和信赖的产品或服务，消费者对其价格变动的承受能力强，即使涨价仍然会消费，价格敏感程度低；而对于不喜爱的产品，对其价格变动的承受能力弱，即敏感度高。

4. 客户对竞争产品的态度

人们对某产品或服务的态度变化，往往是通过与竞争者相比较而产生的。如果客户对竞争对手产品的兴趣浓厚，说明客户对此产品或服务的忠诚度低。如果客户对竞争者的产品或服务没有好感，就说明对此拥有高忠诚度。所以，可以通过客户对竞争产品的态度，来判断客户忠诚度的高低。

5. 客户对产品质量问题的态度

企业生产出现产品质量问题是不可避免的，即使名牌产品或服务也在所难免。如果客户对企业忠诚度高，对企业出现的问题会以宽容和同情的态度对待，相信企业很快会加以处理。反之，对忠诚度低的企业，产品出现质量问题后，产生不信任感，可能会去购买其他企业的产品或服务。可以通过客户对产品质量问题的敏感程度来判断客户的忠诚度。

> **？ 想一想**
>
> 对于办公室文员来说，内部客户是否忠诚该如何测量？

四、忠诚度与满意度的关系

实践证明，客户满意度与客户忠诚度之间存在着相应关系，客户的忠诚度会随着客户满意度的提高而提高，客户满意度是提高客户忠诚度的重要因素，同时还有事实证明客户对企业的产品或服务满意，但也会去购买其他企业的产品，表明客户满意并不忠诚。客户满意度与忠诚度之间既有联系也有区别。

客户满意是客户在消费体现中的心理状态，满意的客户不一定能转化成长期消费的客户。客户忠诚是客户的偏好和长期的重复性的消费，将情感转化为一种行动，虽然忠诚度有赖于满意度的提高，但更取决于客户的信任度，忠诚的客户不会受到竞争者的影响，甚至可以预期其今后还会有消费行为，是企业生存发展的战略资源。这是，客户满意与客户忠诚的区别。

市场竞争程度的不同，客户满意度与忠诚度关系也会有较大区别。如图 3-2 所示是客户满意度与客户忠诚度之间的关系图，直线将坐标系一分为二，直线左上方显示低度竞争区，右下方表示高度竞争区，曲线 1 表示高度竞争行业的客户满意度与忠诚度可能性的关系，曲线 2 表示低度竞争行业中的满意度与忠诚度可能性的关系。

> **？ 想一想**
>
> 假定企业知道某人是一个绝对忠诚的客户，他决不会选择另一个企业的产品。那么企业最可能采取的营销决定是什么呢？①什么也不做；②给他一定的"忠诚"回报，因为企业从他身上得到的利润要远远高于其他客户；③把销售给他的产品再加价50%，因为企业知道即使加价50%，他也仍然会购买该企业的产品。您会做出什么样的决定呢？

在高度竞争的行业中，不同企业的产品和服务有很高的相似性。从图 3-2 曲线 1 左端看出，满意度增加很多，客户的忠诚度却没有变化多少，但曲线右端客户满意度稍稍下降一点，忠诚度的可能性就会急剧下降。这表明，要想让客户忠诚，企业必须尽力使客户完全满意。

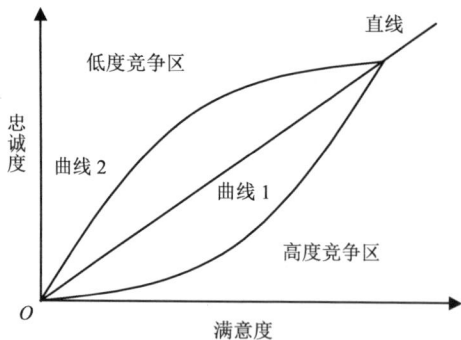

图 3-2 满意度与忠诚度的关系

在低度竞争的行业中，图 3-2 中曲线 2 表达的情况正好和曲线 1 相反，从曲线 2 右侧看出客户满意度下降对客户忠诚度的影响不大。这是因为在低度竞争情况下，客户可选择空间有限，即使不满意，还会继续消费。如现在使用的通信服务，用户对它的资费虽不满意，但只有几家企业，只能无奈地接受，表现为一种虚假忠诚。随着社会进步、科技发展、制度完善等因素变化，客户的不忠诚将导致客户流失。因此，处于低度竞争情况下的企业应居安思危，努力提高顾客满意程度，否则一旦竞争加剧，顾客大量流失，企业就会陷入困境。

五、提高客户忠诚度的途径

1. 提高客户满意度

企业需要的不是与客户的一次性交易，而是长期合作，这就希望客户把自己的消费感受告诉给企业。耐心倾听客户的意见，拉近企业与客户之间的距离，建立反馈机制就是搭建企业与客户之间的桥梁。随时与客户保持联系，倾听意见并进行满意度调查，及时妥善处理客户的抱怨，赢得客户信任。客户反馈和抱怨声中隐藏着巨大商机，企业要仔细分析，找出最有价值的部分，改进自己的产品和服务，发现或开拓新的市场，开发适应客户需求的产品或服务，提高客户满意度和忠诚度。

许多成功的企业都善于倾听客户意见，发现其中的有用信息和客户需求，及时转化为商机。

2. 增进客户忠诚度从信任开始

信任是衡量关系好坏中最重要的标准，客户信任取决于许多因素，如有效的交流、信守承诺、关心、信任客户等。客户忠诚是建立在信任之上的，没有信任就没有关系。首先要建立诚信的企业体系，通过广告、包装等手段塑造企业外在形象，让客户有对企业的整体信任度，形成良好的口碑。企业将客户到达的场所装修得富丽堂皇，让客户相信企业的经济实力，也是取信客户的手段。除了硬件，还要有软件建设，员工有效地、令人信服地与客户交流，展示对客户的爱心，信任客户，承认自己的不足，信守承诺，通过员工有经验的服务留住客户，从而赢得忠诚。

3. 提高客户转移成本

虽然客户是否与企业合作，选择权在客户手中，但现代企业广泛采用提高客户转移成本的方法来建立客户忠诚。这种成本包括经济、时间、精力以及情感。如果客户想与其他企业合作，可能会损失大量金钱、时间等，因此需要考虑选择其他企业是否值得。这些转移成本构成了客户流失壁垒，成为提高客户忠诚的途径。如上下游企业之间业务相互融合、渗透，彼此紧密结合在一起，彼此为对方的客户，当一方想要放弃时，其将增加很大的成本来弥补业务链上的环节，这样就构成了彼此忠诚。

小贴士

营销专家将转移成本分为 8 种：危机成本、评估成本、学习成本、组织调整成本、利益损失成本、金钱损失成本、个人关系损失成本和品牌关系损失成本。

4. 赢得员工忠诚，留住拥有忠诚客户的员工

企业服务的实施者是企业员工，要想赢得客户忠诚，首先必须赢得企业员工的忠诚，忠诚客户对企业的信任和期望是建立在与其打交道的员工身上的。随着客户与企业合作加深，员工与客户之间很容易建立起深厚的个人关系，客户忠诚往往与个人情感交织在一起，这种情况下员工的流失，很可能会带着他的忠诚客户一起流失。因此，留住员工或者说赢得员工忠诚变得十分必要，尤其是老员工，他们承载着企业文化，拥有企业客户资源，同时企业也为他们付出了培训成本。拥有忠诚员工就赢得客户忠诚。

5. 提高重复购买兴趣

企业频繁启动忠诚回报活动，也是一种市场营销计划。这些活动是企业增加客户消费行为的有效办法，也为给现有客户提供个性服务创造机会。活动手段主要以价格刺激或额外利益奖励经常消费的客户，如打折、积分、奖品等，让利给目标消费群体，刺激他们重复购买。这种方法竞争者都可以使用，客户很容易转移，同时服务水平可能会降低。这些活动的费用很高，只能成为企业换取短期市场份额提升的应急之举。

6. 组织联谊活动或组建客户俱乐部保持客户忠诚

企业通过组织联谊活动或俱乐部为客户提供有价值的资源，能够满足顾客的爱好，从而加强顾客与企业的联系，提高客户转移到其他企业的成本。客户在企业消费一定的数量商品或缴纳一定费用后，成为俱乐部会员，拥有一定的特权，成为一个志同道合的团体组织成员，在其中进行感情交流、分享生活、建立人脉，对客户有非常大的吸引力。活动中客户对企业产品了解更

想一想

1. 如果你是一个公司的秘书，如何获得领导的"忠诚"？
2. 如果没有获得客户忠诚，制定一个提高客户忠诚的计划。

多。这是一种将营销融入客户生活当中的方法，如果客户转移到其他企业消费，不但会失去许多资源，同时会有"失去自我"的情感失落，提高了客户转换成本，从而让客户达到自愿忠诚。

▍客户服务践行

收集熟知企业为提高客户忠诚度而实施的策略。

▍能力评价

学习本节内容，将自己的体会做成 10 分钟的幻灯片并讲解，然后从以下几个方面进行评价。

序号	评价内容	自　评	他　评
1	讲解内容		
2	演示文稿内容		
3	演示文稿风格		
4	讲解风格		
5	讲解效果		

拓展阅读

乐购公司客户忠诚计划

乐购公司是英国最大的食品超市公司之一，该公司实施了忠诚计划——"俱乐部卡"。8 年时间，公司的市场份额从 16% 上升到 27%，成为英国最大的连锁超市集团。乐购"俱乐部卡"不仅仅为简单的积分卡，而是乐购的营销战略。

"俱乐部卡"的积分规则十分简单，客户在乐购消费达到一定数额会得到 1 个奖励，每隔一段时间，乐购将客户的奖励兑换成"消费代金券"邮寄给客户。当时，这种方便实惠的积分卡吸引了大量客户的兴趣。

乐购通过"俱乐部卡"掌握了大量翔实的客户购买习惯数据。通过数据分析，对客户分类组成为一个个社区，有针对性地发送促销信息和组织活动，提高了客户的情感转换成本，成为乐购有效的竞争壁垒。

有效地控制成本，乐购拥有 1000 万俱乐部会员，而且是以现金返还为主要奖励方法，9 年来共为此付出了 10 亿英镑的代价。但乐购有一整套成本控制方法，如直邮信函代替电视广告，在英国这个有限的市场里，市场目标定位不是更多的消费者，而是如何增加单个消费者的价值。再如与供应商联手促销，为了更好地控制成本，把维系忠诚计划的成本转移到了供应商身上。

乐购的数据库，内容真实详细，促销非常具有针对性。供应商十分愿意参加这样的促销活动，提高品牌知名度。乐购不再满足于经营单纯的零售积分卡，而将业务延伸到了金融服务领域，推出了联名卡。公司在"俱乐部卡"的基础上还推出了"乐购个人金融服务"和"乐购电信服务"等其他利润更高的衍生服务。乐购超市正是通过忠诚计划建立了企业的核心竞争力。

3.3 客户投诉处理

引入案例

每个雇员都是股东

戈登·贝修恩是大陆航空公司的总裁，他把一个处于破产边缘的航空公司变成了一个产业巨人。1993 年大陆航空公司结束了破产保护，在 1996 年的满意率调查中名列榜首，被评为当年的最佳航空公司。当有人问起成功原因时，公司上下异口同声：在公司里，每个雇员都被视为对大陆航空公司的成功起绝对作用的股东。

3.3.1 客户投诉意义及流程

客户投诉是每一个企业（服务提供者）遇到的问题，它是客户对企业（服务提供者）的管理和服务不满的表达方式，也是企业（服务提供者）有价值的信息来源，它为企业创造了许多机会。因此，如何利用处理客户投诉的时机而赢得客户的信任，把客户的不满转化为满意，锁定他们对企业（服务提供者）和产品的忠诚，获得竞争优势，已成为企业（服务提供者）赢得竞争的法宝。

基础知识

一、投诉意义

1. 投诉的概念

客户投诉，是指客户对产品质量或服务上的不满意而提出的书面或口头上的异议、抗议、索赔和要求解决问题等行为。

2. 处理投诉的意义

1）防止客户流失，有效维护自身形象

现代市场竞争的实质就是一场争夺客户资源的竞争，但由于种种原因，企业（服务提供者）提供的产品或服务会不可避免地低于客户期望，造成客户不满意，客户投诉是不可避免的。向企业（服务提供者）投诉的客户一方面要寻求公平的解决方案，另一方面说明他们并没有对企业绝望，希望再给企业一次机会，美国运通公司的一位前执行总裁认为："一位不满意的客户是一次机遇。"相关研究进一步发现，50%～70%的投诉客户，如果投诉得到解决，他们还会再次与公司做生意，如果投诉得到快速解决，这一比重上升到92%。因此，客户投诉为企业（服务提供者）提供了恢复客户满意的最直接的补救机会，鼓励不满客户投诉并妥善处理，能够阻止客户流失。投诉的意义就在于有效地处理投诉，把投诉所带来的不良影响降到最低点，从而维护企业（服务提供者）自身的良好形象。

2）危机预警，降低负面影响

一些研究表明，客户在每4次购买中会有1次不满意，而只有5%以下的不满意的客户会投诉。所以，如若将公司不满的客户比喻为一座冰山，投诉的客户则仅是冰山一角，不满的客户这个冰山的体积和形状隐藏在表面上看起来平静的海面之下，只有当公司这艘大船撞上冰山后才会显露出来，如果在碰撞之后企业才想到补救，往往为时已晚。所以，企业要珍惜客户的投诉，正是这些线索为企业发现自身问题提供了可能。

例如，从收到的投诉中发现产品的严重质量问题，而收回产品的行为表面看来损害了企业（服务提供者）的短期效益，但是避免了产品可能给客户带来的重大伤害以及随之而来的严重的企业—客户纠纷。事实上，很多的企业（服务提供者）正是从投诉中提前发现的问题，然后进行改善，从而避免了更大的危机。

不满的客户不但会终止购买企业的产品或服务，而转向企业（服务提供者）的竞争对手，而且还会向他人诉说自己的不满，给企业（服务提供者）带来非常不利的口碑传播。研究发现，一个不满的客户会把他们的经历告诉其他至少9名客户，其中13%的不满客户会告诉另外的20多个人。研究还表明，公开的攻击会比不公开的攻击获得更多的满足。一位客户在互联网宣泄自己的不满时写道："只需要5分钟，我就向数以千计的客户讲述了自己的遭遇，这就是对厂家最好的报复……"

但是，如果企业（服务提供者）能够鼓励客户在产生不满时向企业（服务提供者）投诉，为客户提供直接宣泄的机会，使客户不满和宣泄处于企业控制之下，就能减少客户找替代性满足和向他人诉说的机会。许多投诉案例表明，客户投诉如果能够得到迅速、圆满的解决，客户的满意度就会大幅度提高，客户大都会比失误发生之前具有更高的忠诚度，不仅如此，这些满意而归的投诉者，有的会成为企业（服务提供者）的义务宣传者，即通过这些客户良好的口碑影响其他客户也选择该企业（服务提供者）的产品。

3）免费的市场信息，隐藏的"商机"

投诉是市场信息来源的重要部分，是联系客户和企业（服务提供者）的一条纽带，它能为企业（服务提供者）提供许多有益的信息。丹麦的一家咨询公司的主席Claus.Moller说："我们相信客户的抱怨是珍贵的礼物。我们认为客户不厌其烦地提出抱怨、投诉，是把我们在服务或产品上的疏忽之处告诉我们。如果我们把这些意见和建议汇总成一套行动纲领，就能更好地满足客户的需求。"研究表明，大量的工业品的新产品构思来源于用户需要，客户投诉一方面有利于纠正企业（服务提供者）工作过程中的问题与失误，另一方面还可能反映企业（服务提供者）产品和服务所不能满足的客户需要，仔细研究这些需要，可以帮助企业（服务提供者）开拓新市场。

客户投诉隐藏着价值度极高的信息，是管理者与客户之间沟通的桥梁。对投诉信息进行统计分析，可以为企业（服务提供者）发展战略、产品研发、资源配置、服务、管

理改进等决策提供宝贵的参考信息，是最直接的市场信息，能帮助企业（服务提供者）
把握稍纵即逝的机会。

3. 常见投诉原因分析

常见的投诉原因如下：

（1）客户的期望没有得到满足。

（2）客户很累，压力很大或遇到了挫折。

（3）客户想找个地方出出气。

（4）客户总是强词夺理，从来不管自己是否正确。

（5）你或你的同事对客户作了某种承诺而没有兑现。

（6）客户觉得如果对你凶一点，就能迫使你满足客户的要求。

（7）客户做错了事情时，遭到了你或你同事的嘲弄。

（8）客户的信誉和诚实受到了怀疑。

（9）客户觉得你和你的同事对客户没有礼貌或冷漠。

（10）客户认为自己的利益受到了损失。

（11）客户觉得你浪费了他的时间。

4. 投诉的形式

1）信函投诉

信函投诉指投诉人将要投诉的内容写成书面材料，送交或者邮寄给有关部门或投诉
机构的一种投诉方式。优点：便于记录保存，有证据、逻辑。缺点：投诉者的记述企业
无法核实，有回函成本。

2）电话投诉

通过电话或服务机构设置的免费投诉电话进行投诉的方式。其特点是简洁、快速。
例如，打 800、400 电话。

3）现场投诉

亲自来公司投诉，对投诉的处理期望值较高，客户服务人员要小心谨慎，做好现场
处理，尽可能当场明确解决方案。

4）互联网投诉

互联网投诉与传统的信函投诉、电话投诉相比，具有快捷、方便等特点。

（1）信息传递迅速。与传统的投诉手段不同，互联网不受地域限制，且传播迅速，
一旦事件被曝光，网民会出于某种目的而不断进行转载、评论、跟踪。这就减少了传统
投诉繁杂的程序，降低了中间过程人为因素的干扰，提高了投诉效率。

（2）网络投诉信息量大。网络的发展，为投诉提供了更有力的武器，它兼声音、图
像、动作、文字于一体，展现的内容更丰富多彩，信息量庞大。因此，网络可以全方位
地为投诉提供更加具体直观的证据，逼真地展现投诉的内容，引起全社会的共同关注。

（3）网络投诉受众率高。截至 2014 年底，中国共有网民 6.49 亿，网络规模居世界
第一，而且普及率持续增长。

二、处理投诉程序简介

1. 处理投诉程序

处理投诉程序如表 3-2 所示。

表 3-2 处理投诉程序

序号	投诉程序	相关内容
1	记录投诉内容	利用《投诉登记表》详细地记录投诉的内容，如投诉人、投诉对象、投诉的要求等
2	判断投诉是否成立	了解投诉的内容后，要判断投诉的理由是否充分，投诉要求是否合理。如果投诉不成立，可以用委婉的方式去获得投诉者的谅解，消除误会
3	确定投诉处理部门	根据投诉的内容，确定相关的具体受理部门和受理负责人
4	投诉处理部门分析原因	要查明投诉的具体原因及造成投诉的具体责任人
5	提出处理意见和方案	根据实际情况，参照客户的要求，提出解决投诉的具体方案，如退货、换货、维修、赔偿等
6	提交主管领导批示	对于投诉问题，领导应予以高度重视，主管领导应对投诉的处理方案一一过目，及时作出批示
7	实施处理方案	及时实施处理方案，对直接责任人应处理得当，通知并尽快地收集反馈意见
8	总结评价	对客户投诉处理过程进行总结和评价，吸取经验教训，提出改善对策，不断完善企业经营管理和业务运作流程，提高服务质量和水平，降低投诉率

2. 处理投诉流程图

处理投诉流程图如图 3-3 所示。

3. 处理投诉的方法和技巧

1) 受理投诉

投诉处理方法第一步叫做"受理投诉"，要求迅速受理，绝不拖延。坚决杜绝说"请您等一下"，否则你就是在冒险，因为你并不了解这位投诉者的性格，这个投诉对他生活工作带来多少影响，以及其后面会有的反应。投诉处理的目的不仅仅是避免给企业（服务提供者）带来麻烦，更重要的是希望通过有效处理投诉，能够挽回客户对企业（服务提供者）的信任，使企业（服务提供者）的口碑得到良好的维护，有更多的"回头客"，从而化"危机"为"契机"。

2) 平息怨气

在投诉时，客户多带有强烈的感情色彩，具有发泄性质，因此要平息他的怨气。能够在客户盛怒的情况下当他的出气筒，安抚他，采取低姿态，承认错误，平息怨气，以让其在理智的情况下，分析解决问题。

```
              ┌──────────┐
              │   投诉    │◄──────────────┐
              └──────────┘               │
以信函、传真、拜    │                     │
访等方式表达的投诉  ┌──────────────┐      │
由客服部统一接收、接◄│ 投诉受理、登记 │      │
待并登记           └──────────────┘  ┌──────────┐
                   │                │ 12 小时回复 │
              ┌──────────┐          └──────────┘
              │  投诉调查  │               │
              └──────────┘               │
                   │                     │
              ╱责任判定╲──────────────────┘
               ╲      ╱
                   │
              ┌──────────┐
              │  原因分析  │
              └──────────┘
                   │
        ┌──────────────────┐      对能及时处理的投诉，应立
        │ 制定纠正、预防措施  │      即向客户明确说明原因及处理
        └──────────────────┘      结果，对于无法及时作出处理，
                   │              或需要相关单位协助调查处理
                ╱核准╲────────────的，应先向客户解释原因。根据
                 ╲  ╱             具体情况规定处理时间，但最长
                   │              不能超过 2 天
        ┌──────────────────┐
        │ 实施纠正，预防措施  │
        └──────────────────┘
                   │
                ╱效果验证╲
                 ╲      ╱
客户投诉记录表        │
客户意见反馈单    ┌──────────┐
客户满意度调查表 ◄│  资料归档  │
客户满意度调查统计分析表 └──────────┘
                   │
              ┌──────────┐
              │  持续改进  │
              └──────────┘
```

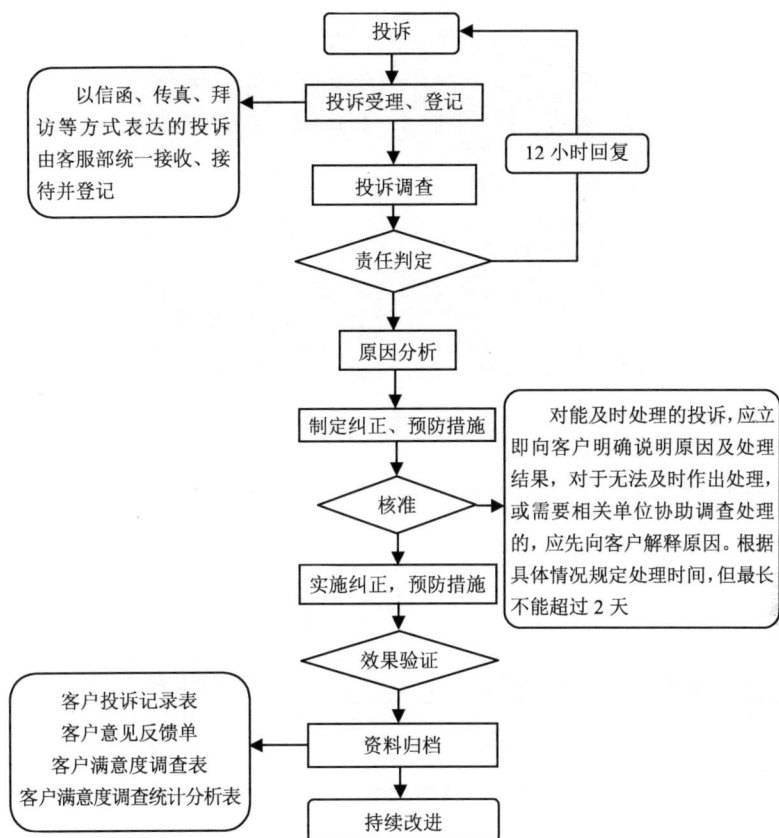

图 3-3　投诉流程图

3）澄清问题

需要给投诉者一个宣泄不满和委屈的机会，来分散其心里积压的不满情绪，如果放弃这个机会，就不利于投诉最终的处理。用提问题的方法，把投诉者由情绪带入事件。用开放式的问题引导投诉者讲述事实，提供资料。当投诉者讲完整个事情的过程以后，客服人员要用封闭式的问题总结问题的关键。

4）探讨解决，采取行动

探讨解决是指投诉怎么处理？是退，还是换，还是赔偿。很多服务人员往往是直接提出解决方案，而未考虑到当客户失去了选择的余地时，他会没有做上帝的感觉。真正优秀的服务人员是通过以下两步来做。

第一步，先了解客户想要的解决方案，服务人员主动提出："您觉得这件事情怎么处理比较好？"

第二步，提出你的解决方案，迅速对投诉的问题进行有效解决。这样企业在解决问题时都会居于主动地位。

5）感谢

感谢是最关键的一步，这一步是维护客户的一个重要手段和技巧（见图 3-4）。

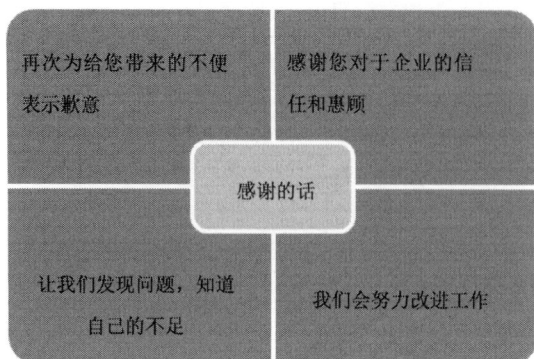

图 3-4　表示感谢的话

客户服务践行

1. 填写客户投诉记录表。

客户投诉记录表

NO:

投诉客户楼号		投诉日期	
投诉客户姓名		联系电话	
投诉内容			
情况核实			
处理意见			
处理结果			
用户回访			

经办人：　　　　　　　　　　主管领导：

2. 想一想，以下案例中支行主任的做法应如何改进？

办业务排长龙

　　王小姐来到某银行支行网点办理业务，发现 4 个窗口只开了两个，而且这两个窗口等待办理业务的队伍已经到网点门外。张小姐见两个窗口的柜员忙碌不停，而后台 5 位员工却与他们形成鲜明对照：有的不紧不慢地敲着计算器，有的一边闲聊，一边翻动手里的单据。见此，张小姐和站在长龙尾部的客户一起向营业厅负责人投诉。这时，从里间办公室走出一位戴着主任工牌的先生。这位主任先生没等客户讲完，就显出一脸无奈并抱怨：上级行给的前台编制不足，人手不够，我们支行也没办法。没等主任说完，后面几位客户已一声不吭地向门口走去。

能力评价

　　学习本节内容，将自己的体会做成 10 分钟的幻灯片并讲解，然后从以下几个方面进行评价。

序号	评价内容	自 评	他 评
1	讲解内容		
2	演示文稿内容		
3	演示文稿风格		
4	讲解风格		
5	讲解效果		

拓展阅读

处理客户投诉从聆听开始

一、认真聆听

聆听是解决投诉的条件。在聆听客户投诉的时候，不但要听他表达的内容，还要留意他的腔调与语音（语气），这有助于了解客户语言背后的内在情绪。同时，要通过解释与澄清确保你真正了解了客户的投诉。例如，你听了客户反映的情况后，要根据你的理解向客户复述一遍。认真聆听客户的叙述，向客户解释他所表达的意思，并请教客户我们的理解是不是正确，这是向客户表示你对他的尊重和你真诚地想了解他的投诉。同时，这也给了客户一个机会重申他没有表达清楚的地方。在听的进程中，要认真做好记录（所要表达的意思一定不能理解有误），留意捕捉客户的投诉要点，以做到对客户需求的正确掌控，为下一步对症调解打好基础。

二、认同客户的感受

客户在投诉时会表现出烦恼、失望、泄气、发怒等各种情感，不应当把这些表现当成是对你个人的不满。特别是当客户发怒时，你可能心里会想："凭什么对着我发火？我的态度这么好。"我们要知道愤怒的情感通常都会通过一个载体来宣泄。因此，客户仅是把你当做了聆听对象，客户的情绪是完全有理由的，是理应得到最大的重视和最迅速、公道的解决的。所以，你要让客户知道你非常理解他的心情，关心他的投诉。

三、立即响应

速度是关键，速度体现了态度，一旦解决投诉的时间被拖延，不论结果如何客户都不会满意，而且拖得越久处理的代价越高昂。客户投诉是由于客户的需求在公司得不到满足而引发的。客户在哪里有困难，哪里就有我们的责任。抚慰措施一定要迅速而有力，态度一定要恳切和谦恭。调查及流转工作应快速进行，要根据所闻所记，及时弄清事情的来龙去脉，然后作出正确的判定，拟定解决方案，与有关部分获得联系，找出工作的薄弱环节，掌控改进工作的机会。

四、延续反馈

假如在处理投诉的进程中牵涉的部门很多，难以迅速拿出终究的解决方案该怎么办？那就需要让客户等待的进程快一些。最好的办法是持续反馈事情的最新进展，哪怕没有进展也要反馈，这样做可让客户放心。在等待处理结果时，性急的人超过两天就难以忍耐，他们常常会以为 2～3 天没有任何反馈就代表石沉大海和推辞责任。所以，在处理复杂的客户投诉时，一定要坚持最少每天反馈一次。

五、超出期望

不要弥补完过失，使客户的心理平衡后就草草结束，应当好好利用这一机会把投诉客户转变成虔诚客户。当与客户就处理方案达成一致后，以超越客户预期的方式真诚道歉，同时再次感谢他购买了公司的产品和我们的服务。服务业的胜败关键就是回头客，所以"善终"比"善始"更重要。

客户服务的目的是什么？是得到客户的微笑吗？并非如此简单。我们都知道：服务的目的是把每个客户留住，努力创造虔诚的客户和口碑效应。通过正确处理客户投诉一样可以提升客户虔诚度，创造虔诚的客户。服务弥补的进程决不应是一个对客户恩赐"补偿方案"的进程，而是一个争取回头客的进程。

3.3.2 客户关系管理

▍**基础知识** ▍

一、什么是客户关系管理

1. 客户关系管理的定义

客户关系管理（customer relationship management，CRM）是一个不断加强与客户交流，不断了解客户需求，并不断对产品及服务进行改进和提高，以满足客户需求的连续的过程。

2. 客户关系管理的内涵

企业利用信息技术（IT）和互联网技术实现对客户的整合营销，是以客户为核心的企业营销的技术实现和管理实现。客户关系管理注重的是与客户的交流，企业的经营是以客户为中心，而不是传统的以产品或市场为中心。为方便与客户的沟通，客户关系管理可以为客户提供多种交流的渠道。

3. 客户关系管理的起源

CRM 最早产生于美国，由 Gartner Group 首先提出的这个概念。20 世纪 90 年代以后，伴随着互联网和电子商务的大潮得到了迅速发展。

（1）20 世纪 80 年代的"接触管理"（contact management）：收集整理客户与企业联系的所有信息。

（2）20 世纪 90 年代初演化为"客户关怀理论"（customer care）：电话服务中心与支持资料分析。

1985 年，巴巴拉·本德·杰克逊提出了关系营销的概念，使人们对市场营销理论的研究又迈上了一个新的台阶，到 1990 年，则演变成包括电话服务中心和支持资料分析的客户关怀。

（3）目前发展成为"客户关系管理"：成为管理方法和管理技能，企业战略管理理念。

二、建立以客户为中心的组织

CRM 的核心价值如图 3-5 所示。

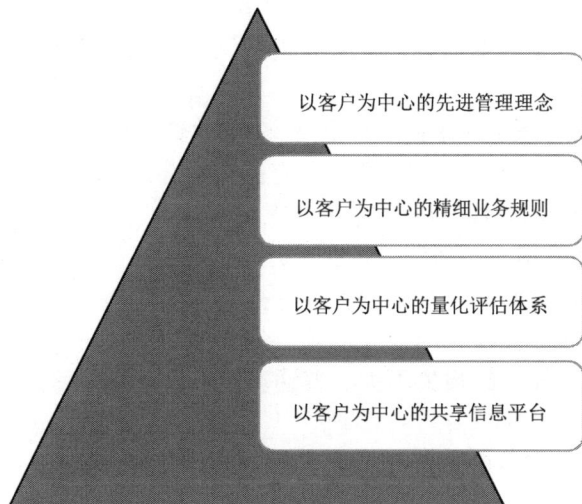

图 3-5　CRM 的核心价值

1. 如何建立客户关系

客户关系的建立、发展是一个循序渐进的过程，是从交易关系到合作关系以及彼此信任与承诺的建立的过程，而战略合作是双方期望达到的理想阶段。

1）潜在客户

所谓潜在客户，是指对某类产品（或服务）存在需求且具备购买能力的待开发客户，这类客户与企业存在着销售合作机会。经过企业及销售人员的努力，可以把潜在客户转变为现实客户。

潜在客户是可能成为现实客户的个人或组织。这类客户或有购买兴趣、购买需求，或有购买欲望、购买能力，但尚未与企业或组织发生交易关系。潜在客户包含一般潜在客户和竞争者的客户两大部分。所谓一般潜在客户，是指已有购买意向却尚未成为任何同类产品或组织的客户，以及虽然曾经是某组织的客户但其在购买决策时，对品牌的认可较为随意的客户；竞争者客户是指本企业的竞争对象所拥有的客户群体。

潜在客户需具备 3 个基本条件。

（1）购买产品或服务的个人或组织确实需要这样的产品，能从产品的消费中受益，或者能够为购买者解决某一方面的实际问题。

（2）不管这样的个人或组织有多么强烈的购买欲望，也不管产品能给他或他们带来多大的利益，他们必须具备购买该产品或服务的货币支付能力。

（3）潜在客户必须有购买权或得到授权，具有在产品生产者、种类和具体型号等方面的选择权。

2）现实客户

现实客户包含与企业或组织发生一次交易关系的新客户和与企业或组织发生多次交易关系的老客户。现实客户包括普通客户和重要客户。

（1）重要客户，是指对产品或服务消费频率高，消费量大，客户利润率高，对企业经营业绩能产生一定影响的客户。重要客户又被称为主要客户、关键客户、优质客户等。

重要客户对于企业或组织来说十分重要，失去他们将严重影响业务并将在短期内难以恢复过来，他们对企业或组织的未来业务有巨大的潜力，尽管他们只占企业客户总数的 10%，但仍需将 60% 的时间投放到他们身上。

（2）普通客户，是指曾经消费、偶尔消费、近期消费的客户。客户利润率低，对企业不具有很高的价值。普通客户不占主要收入的很大部分，失去他们其中一部分对企业或组织损失不大，普通客户一般占客户总数的 30% 左右。

3）潜在客户与现实客户的联系

（1）互为前提，互为条件。

（2）相互影响，相互制约。

（3）彼此交叉，互相渗透。

（4）在一定的条件下相互转化。

2. 客户选择

1）寻找潜在客户

实践表明，开发任何一个新客户的成本都远远高于维持一个老客户的费用。因此，任何企业的目标都是期望维持长期稳定的现实客户。要长期维持稳定的现实客户，企业就必须在通过努力将目标客户转变为现实客户之后，继续不断地对现实客户提供更多更具有吸引力的措施，使现实客户成为不断地重复购买的客户，即成为满意客户。

（1）逐户寻访法。该法又称为普访法、贸然访问法，是指销售人员在特定的区域或行业内，用上门访问的形式，对估计可能成为客户的单位、组织、家庭乃至个人逐一地进行访问并确定销售对象的方法。逐户寻访法遵循"平均法则"原理，即认为在被寻访的所有对象中，必定有销售人员所要的客户，而且分布均匀，其客户的数量与访问对象的数量成正比。

小贴士

客户经济的 4 个转变

从交易到关系的转变。

从吸引客户到维护客户的转变。

从以产品为中心到以客户为中心的转变。

从品牌资产到客户资产的转变。

想一想

1. 潜在客户应具备的条件是什么？

2. 客户选择的重要意义是什么？

逐户寻访法是一个古老但比较可靠的方法，它可以使销售人员在寻访客户的同时，了解客户、了解市场、了解社会。该法主要适合于日用消费品或保险等服务的销售；该法的缺点就是费时、费力，带有较大的盲目性；更为严峻的是，随着经济的发展，人们对住宅、隐私越来越重视，这种逐户寻访法的实施面临着越来越大的难度。

（2）客户引荐法。该法又称为连锁介绍法、无限连锁法，是指销售人员由现有客户介绍他认为有可能购买产品的潜在客户的方法。现有客户的介绍方法主要有口头介绍、写信介绍、电话介绍、名片介绍等。实践证明，客户引荐法是一种比较有效的寻找潜在客户的方法，它不仅可以大大地避免寻找工作的盲目性，而且有助于销售人员赢得新客户的信任。要应用客户引荐法，首先销售人员应该取信于现有客户；其次对现有客户介绍的客户，销售人员应该对其进行详细的评估和必要的营销准备，销售人员要尽可能地从现有客户处了解新客户的情况；最后在销售人员访问过新客户后，应及时向现有客户介绍与汇报情况，这一方面是对现有客户的介绍表示感谢，另一方面也可以继续争取现有客户的合作与支持。

客户引荐法适合于特定用途的产品，比如专业性强的产品或服务性要求较高的产品等。

（3）光辉效应法。该法又称为中心辐射法、名人效应法或影响中心法等，属于介绍法的一种应用特例。它是指销售人员在某一特定的区域内，首先寻找并争取有较大影响力的中心人物为客户，然后利用中心人物的影响与协助把该区域内可能的潜在客户发展为潜在客户的方法。

该法的得名来自于心理学上的"光辉效应"法则。心理学原理认为，人们对于在自己心目中享有一定威望的人物是信服并愿意追随的。因此，一些中心人物的购买与消费行为，就可能在他的崇拜者心目中形成示范作用与先导效应，从而引发崇拜者的购买行为与消费行为。

（4）代理人法。代理人法，就是通过代理人寻找潜在客户的办法。在国内，大多由销售人员所在公司出面，采取聘请信息员与兼职销售人员的形式进行实施，其佣金由公司确定并支付，实际上这种方法是以一定的经济利益换取代理人的关系资源。

该法的依据是经济学上的"最小、最大化"原则与市场相关性原理。代理人法的不足与局限性在于合适的代理人难以寻找，更为严重的是，如果销售人员与代理人合作不好、沟通不畅或者代理人同时为多家公司担任代理，则可能泄露公司商业秘密，这样可能使公司与销售人员陷于不公平的市场竞争中。

（5）直接邮寄法。在有大量的可能的潜在客户需要某一产品或服务的情况下，用直接邮寄的方法来寻找潜在客户不失为一种有效的方式。直接邮寄法具有成本较低、接触的人较多、覆盖的范围较广等优点，不过，该法的缺点是时间周期较长。

（6）电话营销法。所谓电话营销法，就是指利用电信技术，通过受过培训的人员针对可能的潜在客户群进行有计划的、可衡量的市场营销沟通。运用电话寻找潜在客户法可以在短时间内接触到分布在广阔地区内的大量潜在客户。

（7）滚雪球法。所谓滚雪球法，就是指在每次访问客户之后，销售人员都向客户询问其他可能对该产品或服务感兴趣的人的名单，这样就像滚雪球一样，在短期内很快就可以开发出数量可观的潜在客户。滚雪球法，尤其适合于服务性产品，比如保险和证券等。

（8）资料查阅法。该法又称间接市场调查法，即销售人员通过各种现有资料来寻找潜在客户的方法。不过，使用该法需要注意以下问题：一是对资料的来源与资料的提供者进行分析，以确认资料与信息的可靠性；二是注意资料可能因为时间关系而出现的错漏等问题。

（9）市场咨询法。所谓市场咨询法，就是指销售人员利用社会上各种专门的市场信息咨询机构或政府有关部门所提供的信息来寻找潜在客户的方法。使用该法的前提是必须有发达的信息咨询行业存在，目前中国市场的信息咨询业正处于发展阶段。使用该法的优点是比较节省时间，所获得的信息比较客观、准确；缺点是费用较高。

2）潜在客户的评估

大量的潜在客户并不能全部转变为目标客户。获得潜在客户名单仅仅是销售人员销售过程"万里长征"的起始阶段，因此，需要对潜在客户进行及时、客观的评估，以便从众多的潜在客户名单中筛选出目标客户。

（1）帕列托法则。即80：20法则，这是意大利经济学家帕列托于1897年发现的一个极其重要的社会学法则。该法则具有广泛的社会实用性，比如20%的富有人群拥有整个社会80%的财富；20%的客户带来公司80%的营业收入和利润等。帕列托法则要求销售人员分清主次，锁定重要的潜在客户。

（2）MAN法则。MAN法则用于引导销售人员如何去发现潜在客户的支付能力、决策权力以及需要。作为销售人员，可以从下面三个方面去判断某个个人或组织是否为潜在客户。

① 该潜在客户是否有购买资金 M（money），即是否有钱，是否具有消费此产品或服务的经济能力，也就是有没有购买力或筹措资金的能力。

② 该潜在客户是否有购买决策权 A（authority），即你所极力说服的对象是否有购买决定权，在成功的销售过程中，能否准确地了解真正的购买决策人是销售的关键。

③ 该潜在客户是否有购买需要 N（need），在这里还包括需求。需要是指存在于人们内心的对某种目标的渴求或欲望，它由内在的或外在的、精神的或物质的刺激所引发。另一方面客户需求具有层次性、复杂性、无限性、多样性和动态性等特点，它能够反复地激发每一次的购买决策，而且具有接受信息和重组客户需要结构并修正下一次购买决策的功能。

3）将潜在客户转化为现实客户

由于潜在客户对于现代企业具有十分重要的作用，所以实现由潜在客户到现实客户的转化就显得尤为必要。要实现这一转化，就要分析导致大量潜在客户产生、存在的原因，并采取相应的转化策略以及关键环节。

（1）潜在客户产生、存在的原因。潜在客户自身因素：潜在需求是潜在客户存在的根本原因。离开了潜在需求，潜在客户就无法产生。有了潜在需求，就有可能产生购买动机或购买欲望，如果购买能力具备，购买时机成熟，且市场上具有所需的产品或服务，那么潜在客户就极有可能转化为现实客户。因此，潜在需求是导致潜在客户产生、存在的首要因素。此外，购买动机如何，购买欲望如何，购买能力如何，购买时机如何，这些都是重要的影响因素。缺少了上述任何一个因素，潜在客户只能是潜在客户。

企业或组织自身因素：诸如产品质量低劣或不稳定，品牌包装平淡无奇，产品价格明降暗升，服务手续繁琐，服务效率低下，服务人员素质差，企业分销渠道不畅，信息传递失灵，广告促销乏力，产品宣传失实，企业形象不佳等。只要有一个方面出了问题，都将影响潜在客户的购买心理，制约潜在客户的购买行为。近年来，因企业自身的产品或服务问题而造成客户大量流失的事件与日俱增。这无疑又降低了潜在客户的购买意向值，更增强了其持币待购的心态。其他因素：诸如竞争者的一举一动、一言一行、媒体宣传、公众态度、专家意见、政府倾向及国家宏观政策等，都将对潜在客户与现实客户产生重要而深远的影响。

（2）潜在客户的转化策略。

① 留住现实客户：这是争夺潜在客户最基本的方法，企业必须对此高度重视。要留住现实客户，必须使客户满意并培养客户忠诚。客户忠诚不仅可抵制其他品牌的促销诱惑，再次或大量地购买本企业的产品或服务，而且还包括主动地向亲朋好友和周围的人

? **想一想**

留住现实客户的方法是什么？

推荐本企业的产品或服务。培养客户忠诚是企业或组织客户满意质量战略的最高追求。

② 开辟新市场：开辟新的市场，实质上就是将区域性的潜在客户变为现实客户。要开辟新的市场，必须具备两个条件：一是本企业的实力；二是该市场有接受本企业产品或服务的条件。一般而言，开辟新市场，需要更多的谋划与费用，不可粗放草率行事。一旦进入新市场，更要慎重，万万不可为一些小问题而影响自己的声誉。当然，开辟新的市场也包括开辟层次性的新市场，例如将高收入阶层或低收入阶层的潜在客户变为现实客户，将产品或服务打入高档消费人群或推向农村等。

③ 争夺一般潜在客户：一般来说，忠诚的客户对生产消费品及一般服务型组织来说总是少数。这种一般潜在客户是潜在客户中数量最大的，因而也是组织之间争夺最激烈的。

④ 争夺竞争对手的客户。在相当多的情况下，特别是在中间客户（例如批发商、零售商）这一层次中，客户往往已被"争夺完毕"。这里所说的"完毕"包括两种情况：一是，例如某地若有 10 个零售商，这 10 个零售商已经有了自己固定的进货渠道，不愿再增加进货渠道。二是某一种产品已经占据了市场，新的品牌要打进去，很可能遭到"封锁"和"抵制"。在这两种情况下，你要"挤"进去，要将竞争者的客户争夺过来，变为自己的客户，都必须费相当大的力气，没有一定的"道法"，显然是不可能的。在竞争对手出现重大失误、经营出现困难等情况下，当然更要主动去争夺，但这种必须采取合法手段，不能违反《反不当竞争法》。其中最重要的手段，显然还是质量，其次是价格。只有质量高、价格低、服务好，客户能更多地获得质量效益，其才会自觉自愿地"转向"，投入你的怀抱。

客户转化的关键环节如下：

- 树品牌、创名牌，以质量信誉"打天下"。
- 抓服务、塑形象，以真诚守信取悦于客。
- 加强沟通，扩大宣传，把企业信息及时有效地传递给每一个客户。

3. 客户开发

1）等待机会——寻找最佳切入点

大部分情况是你想进入的客户已经有固定的供应商了，从潜在客户发展成为正式客户很少一蹴而就，上来就实现零的突破的可能性不大，销售人员更多的是在等待合适的切入的机会，机会可能包括新产品上市、年度供应商评估、客户内部人员变动、目前供应商产品质量和服务问题、与目前供应商关系恶化、减低成本需求等。即便是你已经与客户的关键人物建立了良好关系，同时产品和服务也能够满足客户的需求，你的正式的进入还是需要一个机会。

2）找到关键人——成功有希望

首先在客户内部寻找内线，了解客户组织结构图，明确客户的角色与职能分工，确定影响采购关键人所占的比重，与关键人建立良好关系，同时注意与客户中的影响采购决策的其他人保持良好关系。

3）建立关系——建立信任，提供利益

中国式关系营销实质就是供应商与客户双方建立个人信任和组织之间的信任，通过对客户组织利益和个人利益的满足，最终促使交易的成功。尤其需要注意的是个人之间的信任和个人利益在中国商业环境下的重要作用。

4）技术突破——展示价值，构筑壁垒

（1）当客户根据经验和企业的实际情况，已经列出它所关注的所有价值，最终把这些价值折算成评判产品价值的技术标准，供应商就需要准确、深入地把握客户所关注的价值，并利用方案演示、技术交流、客户参观等形式，向客户提供并展示这些价值。

（2）供应商能够影响甚至帮助客户制定价值评判标准，并使自己产品的独特产品价值成为客户关注价值，也就是影响客户采购标准，使之对我方产品有利，通过构筑技术壁垒，有效地阻截竞争对手。

4. 客户关系维护

对客户信息的掌握，对客户的分级，与客户进行互动与沟通，对客户进行满意度分析，并想办法实现客户的忠诚。

1）客户关系的分类（见表 3-3）

表 3-3　客户关系的分类

类　型	特征描述
基本型	销售人员将产品销售出去后就不再与客户接触
被动型	销售人员将产品销售出去，同意或鼓励客户在遇到问题或有意见时联系企业
负责型	产品销售完成后，企业及时联系客户，询问产品是否符合客户的要求，有何缺陷或不足，有何意见或建议，以帮助企业不断改进产品，使之更加符合客户需求
能动型	销售完成后，企业不断联系客户，提供有关改进产品的建议和新产品的信息
伙伴型	企业不断地协同客户努力，帮助客户解决问题，支持客户的成功，实现共同发展

2）客户离开原因分析

客户离开原因主要有价格、产品，服务不满意、死亡以及搬家等。

3）客户不满意服务的反应

客户不满意服务的反应主要表现在不投诉，投诉以及告诉其他人等方面。

4）维护客户关系的原则与方法

（1）维护客户关系的原则。

① 动态管理，客户资料会不断变化，要及时补充新资料，使客户管理保持动态性。

② 突出重点，有关不同类型的客户资料很多，要透过资料找出重点客户。

③ 灵活运用，在销售过程中对客户资料灵活运用，提高客户管理的效率。

④ 专人负责，客户资料对于企业来说是属于保密资料，必须有专门的人员来进行管理。

（2）客户关系维护的方法。

① 建立客户组织。建立客户组织可以维系客户关系，减少客户流失，降低营销成本。具体的客户组织是指俱乐部制、会员制等。俱乐部定期举行活动，不仅使企业与消费者之间得到沟通，也在潜移默化中增加了客户的忠诚度。

- 想客户所想。这只是基本的要求，作为客服人员要想客户所没有想到的，急客户之所急，站在客户的角度来思考，创造客户真正的需求。

- 少承诺多做事。能与客户维持长期良好关系的顾问大多是"少承诺多做事"，这种技巧在许多行业都适用。例如，销售员可以保证在 24 小时之内维修好客户送来的产品，但如果你能在 1 小时之内就完成了，这样客户会很高兴，因为你打破了自己设立的标准。

- 答应的事一定要做到。客户不会信任光说不练的客服人员，如果你承诺了要做，就一定得做到，许多客户对客服人员忘记做自己所承诺的事可能会原谅一次，但若发生第二次则将严重破坏彼此的关系。要"说到做到"并不容易，你可以借助自己的力量，或是团队的力量，不论是哪一种方法，都必须准时完成任务。

- 双赢思考。所谓的双赢关系就是双方都可以从某种关系、行动或程序中获得一些有价值的东西。客服人员在自己获利的同时，也要让客户在购买你的产品获得客户想要的利益，没有人会购买对自己没有任何利益的产品。

② 开展客户教育。在市场经济中，市场既是桥梁，也是鸿沟，生产者与消费者之间永远存在着矛盾。而开展客户教育不仅是有效维系客户关系的策略，也是一种非常好的促销手段。就像那个经典的卖鞋的故事，有两个推销员到一个小岛上去推销鞋子，其中一个刚去就回来了，因为他说岛上的人都不穿鞋子；而另一个推销员很高兴地住了下来，两年后，他的鞋子都卖光了，因为经过他的"客户教育"，岛上的人都开始穿鞋子了。对于消费者没有的需求企业是可以开发和教育的，那么如何进行"客户教育"呢？广告教育、公关教育、消费学校、用户讲座、客户培训等都是可以选择的手段，而具体如何选择就要看产品的特性和企业的实力了。

③ 建立客户投诉制度。要想真正的维护客户关系，认真对待每一位客户的投诉是很关键的。调查证明，对企业或产品不满意而进行投诉的顾客，比不满意而没有投诉的顾客再次购买的比例要高得多。

5）CRM 系统及客户关系管理技术的应用

以 CRM 软件系统为核心，以呼叫中心、数据仓库、数据挖掘、商务智能、互联网、电子商务、移动设备、无线设备等现代化技术工具来辅助客户关系管理系统。

（1）CRM 的实施。实施 CRM 的第一步是做好信息基础建设。首先是硬件方面，在PC 机拥有量上至少在关键部门达到人手一台，服务器拥有量上达到至少一个部门一台。其次是软件方面，企业应结合自身特点有选择地购买和开发相关软件。第三是网络建设方面，企业要建设好内部 Intranet 网和自己的网站，使用 DDN 上网，充分发挥网络的作用，从可行性、安全性、易用性方面提高网络的使用性能。

（2）信息化技术手段的协同与整合。

① 网络技术的应用。企业利用网络技术将相关企业产品、订单等信息放置于自己的网站上，客户借助于网站上的说明和帮助信息，提出和浏览服务请求，查询问题，检查订单状态，实现网上的自助服务。企业通过网站可以更方便、快捷地找到潜在的客户。当浏览者对企业产品有兴趣时，可要求浏览者通过注册填写有关资料。这些注册了的人员都是企业的潜在客户，企业相关人员可以有针对性地推销产品，同时节省了费用，降低了产品成本和价格，增强了企业的竞争力。企业利用网络技术还可以开展网上调查活动，以了解客户对产品特性、品质、式样、服务等各方面的意见，协助产品的开发和服务流程等的改进，使企业的各个部门能及时获得客户信息。

② 数据仓库的应用。数据仓库是一个面向主题的、集成的、不可更新且随时间不断变化的数据集合，用于支持管理人员的决策。数据仓库技术能比较好地解决来自销售、市场、制造、库存、客户服务等各部门的分散数据提取和处理问题，从而达到更好地了解客户、更方便地提供服务的目的。

③ 数据挖掘技术的应用。数据挖掘就是从大量的、不完全的、有噪声的、模糊的、随机的数据中，提取隐含在其中的、人们事先不知道的但又是潜在有用的信息和知识的过程。它能开采出潜在的模式，找出最有价值的信息，指导商业行为或辅助科学研究。原始数据可以是结构化的，如关系数据库中的数据，也可以是半结构化的，如文本、图形、图像数据，甚至是分布在网络上的异构型数据。数据挖掘的方法可以是数学的，也可以是非数学的；可以是演绎的，也可以是归纳的。已有的数据可以被用于信息管理、查询优化、决策支持、过程控制等，还可以用于数据自身的维护。因此，数据挖掘是一门广义的交叉学科，包括数据库、人工智能、数据统计、并行计算等方面的技术。在企业管理客户生命周期的各个阶段都会用到数据挖掘技术。数据挖掘能够帮助企业确定客户的特点，从而可以为客户提供有针对性的服务。

④ 在线交流技术的应用。企业通过在网站上设立留言板和 E-mail，提供一个获取客户意见的窗口，接受客户的投诉，对客户的意见及时反馈。通过反馈信息可以让客户充分感受到他们得到了企业的尊重，最终达到提高客户满意度的目的。同时，企业

可建立自己的 BBS，通过 BBS 了解消费需求、市场趋势等，作为企业改进产品、开发新产品的参考。

建立以客户为中心的竞争战略思维，要牢固树立"客户为本"的经营理念，"顾客是上帝"的观念在很早之前就已经提出了，然而树立"客户为本"的经营理念却需要企业将客户提高到战略高度，即企业必须实行"客户导向"的经营策略。培养客户忠诚的"惠顾"精神，要想维持客户的忠诚度，使其继续购买产品，企业就必须传递给客户一种思想文化和精神，即价值取向的认同感、归属感、自豪感、怀旧感，将组织的服务或企业的产品与客户融为一体。

客户服务践行

1. 如何做一名专业的客服人员？

序号	内 容	举 例
1		
2		
3		
4		
5		
6		
7		
8		
9		

2. 客户维护方式：信函、拜访、电话、展会、技术交流、商务活动、参观考察等。请从中选择一种方式与同学分享。

3. 如何利用好你的客户关系？

能力评价

学习本节内容，将自己的体会做成 10 分钟的幻灯片并讲解，然后从以下几个方面进行评价。

序号	评价内容	自 评	他 评
1	讲解内容		
2	演示文稿内容		
3	演示文稿风格		
4	讲解风格		
5	讲解效果		

拓展阅读

美国西南航空公司

在美国航空业流传着这样一个故事：西南航空公司遇到了一位误了班机的乘客，而该乘客要去参加本年度最重要的商务会议。于是，他们专门调拨了一架轻型飞机，将该乘客送往目的地。正是这样竭尽全力"讨好"乘客的法宝，使这家原本不起眼的小航空公司跻身于美国前四大航空公司之列。

航空业是一个资本密集型的行业，用在飞机上的费用数量是十分巨大的。另外，航空公司还必须提供超级的服务。航班延迟、行李丢失、超额订票、航班取消以及不能为乘客提供优质服务的员工等情况都会使乘客迅速疏远某个航空公司。对有些企业来讲，"以客户为中心"只不过是一句口号而已。然而在西南航空公司，这却是一个每天都在追求的目标。比如，西南航空公司的员工对客户的投诉所做出的反应是非常迅速的：有五名每周需要通过飞机通勤到外州医学院上学的学生告诉西南航空公司说，对他们来说最方便的那个航班却总是使他们每次要迟到 15 分钟。于是，为了适应这些学生的需要，西南航空公司就把航班的起飞时间提前了整整 15 分钟。

3.4 树立客户服务品牌

引入案例

这是笔者一个亲身经历的故事，发生在北京一家著名的五星级火锅店——海底捞。餐后结完账，临走时，一起用餐的朋友中有个带着孩子的孕妇，他们分别收到了餐厅提供的礼物，孕妇收到的是一张大幅宝宝贴画，随性的孩子则收到了一个恐龙玩具，大朋友和小朋友对收到的"意外"礼物都很满意。所谓特色服务，就是比别人多了一点点，而正是这一点点，为海底捞赢来了口碑。服务业是低附加值、劳动密集型的行业。怎样接待顾客，怎样使用文明用语，并不需要反复教育。最主要的是如何让员工喜欢这份工作，愿意干下去。标准化服务固然重要，但有时感性服务是无法标准化的。

3.4.1 客户服务口碑

口碑载道是我们经常使用的一个词语，这里要谈的客户服务口碑是一种服务，它通过口口相传，可以"一传十、十传百"，达到良好的传播效果。所以，多数品牌都会很重视客户的服务口碑。

▌基础知识

一、服务品牌

1. 服务品牌的概念

服务品牌是指服务机构用来区别于其他服务机构服务产品的名称、符号、象征或设计，它由服务品牌名称和展示品牌的标识语、颜色、图案、符号等可见性要素构成。例如，苏宁提供的"阳光服务"品牌、别克汽车提供的"感心服务，畅享全程"服务等。

2. 服务品牌的特点

与一般产品相比，服务产品具有非实体性的特点。人们通常无法直接对服务特征进行评判。正是由于服务的非实体性、不一致性、同步性和易逝性，使得客户感知的服务质量不稳定，影响对品牌的感知，从而导致客户对服务品牌的认识时间更长。

3. 服务品牌的作用

服务品牌的作用如下。
（1）为客户选择服务提供了一个可靠依据。
（2）有利于形成客户忠诚。
（3）为竞争对手进入该领域设置了有效屏障。
（4）可以有效地节约扩张成本。
（5）有利于拓展服务渠道和服务市场。

二、以"顾客为中心"的服务是最好的服务品牌

世界的本质是"服务"。政府服务好人民，商家服务好客户，单位服务好员工，现在服务好未来……服务说来好像很简单，甚至简单到只是一举手一投足，但真正做好服务相当不容易。

？想一想

1. 你认为下列部门哪个更重要些？

顾客服务管理科　经营科　财务科　人事科　信息科

2. 你认为下列哪些是专业客户服务给企业带来的好处？

带来回头客　扩大市场占有率　降低成本　稳定客户源　口碑比较好　增加销售额　潜在客户

1. 服务的意义要高于营销

很多时候我们并没有把客户服务放在第一位，企业大多看重的是销售，认为企业的生存要靠盈利，只有销售才能盈利。相信这样想的人不在少数，其实有这样想法的人没有认识到客户服务对于一个企业的重大意义。事实上客户服务的意义远远超过销售。经营企业最便宜的方式是为客户提供最优质的服务，而客户推荐会给企业带来更多的客户。在这一点上企业根本不用花一分钱，做广告通常能在短时间内获得大量的客户，产生大量的购买行为，但是客户服务不是短期的而是长远的。优质的客户服务可以为企业树立良好的口碑，

而良好的口碑会给企业带来更多的客户，而这种口碑不是广告做出来的，而是人与人之间、客户与客户之间信息传递带来的，它可以使企业获利，这种获利是企业经营成本最低的一种方式。

2. 树立以"顾客为中心"的服务品牌

作为公司的成员，为客户提供专业的服务给企业带来的好处首先是服务品牌的牢固树立，而不是产品品牌的树立。品牌就是企业商标的知名度，以顾客为中心的服务对于企业来讲就是创造了另外一种品牌，就是它的服务品牌。

三、良好口碑的价值

1. 口碑的含义

口碑，通常是指众人口头的议论，是群众的口头传说，是一种大众嘴边经常提起的事情。

在客服领域里，口碑通常是指对某企业的赞同、认可或抱怨。口碑是一种不花钱的最有力的口头广告，因为企业要想做到让顾客主动去向别人宣传该产品不是一件容易的事。

自古评论的力量是无穷的，人言可谓、口碑载道等词语都充分地说明了这一点。口头传播是最早的传播方式之一，这里所要谈的口碑就是借助口头传播来实现营销或服务。商品或者特定的服务通过口口相传可以，达到良好的传播效果。只要大家都说好的东西，就算不好也可能造成三人成虎的现象；一件商品再好，如果口碑不好，也可能会给品牌造成不良影响。

因为口碑的力量如此强大，很多商家都想办法利用良好的口碑树立自己的品牌形象。Google 是凭借市场口碑取胜的典型案例之一，Google 坚持拒绝在主页上做广告或者链接到其他网页上，其优质的服务得到了广大网友的认可，通过口碑树立了其价值超过 1500 亿美元的品牌（截至 2014 年）。目前在中国比较火的网站能受到大家的大力追捧，与口碑的作用也是分不开的。在确定是否购买这个商品或享受这种服务前，人家都想知道其他用户对它的评价，于是什么值得买网站成了用户和商家都爱逛的地方。很多购物网站也开发了类似功能，比如专业图片交易网站，里面的每一件商品都有一个口碑功能，可以供大家在上面咨询、评论，这样便为商家商品树立口碑提供了平台。

口碑能受到大家的如此青睐，它的优势体现在以下方面。

1）低成本

口碑的营销成本应该是众多手段中最低的，其他的宣传手段都需要支付宣传费用，而口碑的耗费几乎为零。低成本，高效益，这些都是广告不可比拟的，可以说是一个无需任何成本的营销手段。

2）高信用

一般地，我们的客户都会从同学、朋友、同事、亲人那里询问关于一个品牌的好坏，因为关系亲密，客户都会对收到的信息深信不疑，这种口碑达到的效果远比你在电视上做广告或者推销人员上门宣讲优势要好得多。

3）速度快

"一传十，十传百"就足以说明口碑传播的速度，如果一个客户认为这个商品好，他就会告诉他周围的人，周围的每个人又都有自己的一个生活圈，这样口口相传，那速度将会非常惊人。

4）针对性强

通常来说客户在购买商品或服务之前，都会来询问它的质量好坏等，这就说明客户心里已经有了一把尺子，知道自己的需求，只是想得到更多证实和确认，这时商家面对的就是一个潜在客户。此商品口碑的好坏将直接影响他的购买决策，服务人员要有针对性地为其服务。

5）提高品牌信誉

一个品牌的口碑足够好，能够达到口碑载道的境界，"金杯银杯不如大家的口碑"说的正是这个道理。

口碑就是一个低成本、高效益、针对性强的营销手段，只要做好了口碑营销，便能让客户的嘴巴树立你的品牌形象。

2. 正面情感和负面情感的宣泄

正面情感和负面情感是互为对立统一的情感特征。正面情感给我们带来积极健康的心态；而负面情感则是一种不积极的体验，它通常会给我们带来焦虑、紧张、愤怒、沮丧、悲伤、痛苦等心态。这种体验是不积极的，身体也会有不适感，甚至可能引起身心的伤害。

在口碑当中，我们要谈正面情感和负面情感的宣泄问题。人类对负面情感的反应要比正面情感强烈，不良的口碑更会让客户到处宣扬。负面口碑和正面口碑对于一个企业都会带来重大影响。人们对于负面情感的宣泄永远高于对正面情感的宣扬。俗话说，好事不出门，坏事传千里。客户不关心那种仅具有一般竞争性的服务，而是关心那种有竞争优势的服务。因此，只有通过给客户留下深刻的印象的服务，才有可能把自己良好的口碑通过客户的嘴进行传播。

3. 信誉会成为联系客户和潜在客户的纽带

良好的信誉是联系客户及潜在客户的纽带。俗话说"新客天天有，老客天天来"，实际上说的就是潜在客户与老客户。服务品牌树立一种良好的口碑能够紧密的联系客户和潜在客户，为企业带来更多经济效益。

案例分析

顺丰快递是一个快递物流服务品牌。这家公司的快递价位高过快递物流市场上的很多公司，那为什么会有人愿意多花钱使用顺丰快递呢？

对于一个成立了22年的公司，除了提供大家都有的服务以外，顺丰还最早提供了指定区域的次晨达服务，并借助其 1.6 万多台运输车辆，18 架自有货机及遍布世界各地的 12000 多个营业网点，提供中国大陆、港澳台、美国、日本、韩国、新加坡、马来西亚、泰国、越南、澳大利亚等国家和地区的快递服务。建立了庞大的信息采集、市场开发、物流配送、快件收派等业务机构及服务网络。服务的全面性让雇主感受的细致和周到超出其想象，突显出它的服务特色。

四、以"顾客为中心"的服务可以有效地防止客户流失

1. 客户的流失有一定传染性

优质的服务是防止客户流失的有效手段。现在竞争很激烈，客户的忠诚度越来越低，一会儿跑到这边，一会跑到那边，客户叛离是对客户流失的一个称谓，什么叫客户叛离？就是以前客户在你这消费，突然有一天走了，改成别人的客户了，这就叫客户叛离。客户叛离是一种严重的传染病，如果企业出现客户叛离，肯定是客户大批大批地流失。现在有一个观念，叫客户有权患病。我们没有理由不让客户到其他店去看一看，那也许会使他们即节省了钱，又享受到更好的服务。很多企业特别痛恨客户没有忠诚度，觉得别处稍微便宜一点就跑去了，不在自己这边了。客户有权选择最适合的企业，只有提供良好的服务才有可能防止客户的流失，让客户感觉到离不开你，因为你提供的服务太完美了，他不愿意把你抛弃去冒险，去尝试其他的企业。

练一练

1. 近距离接触一下顺丰快递的人员，了解他们提供的特色服务。

2. 利用网络了解顺丰快递和一般快递的价格。

3. 试着从客户角度来权衡顺丰快递的优势。

企业生产的产品和服务只有被客户购买后，企业才能获得利润，如果失去了客户，企业的生产成本不能收回，资金的减少会造成企业不能继续运转的恶果，因此客户是企业的利润之源，也是企业生存和发展的基础。无论企业的设备多么先进、技术多么过硬、产品质量多么优良，没有了客户及客户的忠诚，这些都不能实现财务收益，企业将会走向衰亡。正如沃尔玛的创始人山姆•沃尔顿所说，企业只有一个老板，那就是客户，他有权炒掉公司的任何人，方法就是把他的钱花在其他公司的产品上。现如今企业已经不以某一次的收入来衡量客户的价值，而是以客户的终身价值来判断客户的重要性，客户终身价值是指在客户与企业关系整个生命周期里为企业带来的直接利润和间接利润总和。这种对客户价值的判断更加准确合理。

2. "以顾客为中心"疗法

用最好的客户服务挽回叛离的客户，取得他们的原谅。唯一的疗法是以"顾客为中心"的服务，只有这样才有可能挽回叛离的客户，取得客户的谅解。开始因为服务不好，最后客户离开了，改变以后重新找到客户，客户也重新回到了企业，而这一切都要通过服务，绝不是通过产品质量达到的。

　　真正的服务意识应该是在排除了遵守规章制度、满足领导考核标准和提高薪水三个目的之后，完全发自内心地为客户自觉服务的心理取向。由这种意识支配的服务，才是真正的服务。

五、老客户——企业发展壮大的基础

1. 老客户意味着更少的费用投入

　　业内普遍认为，开发新客户比维护老客户需要多花五倍的时间、金钱与精力。老客户是企业发展壮大的基础。你可以花 100 元钱做广告、打折扣来吸引顾客，也可以花几分钱给你的客户发条短信，表达企业对他的感激之情以及希望再次合作的愿望，或者花 10 元钱为他提供优惠券，而他会第二次、第三次花 500 元来买你的商品。你如何选择？这又说明了一个什么问题呢？就是企业把钱花在营销手段上，还是花在巩固老客户上。与其花 100 元钱做广告，不如花几分钱或者 10 元钱给你的老客户发短信、提供优惠券，把你的服务做好，让他去帮你推荐更好的客户过来。所以说，从价值角度上看，老客户等于更少的费用，企业在全力争取新客户的同时，应该防止老客户的流失，把更多的精力用在服务上，让自己的客户群变得更加稳固。实际上就是不要总是亡羊补牢，而应该把篱笆事先扎紧一点，这样客户就不会跑到其他竞争对手那边去了。

2. 老客户带来的是丰厚利润

　　老客户等于丰厚的利润。举个例子来说，"一元钱客户"，就是说这个人一个星期有 4 天，每天来两三次，每次消费 3 元钱，一年这个人就消费 1500 元左右，如果这个客户能和这个店保持 10～15 年的关系的话，这个客户对于企业就意味着两万元钱收入，这就是国际上很流行的说法，叫"一元钱客户"。这个概念告诉企业目光不要太短视。他每次可能花钱很少，但是来的次数很多，这种客户是不容忽视的。一个客户能够为企业带来的利润和什么有关？和他在你这个企业消费的时间有很大的关系。哪怕他一次花钱是别人的十分之一，这种客户的价值也远远高过一次花钱是他十倍的那种人。因为他会跟许多人说这儿特别好，服务特别周到。这就是口碑效应，可以为企业做无形的广告，从而为企业带来丰厚的利润。

小贴士

　　服务的特点、项目、种类具体要求可能千差万别，但在服务观念的要求上都是一致的。它具体表现为：

　　（1）诚善为本。

　　（2）一视同仁。

　　（3）以情相吸，厚德载物。

　　（4）顾客永远是正确的。

想一想

　　很多时候，员工会在情绪不佳时带有不礼貌的语气，管理人员解释为工作时间长、劳动强度大导致的。这句话一出，顾客的投诉矛头会转向他，的确辛苦不是理由，商品可以打折，但我们的服务不但不能打折，还必须是超值的。如何保证这种超值服务呢？

┌───┐
案例分析

电商提供的特色服务

　　BtoC 的电商企业为大众提供服务，改变了人们的生活消费习惯，消费者省去了购物时间，真正实现了随时随地购物，购买的商品直接送到家。同时，电商还提供了相当多的增值服务，金融信贷服务就是其中之一。电商提供的金融信贷服务不仅包括分期付款、小额信贷，甚至还包括传统银行业提供的金融理财等服务。这些增值服务极大地方便了客户，同时也使得客户主动地聚集在企业身边。
└───┘

▌ 客户服务践行

　　观察京东商城，分析它们以客户为中心的特色服务措施，以及如何利用这些措施提高企业口碑。

观察地点	
参与人员	
措施与分析（1）	
措施与分析（2）	
措施与分析（3）	

▌ 能力评价

　　学习本节内容，将自己的体会做成 10 分钟的幻灯片并讲解，然后从以下几个方面进行评价。

序号	评价内容	自　评	他　评
1	讲解内容		
2	演示文稿内容		
3	演示文稿风格		
4	讲解风格		
5	讲解效果		
6	创新点		

拓展阅读

口碑营销首先要从服务抓起

有一次乘坐地铁的时候，偶然听到一个白领通过电话与 LG 空调售后沟通。

白领：你们空调严重有问题，说昨天来修的怎么没来？

LG 售后：……

白领：你们遇到特殊情况就不能来，至少要打电话说一下吧，还是韩国的大公司呢，一点礼貌都没有！

LG 售后：……

白领：你们忙我就不忙了？一个名牌产品在我家用了两天就不能用了，叫你们返修了两次了，问题还没有解决，浪费我多少时间？

LG 售后：……

白领：答应明天来修就一定要来，要不然我真的要去消协投诉你们了。

从这位白领与 LG 售后的谈话不难看出以下几点。

（1）卖方市场的时代已经不复存在了，因为现在各企业的产品质量、品牌价值和市场价格 3 个方面水平都相差无几，建立企业信誉的关键就是服务，目前顾客希望得到的是专业而专注的售后服务。

（2）由于媒体数量的增加和顾客自身法律意识的加强，顾客维权意识也在不断提高，企业应该想想如何将服务做好，实现口碑营销，实现利润最大化。

（3）诚信经营，答应顾客的事情一定要做到，这是一个企业必须具备的基本服务理念。其实加强企业诚信应该从内部抓起，人人知诚信、人人会诚信、人人做诚信，这样的员工凝聚力集中起来，企业将会走向成功。

曾经有这样一个故事，有一个小姑娘到赛票网订网球比赛的票，不小心将票订错了，工作人员不但没有责怪他，反而将责任揽在自己身上，声称没有告诉她专业的票务知识，甚至赛票网的业务经理了解此事后，还亲自向她道歉。后来她每次买网球大赛的票都到赛票网来，而且不断将赛票网介绍给她的同学和亲友。小亏本赢来大生意，做好售后服务也就是口碑营销的实现，服务才是企业生存、发展的根本。

改善企业的服务态度，并不会增加很多成本，却能提高客户满意度，赢得客户的信任。现在人们的生活水平不断提高，消费也在不断增加，顾客在购买消费品的时候不会考虑太多的价格因素，更多的会想到你的服务态度，可见服务态度的重要性。

曾经在一本杂志上看到：公司若能降低 5% 的客户流失率，就能增加 25%～85% 的利润，如果想赢得营销的胜利，一是服务态度，二是产品质量，最后才是产品价格。顾客关心最多的是企业的服务态度怎么样，为他们解决了什么问题，能否满足自己的需要。

一个顾客能足够影响周围 200 人，水能载舟亦能覆舟，抓住了顾客的售后服务，就能实现口碑营销利益最大化，不管对现在还是将来，都是非常有帮助的。

3.4.2 客户服务品牌

在全球一体化大背景下，企业的竞争已经由产品价格逐渐转移到对客户的争夺，客户服务已经成为主宰企业生死存亡的重要指标。服务是企业的事，不再是个人或一个部门的事。

我们应该持有这样的观念：人人即享受服务，也为他人服务，行行都是服务业，环环都是服务链。服务是未来市场的利润，服务是树立品牌的捷径，服务是企业诚信的表现，服务是竞争优势的体现。

服务也是一种产品。全员服务，就是全员参与到提供服务的统一行动中，消除服务环节中的盲点，实现企业价值的转化。

基础知识

一、品牌相关概念

1. 品牌的概念

品牌是目标消费者及公众对于某一特定事物心理的、生理的、综合性的肯定性感受和评价的结晶物。人、风景、艺术家、企业、产品、商标等，都可以发展成为品牌对应物。

2. 品牌的构成

品牌的构成包括属性、利益、价值、文化、个性和使用者。

3. 品牌的功能

（1）广告促销的武器。
（2）控制市场的武器。
（3）有助于新产品的销售。
（4）有助于建立顾客偏好。
（5）注册商标法律保护。

4. 品牌战略的概念

品牌战略即公司将品牌作为核心竞争力，以获取差别利润与价值的企业经营战略。品牌战略是市场经济中竞争的产物，战略的本质是塑造出企业的核心专长，从而确保企业的长远发展。在科技高度发达、信息快速传播的今天，产品、技术及管理诀窍等容易被对手模仿，难以成为核心专长，而品牌一旦树立，则不但有价值并且不可模仿，因为品牌是一种消费者认知和心理感觉，这种认知和感觉不能被轻易模仿。

品牌战略，包括品牌化决策、品牌模式选择、品牌识别界定、品牌延伸规划、品牌管理规划与品牌远景设立六个方面的内容。

品牌化决策解决的是品牌的属性问题，是选择制造商品牌还是经销商品牌、是自创品牌还是加盟品牌，在品牌创立之前就要解决好这个问题。不同的品牌经营策略，预示着企业不同的道路与命运，如选择"宜家"式产供销一体化，还是步麦当劳（McDonalds）的特许加盟之旅。总之，不同类别的品牌，在不同行业与企业所处的不同阶段有其特定的适应性。

品牌模式选择解决的则是品牌的结构问题。是选择综合性的单一品牌还是多元化的多品牌，是联合品牌还是主副品牌，都要在品牌创立之前做出决策。品牌模式虽无好坏之分，但却有一定的行业适用性与时间性。如丰田汽车在进入美国的高档轿车市场时，没有继续使用"TOYOTA"，而是另立一个完全崭新的独立品牌"LEXUS"，这样做的目的是避免"TOYOTA"会给"LEXUS"带来低档次印象，而使其成为可以与"宝马""奔驰"相媲美的高档品牌。

5. 品牌识别界定

品牌识别界定确立的是品牌的内涵，也就是企业希望消费者认同的品牌形象，它是品牌战略的重心。它从品牌的理念识别、行为识别与符号识别三个方面规范了品牌的思想、行为、外表等涵义，其中包括以品牌的核心价值为中心的核心识别和以品牌承诺、品牌个性等元素组成的基本识别。

6. 品牌延伸规划

品牌延伸规划是对品牌未来发展领域的清晰界定，明确了未来品牌适合在哪些领域、行业发展与延伸，在降低延伸风险、规避品牌风险的前提下，以谋求品牌价值的最大化。如"海尔"品牌，就是品牌延伸的成功典范。

7. 品牌管理规划

品牌管理规划是从组织机构与管理机制上为品牌建设保驾护航，在上述规划的基础上为品牌的发展设立远景，并明确品牌发展各阶段的目标与衡量指标。企业做大、做强靠战略，"人无远虑，必有近忧"，解决好战略问题是品牌发展的基本条件。

8. 品牌愿景

品牌愿景是指一个品牌为自己确定的未来蓝图和终极目标。品牌愿景的清晰界定，描述了一个品牌未来竞争环境、所从事的业务范围、品牌的使命和品牌价值观。

一个好的品牌愿景描述，必须包括下面四点。

（1）品牌的整体目标。

（2）品牌从事的目标市场。

（3）品牌力求凸显的不同点。

（4）品牌可以实现的整体财务目标。

9. 品牌诉求

品牌诉求是关于品牌精神内涵的一种责任语言。在品牌营销体系中，诉求占有重要地位。一句好的诉求往往让消费者对一个品牌产生深刻印象，促进其购买，形成良好传播，积淀无形的品牌价值；反之，一个没有良好诉求的品牌则显得缺少些灵气。因此，无论是什么行业的企业，大多都对品牌诉求非常看重。

10. 企业品牌的概念

企业品牌是指以企业名称为品牌名称的品牌。企业品牌传达的是企业的经营理念、企业文化、企业价值观念及对消费者的态度等，能有效突破地域之间的壁垒，进行跨地区的经营活动，并且为各个差异性很大的产品之间提供了一个统一的形象，统一的承诺，使不同的产品之间形成关联，整合了产品品牌的资源。

企业品牌的内涵至少应包含商品品牌和服务品牌，并在两者基础上衍生出企业品牌。只有与企业的商品品牌相匹配的超值服务，也就是企业建立有别于竞争对手的富有企业文化内涵的独特的服务品牌，才能不断提升商品品牌的价值含量和提高企业的美誉度，否则企业品牌的内涵就要大打折扣。正是有形的商品品牌和无形的服务品牌相互结合，才成就了提升企业核心竞争优势的企业品牌，一个优秀的品牌就可以成就一个优势的企业。

11. 品牌对服务机构的作用

品牌对服务机构的作用体现在以下几个方面：
（1）塑造形象。
（2）提高市场占有率。
（3）保护作用。
（4）存储和推广作用。
（5）记忆和增值。
（6）激励和吸引人才。

12. 品牌对客户的作用

品牌对客户的作用体现在以下几个方面：
（1）识别作用。
（2）契约作用。
（3）提升作用。

二、客户服务品牌和企业宣传

1. 客户服务品牌的确立

随着物质生活水平的提高，人们不断追求高层次的精神需求和接受产品服务的理念，相应地人们不再满足于基本需要，而是更加注重具有个性化的产品和服务。

目前市场服务的形态已经从大众化服务转化为了一对一的市场服务。因此，市场竞争的制胜因素也从数量、质量、价格的竞争转化为服务价值的竞争。以客户为本的理念，就是要通过优质的服务使客户满意地使用产品，从而使每位客户变成忠实客户。

1）树立良好的服务意识

服务意识是指企业全体员工在与一切企业利益相关的人或企业的交往中所体现的为其提供热情、周到、主动的服务的欲望和意识，即自觉主动做好服务工作的一种观念和愿望，它发自服务人员的内心。服务意识有强烈与淡漠之分，有主动与被动之分。这是认识程度问题，认识深刻就会有强烈的服务意识；有了强烈展现个人才华、体现人生价值的观念，就会有强烈的服务意识；有了以公司为家、热爱集体、无私奉献的风格和精神，就会有强烈的服务意识。正确认识所从事的工作，不断更新观念，做到敬岗爱业。树立对客户服务意识，提高对客户服务技巧是成功的万能钥匙。

2）全面地认识服务对象

我们所服务的对象是有血有肉有感情的人，绝大多数是通情达理的，蓄意胡搅蛮缠的客人毕竟是极少数。

服务对象由于维护自己、企业的利益，对政策法规不熟悉等原因，总会有这样或者那样的问题。通过各种方式前来投诉的客户，他们不是供你议论或与你较量智力的人，他们是我们应该以礼貌和端正的态度给予服务的人。为他们服务，是我们的职责，并且通过服务使我们的价值得以体现。

3）树立全员服务意识

要从思想和认识上明确知道自己所从事的行业的特点和要求。那就是：为客户提供最好的服务，最大的便捷；为客户想得更多，做得更好；用我们的服务和效率去创造企业和自身的价值，这是每个员工应当具有的基本素质。

4）创新服务理念

在长期服务实践的基础上，要不断地总结、发掘、提炼全体员工的智慧与思想结晶，并将其升华至企业的思想理念，潜移默化地成为全体员工的思想意识和行动指南。如在企业经营理念方面，形成"全心全意为客户服务"的服务理念；在服务质量理念方面，形成以"追求完美、真诚服务""以人为本、精品服务"为核心的价值观念、道德与行为准则；在管理服务理念方面，形成"以顾客为关注焦点""用心服务、唯精唯美"的基本理念等。

在有限资源的现实条件下，通过挖掘内部潜力，提高服务标准、服务理念，以高标准的要求和个性化的企业内部管理，创新服务理念。

5）加强服务意识

加强服务意识，我们要把服务体现在具体的措施上。服务工作本身不是大事，但每一项服务都不是小事，细小的疏漏都可能带来巨大的损失，我们要不断反思，以提高服务意识，不断修正和完善服务流程，加强和提升服务水平，只有这样，才能真正树立企业的质量方针，贯彻以"顾客为中心"的企业文化。

6）发自内心地为客户服务

真正的服务意识应该是在排除了遵守规章制度、满足领导考核标准和提高薪水三个目的之后，完全发自内心地为客人自觉服务的心理取向。由这种意识支配的服务，才是真正的服务。

我们应该铭记：微笑是工作的一部分，微笑是你的责任。有人说一个员工就是一个窗口，这话很有见地。员工的一言一行不只代表他自己，还代表一个单位的文明程度和服务水平。优质服务，必须从个人抓起，要把文明意识、服务意识融化到血液中，体现在一言一行上。

7）提高感性服务意识

感性服务是一种体验；感性服务是一种情感；感性服务是一种身份确认，他让我们通过服务让客户感受到自我角色的肯定，同时，享受到精神满足的愉悦过程。

客户服务是一种亲切感，从关注客户感受开始，用客户最喜欢的方式提供服务，让客户感觉特别亲切。感性服务有一种神秘感，用最有创意的方式满足客户的需求，总是给客户带来惊喜。感性服务是一种口碑，用客户体验创造口碑故事，让客户口口相传，赞不绝口。感性服务是一种互动。通过多元化的渠道与客户有效沟通，运用各种形式建立客户联盟，持续与客户互动，用最快的方式响应客户需求的变化。

2. 企业宣传

企业宣传是通过企业自主投资制作文字、图片、动画宣传片、宣传画或宣传册，主观介绍自有企业主营业务、产品、企业规模及人文历史，用于提高企业知名度。

企业通过宣传可以有效地树立品牌形象、服务品牌和客户口碑等。

1）企业宣传的目的

企业做宣传的目的是为了提升企业形象。很多企业自身的形象并不是很突出，在企业内部对自身没有一个统一的认识，在渠道和消费者中也没有形成影响和共识，这对企业的发展是十分不利的。那么企业就需要将自身的资源进行整合，提炼出一个统一的企业形象。产品有产品的形象，产品的功能定位应该能够体现出由产品所展示的品质、品味和品形到品牌的过渡，形成一个完整的品牌和企业形象。

2）企业宣传分类

（1）传统平面媒体，例如报纸、杂志、专业垂直书刊。

（2）传统的电视、电影等视频媒体。

（3）新兴的网络媒体，网络媒体分为窄媒体和富媒体以及软文。

（4）楼宇多媒体。

（5）户外广告，汽车车身广告，指示牌广告。

3）企业宣传目标

企业宣传目标即发起宣传者期望给社会和客户带来的某种变化。企业宣传目标的设置，总是与宣传所依附的领域密切结合的。目标的设置需顾及受众接受的可能性，在理论上、感情上能引起人们的重要感、归属感。

4）企业宣传的对象

（1）对内宣传。企业的对内宣传实际上就是对企业内部职工及管理者进行的企业内部的文化培训、教育、宣传。企业对内宣传具有辅助企业文化形成的功能，又兼有使企业文化得到传承、激发员工斗志的功能。

企业文化对内宣传的通道有五个：①企业发展过程中的种种事迹、案例等，是对内宣传的无形通道；②将企业文化用标语、口号等形式表达出来，就成为对内宣传的有形通道；③企业管理者及对下属的要求及个人行为、作风等，构成对内宣传的主要通道；④企业文化培训、考核、激励机制的制定与实施，是对内宣传的重要通道；⑤企业举办的一系列活动、仪式、庆典等是对内宣传不可缺少的通道。

（2）对外宣传。企业对外宣传具有树立企业形象，提高品牌知名度、忠诚度和服务竞争力的功能，同时也兼有传播企业文化和正面影响社会风气的作用。企业对外宣传是一种文化交流，不是单向的文化输出。全面准确地对外展示、传播本企业的文化，最终在社会公众心目中留下一个美好印象，塑造良好的企业形象，对企业发展至关重要。

客户服务践行

观察一家麦当劳餐厅，结合下图分析餐厅为麦当劳品牌宣传提供了哪些载体，并填写下表。

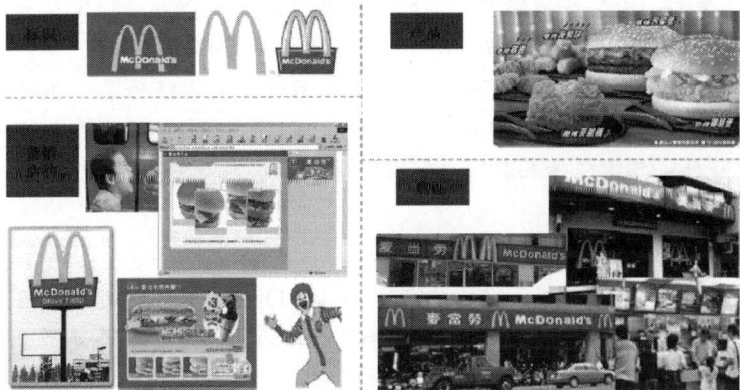

观察地点	
参与人员	
措施与分析 （1）	
措施与分析 （2）	
措施与分析 （3）	

▌▌能力评价 ▌▌▌▌▌▌▌▌▌▌▌

学习本节内容，将自己的体会做成 10 分钟的幻灯片并讲解，然后从以下几个方面进行评价。

序号	评价内容	自 评	他 评
1	讲解内容		
2	演示文稿内容		
3	演示文稿风格		
4	讲解风格		
5	讲解效果		
6	创新点		

🌿 拓展阅读

品牌的相关理论

品牌观念的出现可以追溯到古罗马时代。但是，严格地说，人们对品牌管理的理论研究，直到 1955 年由伯利·加德纳和西德尼·利维在《哈佛商业评论》上发表《产品与品牌》一文才正式开始。

纵览 50 多年品牌理论研究的演化与发展历程，大体经历了从 20 世纪 60 年代的"品牌形象理论"到 80 年代的"品牌定位理论"，再到 90 年代初期的"品牌资产理论"。此外，品牌延伸和品牌个性理论等也在品牌管理理论中具有相当的地位。五大主流品牌理论概貌如下。

1. 品牌形象理论

20 世纪 50 年代，美国著名广告专家 David Ogilvy 从品牌定位的角度提出品牌形象这一概念，认为品牌形象是指消费者对品牌的总体感知和看法，进而影响和决定着人们的品牌购买和消费行为。该概念提出后，在相当长的时期内，品牌形象理论的研究几乎停滞不前。直到 20 世纪 80 年代后期，围绕品牌资产这个大的主题，学术界在品牌形象研究方面才取得一些重要突破。

2. 品牌定位理论

关于品牌定位理论的起源，国内外比较一致的看法是：品牌定位理论起源于 1969 年，一篇名为《定位是人们在今日模仿主义市场所玩的竞赛》的文章中首次使用了"定位"一词，并将其描述为一种新的传播方法，不是指人们对产品要做的事情，而是对预期客户要做的事。

3. 品牌资产理论

20 世纪 80 年代末至 90 年代是品牌理论的深化发展阶段，以品牌资产理论的提出为标志，主要包括品牌资产理论、品牌权益管理理论和品牌资产管理运作模型等。

1988 年，雀巢用高于英国罗特里公司财务账面总值 5 倍的金额收购其品牌。受其启发，大卫·艾克等人意识到品牌的溢价效应，在他的《管理品牌资产》一书中首次出现品牌资产的概念，他认为，"品牌资产是与品牌、品牌名称和品牌标志相联系，能够增加或减少企业所销售产品或者提供服务的价值和顾客价值的一系列资产与负债"，并指出了构筑品牌资产的五大元素：品牌忠诚度、品牌知名度、心目中的品质、品牌联想和其他品牌资产。在品牌资产管理理论的基础上，实践界特别是咨询界，围绕如何做好品牌资产管理实践，提出了不少运作模型，如奥美的"Brand Stewardship"、萨奇的"the global branding"、电通的"brand communication"、达彼思的"Brand Whee1"、智威汤逊的"Total Branding"等。总体来说，在此阶段，品牌开始上升为公司战略和管理中重大的新兴领域。

4. 品牌识别理论

品牌识别在英文中有两种表示方法：一种为 Brand identity；另一种为 Brand identification。这两种不同的表示方法形象地反映了关于"品牌识别"概念最基本的争论——品牌识别是品牌的一种本质属性还是具体动作行为。艾克对品牌识别的定义是，品牌识别是品牌战略者们希望通过创造和保持的能引起人们对品牌美好印象的联想物。从这个定义中可以知道"品牌识别是一种联想物"，目的是为了"引起人们对品牌的美好印象"。这种对品牌识别的定义与 Brand identity 相吻合，认为品牌识别是品牌的一个部分，强调品牌识别具有引发消费者对品牌积极联想的作用。虽然中外学者对品牌识别的定义在文字表达上不相同，但是有一点大家的看法基本是一致的，即品牌识别的具体内容。在艾克的品牌识别理论中，品牌识别有三个方面的内容，包括品牌精髓、品牌核心识别和品牌延伸识别。而翁向东的品牌识别理论包括的三个方面内容为品牌核心价值、品牌基本识别和品牌延伸识别。虽然具体的名称不相同，但可以认为内容是一样的。

5. 品牌个性理论

20 世纪 60 年代，"品牌个性"理论出现，它一直是营销理论研究和营销实践领域中的一个热点课题。这促使品牌个性在过去的几十年间在理论和实践中都取得了较大的进展，1997 年出现了基于美国品牌的个性维度及量表，日本和西班牙的品牌个性维度及量表也相继诞生。

品牌学者开始以更科学的眼光来研究品牌个性问题，并开始从品牌个性概念本身及其与心理个性之间的关系，着手发展真正意义上的品牌个性维度。在整个品牌个性维度的研究中，从方法论方面可以分为演绎法和归纳法。

演绎法主要的研究成果是把精神分析学家的理论运用于品牌个性，例如弗罗伊德个性理论和阿德勒个性。而 Heylen 品牌个性模型则把前两者品牌个性维度合并于一张二维图上，这一模型是对人的个性、品牌个性维度以及品牌个性与消费者需求的关系理解的突破。

归纳法则是以特质论和词汇法作为方法论基础，它是随着统计技术的发展并在心理学中广泛运用而发展起来的，著名的"大五"模型就属于该方法体系。特质论假设必须同时用几种主要的特质来形容人的性格或个性，如演绎法的类型论中说某人是一个内向的人，特质法则说某人是一个安静、深思、谨慎的人。而词汇法则假设词汇可以作为品牌个性研究的重要媒介，并被认为是一个国家文化的集中体现。因此，词汇法是一种重要的本土化研究方法。

小　　结

服务行业的服务产品也有自己的服务质量标准，服务企业制定了服务产品的服务质量，也是一个主观的评价标准，但最终对服务质量的评价是由客户来做出的。服务企业生产服务产品，必然会制定服务产品的标准来指导和管理服务行为的规范。为了让同一服务产品保持服务质量的一致性，尽量实现服务产品的标准化，标准化不但提高了服务效率，还节约了客户时间。服务企业制定服务标准动态过程，它要不断适应客户的需求变化，是逐步提高的过程。

企业按照客户服务标准对服务质量进行控制，贯穿整个服务过程。服务质量是评价包括五个方面：可靠性、响应性、保证性、移情性和有形性，最终由客户识别和认可。加强服务质量管理，提升服务企业的竞争力，是企业常抓不懈的任务。学者通过服务质量差距模型（GAP）揭示了服务质量问题的根源，客户期望与客户感知的服务之间的差距是差距模型的核心。根据服务质量差距模型实施提高服务质量的策略，准确了解客户实际的期望并完善服务标准，力争达到服务标准，确保服务承诺符合客户服务实际。当服务出现失败要立即进行服务质量补救，防止客户流失。

客户对企业的服务质量的评价是通过客户满意度表现出来的，客户满意为企业带来发展机会。客户满意对于企业来说是一个"变量"，它具有主观性、层次性、相对性和阶段性的特征。影响客户满意度的因素很多，主要体现在客户接受服务中感受到的信赖度、专业度、有形度、同理度和反应度。从这些方面入手提高客户满意度，寻找适当的方法。

客户满意不一定能够继续消费，让客户忠诚才能反复购买，同时对价格不敏感、对竞争产品不感兴趣、对产品质量问题能保持容忍态度。忠诚客户是企业平稳发展的基石。客户对企业的忠诚来自于几种情况，即垄断忠诚、惰性忠诚、方便忠诚、价格忠诚、激励忠诚和超值忠诚，其中应以达到超值品牌忠诚为企业的追求目标。企业要想提高客户忠诚度的先决条件是要赢得客户及员工的信任和提高客户满意度，在此基础之上通过各种策略来留住客户，如提高客户转移成本、运用各种营销方法以及组织联谊活动等来保持客户忠诚。

当客户对服务不满意时就会投诉，投诉对于企业来说并不可怕，重要的是通过投诉发现自身问题加以改进并赢得客户信赖，企业最大限度地为客户提供投诉渠道，由专人处理投诉来改善客户关系。现代企业非常注重客户关系管理，甚至运用客户关系管理软件系统 CRM 来维护客户关系，到达互利双赢的目的。

赢得客户最好评价的企业，就是拥有服务口碑的企业，在企业经营活动中处处体现出客户服务意识，树立了服务品牌和良好企业形象，确立了市场竞争中不败地位。

思 考 题

1. 用实例比较企业导向服务标准和客户导向标准。
2. 用实例说明服务标准化的迫切性。
3. 对前台客服工作制定服务标准。
4. 从服务质量的内涵分析，如何提高会议服务质量？
5. 用服务质量差距模型（GAP）分析办公室文员的服务质量差距。
6. 分析客户满意的含义和现实意义。
7. 以你一次失败消费的经历为例，说明影响你满意的因素。
8. 分析客户忠诚的含义和现实意义。
9. 你是哪家企业的忠诚客户，对你而言，企业是如何做到的？
10. 分析客户投诉的目的。
11. 处理客户投诉的忌讳是什么？
12. 长期良好客户关系的保证是什么？
13. 如何引导和管理客户？
14. 如何提高公司在客户中的价值？
15. 客户口碑对于企业有哪些价值？
16. 电商是通过哪些手段赢得服务口碑，提高自身品牌价值的？
17. 树立客户服务品牌有哪些具体手段？

第4章

成为优秀客服人员

学习目标 ☞

1. 了解服务团队；
2. 掌握服务人员的素质要求；
3. 了解客户服务人员的发展前景和激励机制。

4.1 客服团队与成员

引入案例

服务人员招聘面试

一家公司招聘服务人员，面试是一对一的进行。在一个办公室中，面试者进来后，主考官都会先提几个很简单的问题，然后说："你稍微等我一下。"主考官就出去了。随后一个人进来问："请问技术部在哪儿呀？"

有的面试者说："我也不知道。"

最多面试者说："对不起，我不清楚。"

还有面试者说："呦，我是来面试的，我也是第一次过来，我不太清楚。"

少数面试者说："对不起，我刚来面试，我不清楚，我帮你问一下去吧。"结果就会跑到其他部门去问。

从面试者不同的反应可以判断其愿意与别人交往的程度有多强，哪些人是属于那种特别乐于助人的人，对于服务人员来说这一点非常重要。

4.1.1 组建客户服务团队

服务团队是由员工和管理层组成，它强调的是团队精神和成员的主动性，成员有共同的目标即团队的目标，每个成员在团队中运用自己的知识和技能协同努力，去实现团队绩效。

基础知识

一、客户服务团队组建

1. 客户服务团队概述

随着企业间的竞争越来越激烈，客户服务越来越受到企业重视，成为企业的核心竞争力，并成为企业提升品牌和树立企业形象的重要手段。客户服务团队就是企业为了向客户提供客户服务而组建的工作团队，是企业和客户之间的纽带。客服团队有区别于其他团队的特点，不仅要具有专业技术，还要展示良好的服务形象；不仅要有和谐的团队氛围，更强调充分沟通。

在组建和管理客户服务团队时，首先要考虑的因素是团队目标，这是客户服务团队存在的目的，没有目标团队就没有存在的价值。团队的目标必须与企业的目标一致，大目标要分解到每个团队成员身上，所有成员都要知道这些目标，大家合力去实现这个共同的目标。其次是人，人是构成客户服务团队的核心，也是团队的主体，团队的目标需要人来具体实现，所以团队成员的选择非常重要。每个团队成员在团队中都扮演不同的角色和拥有不同的定位。

例如，沃尔玛公司就是以培训打造一流的客户服务团队为目标。在沃尔玛，一个经理上任前，要脱产到沃尔顿学院学习，刚刚招聘的新员工也有 3~6 个月的培训，对在职的优秀客户服务人员，通过相应的激励措施和适当的组织活动，为他们提供最佳培训。

2. 客户服务部门与岗位

企业的客户服务部门一般称为"客户服务部"或"客户服务中心"，部门的职能是根据它在企业经营管理的分工协作中确定的，主要功能有企业产品服务管理和企业客户管理。企业的产品服务管理包括售前产品服务管理、售中产品服务管理和售后产品服务管理，它是全过程、全方位的产品服务管理。客户服务部门要根据行业和企业的特点确定产品服务内容，拓展产品服务的深度和广度，形成各产品服务方案，树立企业形象。客户管理是在对客户信息收集分析的基础上，制定服务计划，维护客户关系，提高客户服务水平和客户满意度，促进客户忠诚度。

现代生产企业大都建立了服务型客户服务中心，它主要以产品售前、售中咨询和售后服务、技术支持为主。它与企业其他部门的合作交流的要求也比较高，需要做好与客户或合作部门的沟通工作。

以销售为主的企业，销售几乎构成了企业的全部，销售型客户服务中心孕育而生。它以产品销售为主。销售形式有向上销售、交叉营销、直复营销、直接呼出营销、电话订购、电视购物等。这种类型的客服中心本身可以是独立的企业。服务中心的服务项目非常重要，如果引入项目的时间掌握得不好，就会严重影响中心的运营，项目过多，会出现有项目无人做的情况，项目过少，会造成大量人员富余，都会对企业的利润产生很大影响。

对于大型服务企业，它们会成立综合型客户服务中心，它功能全面，对企业非常重要，其部门主管在企业中也是非常重要的职位，拥有很高的权限，如保险、电信、银行业的客户服务中心。

企业的每一个客户服务岗位都是根据企业的目标、任务的需要来设置，规定这个岗位的功能是为客户提供哪些服务项目，或提供服务后满足了客户哪些需求，是否满意。

客户服务人员在该岗位的任务集合中，一定要分析哪些是最重要的任务，哪些是次要任务，任务实施的频率是什么，等等。如办公室文员的具体工作有负责公司来访客人的接待、负责有关行政公文的收发等工作。

练一练

从企业角度，描述自己将来就职的工作岗位，并与大家分享。

3. 客户服务团队成员招聘

客户服务人员要满足必要的岗位要求，主要包括技能素质要求、品格素质要求和心理素质要求。

客户服务技能素质要求首先是拥有丰富的行业知识和熟练的服务操作技术，这是一个从业者的基本条件，也是影响服务质量因素中的专业性要求，没有行业知识就无法与客户进行沟通交流，也无法解决客户的问题，更无法完成服务任务。其次是良好的语言表达和沟通能力，客户服务是与客户打交道的岗位，不能与客户沟通就无法胜任工作。再者是良好的形象可以博得客户的信赖，举手投足、言谈举止都展示出客户服务人员应有的形象。还有敏捷的思维，洞察客户心理变化，快速作出反应，解决客户的问题，反映出客户服务人员的专业水平。最后是建立良好的人际关系能力，客户服务的目的就是让客户满意并赢得客户的忠诚，良好的人际沟通能力，能够顺畅地与客户交流，实现服务目标。

客户服务人员品格素质要求与服务岗位有关，首先是要有爱心，也是同理心的表现。客户找到你这里，都是遇到问题需要你的帮助，真心对待客户，主动为客户想办法，才能赢得客户感动。其次是宽容和忍耐，客户服务人员面对客户时，要理解和包容客户。再者是要勇于承担责任，客户服务人员在服务过程中会遇到各式各样的问题，同事之间往往会相互推卸责任，这样会严重影响客户服务效果，引起客户的不满。还要有团队精神，客户服务需要一个合作的团队相互支持才能完成，团队的凝聚力需要每一个成员默默做好自己的工作，遇到冲突时以大局为重。

客户服务人员要具备良好的心理承受能力，客户遇到不满可能在客户服务人员身上发泄，客户服务人员又不能与之发生冲突，所以承受挫折和打击是客户服务人员经常遇到的事情。其次是客户服务人员的情绪自我调节能力，客户服务人员情绪低落或不愉快时，不能将这种情绪带到与客户接触中。客户服务人员还要有永不言败的心态，客户服务过程是解决问题的过

想一想

查看办公室文员的招聘信息，在走上工作岗位前，需要做哪些准备，并与大家分享。

程，无论遇到什么困难都不能退缩。

二、客户服务团队管理

1. 管理团队

对于一个团队来说，好的团队管理者能够保证团队顺利成长，也是决定客户服务团队能否成功的重要因素，所以管理客服团队要从以下几个方面入手。

首先要信任团队成员，要对团队成员能力给予肯定。信任是团队管理者的首要特质，管理者要在此基础上，为客服团队成员设定目标和分配任务。

其次要尊重和关心团队成员。一线客服人员的态度和心情会直接影响到客户服务质量，管理者要对成员尊重和关心，能够发现成员的困难并给予鼓励和帮助，让成员尽快走出不良情绪，提高成员对团队的满意度并产生归属感，提高客户服务质量。

再者要与成员之间进行的良好沟通。客户服务任务是团队相互支持合作才能完成的任务，明确每个成员的各自任务，处理各种冲突，都需要良好的沟通能力进行协调。

还有就是给予成员适当授权，客户服务人员在面对客户时，客户可能会提出各种诉求。为了满足客户的需求，一线成员要有足够的权限才能及时为客户提供满意的服务，如果授权不足，可能会相互推卸责任，延误解决问题的时间，造成客户的不满。

作为客户服务的管理者，要不断提高管理能力，掌握管理艺术，打造团结高效的客户服务团队。

？ 想一想

1. 分析你了解的一位管理者，描述他的领导力特征与管理技巧，并与大家分享。

2. 如何提高自己的领导力？

2. 团队绩效评价

客户服务团队绩效考核是对服务团队计划和过程的监控。绩效指的是为实现特定目标而进行的有效劳动，客户服务团队组建之初就有了明确目标，针对它可以制定绩效目标。团队绩效目标是成员工作的个人绩效的总和。制定客户服务团队绩效目标时一定要注意以下几个方面：让个人绩效目标与团队绩效目标一致；团队的绩效目标同样要与企业的经营目标相一致；客户服务评价指标有些很难量化，所以在制定绩效评价计划时尽量设置能够衡量的指标；评价的目的是为了激励团队成员更好地进行客户服务工作，适当的目标有利于团队绩效的提高。

有效的客户服务团队绩效考核，要根据客户服务岗位特点制定评价体系，使用适当的考核方法和评价指标，建立与之相应的团队奖惩机制，才能达到考核的目的。

3. 客户服务团队流动

正常的团队成员流动能够保证团队人力资源的可获得性，满足团队现在和未来人力资源或员工职业生涯的需要。客户服务团队成员的流动会对团队产生影响，合理的成员流动有利于提高成员的工作能力，提高团队工作效率，不稳定的进出成员会增加解雇和招聘成本，对团队有削弱作用；客户服务团队的任务具有挑战性，每一次流动，不坚定者会选择离开，留下的都是职业生涯方向与团队目标一致的忠诚成员，让团队更具有凝聚力。流动方式也会对企业文化产生影响，成员在团队中时间越长，对企业文化越认同。

客户服务团队成员有流动是正常的，产生流动的因素有以下几种情况：首先是环境因素，包括社会环境对人才流动的影响和具体工作环境对人员的影响，尤其是团队内部的人际关系、薪金待遇和领导管理方式等，如果企业拥有强大的向心力，人才流出会减少。其次是社会的职业岗位的影响，社会公众对客户服务岗位的看法影响着人员流动，服务岗位的技术技能复杂程度也影响着人员流动，岗位对人员要求越高，流动相对越低，而一些工作单一、枯燥、无技术含量岗位的从业人员流动性会高。还有就是个人原因，包括年龄、身体及性格等因素，如年龄相对大的员工流动性比较低。

？ 想一想

如何认识前台客户服务岗位人员的流动性？

企业的人力资源管理模式对客户服务团队的流动产生巨大影响，加强对客户服务团队成员流动的管理，对企业的发展具有重大意义。

▌▌客户服务践行

1. 在著名招聘网站上搜索，查看客户服务类岗位职责。

2. 根据目前所在团队情况，给自己制定一个行动计划，能够融入团队并随团队共同发展。

3. 回答下列问题，自测是否有从事客户服务工作的特质。

（1）与客户打交道时，你认为什么最重要？

（2）如何面对愤怒或有意刁难的客户？

（3）进入房间看到全都是陌生人时的感受是什么？

（4）是否有团队归属感？

（5）是否能够控制好自己的情绪？

▌▌能力评价

学习本节内容，将自己的体会做成 10 分钟的幻灯片并讲解，然后从以下几个方面进行评价。

序号	评价内容	自　评	他　评
1	讲解内容		
2	演示文稿内容		
3	演示文稿风格		
4	讲解风格		
5	讲解效果		

拓展阅读

汉堡包大学

麦当劳公司成立的赫赫有名的麦当劳汉堡包大学（Hamburger University），成了培养麦当劳公司经理人员的摇篮。麦当劳一贯信奉"没有个人的成长，就没有公司的成长"的信念，它在员工培养方面下了很大的功夫。麦当劳公司认为，员工在门店工作，每天都要与客人接触，通过训练提高了员工的素质，就可以向客人提供更高质量的商品、服务和环境，增加客人就餐的附加值，而麦当劳店铺本身也因此受到更多顾客的支持，获得更多的赢利。

麦当劳公司能够在全球扩张，它的秘诀是：人才是本。麦当劳公司以其独特的人才培养方式而著称于世。它自 1961 年创办第一所高等学校——汉堡包大学以来，源源不断地培养出了适合麦当劳事业迅速发展的各类人才。麦当劳公司的人才培养方式不仅得到了社会的认可，而且其开设的许多课程已被美国政府教育部门所承认，列入美国相关大学或研究所的正式学分系列。

人才培养内容具有全面性，麦当劳公司培训的主要内容都体现在四个方面：职业道德、专业知识、能力培训和操作技能培训。它对员工的职业道德规范要求非常严格。在麦当劳公司看来，服务就是想方设法接近顾客，尽量缩短与顾客的距离，切实满足和预测顾客的需要。"快捷、友善、可靠的服务"已经成为全球麦当劳公司的基本标志。麦当劳公司采用灵活多样的教学方法：新雇员训练、工作伙伴制度、电化教学方式的普遍采用和聘请客座教授授课。

在麦当劳，几乎所有的新员工一进公司都要进行培训，现场培训时发现问题及时纠正，员工每完成一项训练，店长会在培训进展表的该项栏目中盖上确认印。员工不但学习操作技能，还要对开店和打烊业务、员工的录用、现场操作指挥以及店铺经营管理技术进行系统学习。"让世界充满微笑"是麦当劳的服务宗旨。在麦当劳，要求员工的微笑始终贯穿整个服务过程，同时也是店铺对新员工训练的一个重要内容。可能有人会问微笑也需要培训吗？长时间的工作会使身体疲劳，维持微笑就不再是件简单的事情了，发自内心的自然微笑变得尤其困难。麦当劳将员工的经验体会进行总结，得出微笑服务的秘诀，在全麦当劳公司进行了推广。

综上所述，麦当劳公司之所以在世界范围取得节节胜利，重要原因是麦当劳公司注重对人才的培训，重视实际操作能力，提倡终生学习、岗上学习的风尚。我国的职业教育可以从麦当劳公司成功教育体系中得到启示，并借鉴其成功的人才培养经验发展自己的培训体系。

联邦快递团队

优秀的企业都能够打造高效的团队，通过团队去实现企业的目标。美国联邦快递公司（FedEx）在此方面有自己的经验。首先是他们注重以人为本的团队文化，企业的核心价值观是"P-S-P"，即"员工-服务-利润"，关心员工，使员工为客户提供专业服务，从而确保公司利润及业务持续发展。以此企业经营理想开展活动，在 FedEx 中处处体现平等和关爱，如在 FedEx 上市出席开盘仪式时，不但有总裁还有速递员；FedEx 拥有 600 多架飞机全部以公司员工名字来命名。当看到以自己或公司员工名字命名的飞机翱翔在蓝天，他们对公司的感情是自豪和忠诚。其次是 FedEx 在以人为本的基础上拥有系统的培训体系。FedEx 非常重视员工的个人发展，建立"培训、选拔和角色转换"机制，为每一个岗位设置一个培训计划，学习到真正的知识和技能，同时，培训也为员工增加了学习和发展的机会。FedEx 重视企业内部的公开选拔。在内部网站上发布空缺职位，如果你有信心和能力就去应聘，实现岗位转变，体现自己的价值。再者，FedEx 作为世界 500 强企业，必然会关注财务业绩目标的实现，他们将之分解到团队的业绩目标，但他们更注重企业对社会责任的非财务目标上，体现在团队成员的行为标准上。FedEx 塑造了既为客户着想也为员工着想的企业形象，使之保持和扩大了市场份额。还有就是建立有效的激励机制，FedEx 近 50% 的支出用于员工的薪酬和福利。员工除了正常的薪酬，还会表彰在各项评比中成绩优秀者。为了鼓励员工成长，FedEx 还制订发展计划和内部晋升制度。最后是为了保证团队绩效必须保证团队之间的有效沟通。FedEx 建立了自由交流政策、保证公平待遇程序和调查—反馈—行动计划制度，每年还会让员工对企业、高层进行评价调研，促进团队成员之间的感情交流和问题解决。

4.1.2　服务人员激励与发展

客户服务团队中成员难免会受挫折或犯错误，团队的管理者如果不能调整员工的情绪，管理者会直接反映到服务过程中。对客服团队来说激励比惩罚更有效，同时管理者注重成员的个人发展，会激发成员的服务热情。

■ 基础知识

一、对客户服务人员激励及其作用

美国管理学家对激励有这样的描述：一切内心要争取的条件、希望、愿望、动力都构成了对人的激励，它是人类活动的一种内心状态。人的一切行动都是由某种动机引起的，动机是一种精神状态，它对人的行动起激发、推动、加强的作用。将激励这个概念用于企业管理，就是激发员工的工作动机，通过设计适当的奖酬形式，来激发、引导、保持和归化员工的行为，以有效地实现企业及其员工个人目标的系统性活动。激励水平越高，完成目标的努力程度和满意度也越强，工作效能就越高；反之，激励水平越低，则缺乏完成组织目标的动机，工作效率也越低。

激励也是人力资源管理的重要内容，是激发人的行为的心理过程。也就是说用各种有效的方法去调动员工的积极性和创造性，激发员工的内在潜力，使员工努力去完成任务，使之感到劳有所得、功有所奖，从而增强自觉努力工作的责任感。当客户在服务场所接受服务时，在明显的位置可以看到服务企业将优秀员工的照片展示出来，就是对他们的一种激励。

科学的激励机制是企业管理的重要手段,其作用主要表现在以下几个方面。

1. 造就良性的竞争环境, 提高企业的工作效率

科学的激励制度是一种竞争机制,它的运行能够创造出一种良性的竞争环境,员工在激励的环境中有努力工作的动力。正如麦格雷戈所说:"个人与个人之间的竞争,才是激励的主要来源之一。"

员工工作的动力和积极性成了激励的间接结果,充分挖掘员工的潜能,使其工作积极性和能力得到充分发挥,企业的工作效率自然提高。美国哈佛大学的詹姆士

教授在对员工激励的研究中发现,按时计酬的分配制度仅能让员工发挥 20%~30% 的能力,如果受到充分激励,员工的能力可以发挥出 80%~90%。所以,现在生产企业按件计薪、销售企业的业绩提成都是一种激励机制,激励对工作绩效产生很大影响。

2. 提高员工素质, 留住优秀人才

员工是企业最重要的"资产",企业成败的关键在员工素质。提高员工素质的途径主要有培训和激励。有效的激励可以使企业内部人才脱颖而出,促进员工成长并留住这些优秀人才。德鲁克认为,每一个组织都需要三个方面的绩效:直接的成果、价值的实现和未来的人力发展。缺少任何一方面的绩效,组织注定非垮不可。激励机制就是在进行"未来的人力发展"。

3. 有利于吸纳所需人才

人才的作用对企业来说不言而喻的,如何吸引到企业需要的人才是人力资源部门重要的任务。在发达国家的许多企业中,特别是那些竞争力强、实力雄厚的企业,主要通过各种优惠政策,如丰厚的福利待遇、快捷的晋升途径来吸引企业需要的人才。如中华人民共和国教育部为落实科教兴国战略,延揽海内外中青年学界精英,培养造就高水平学科带头人,1998 年 8 月,教育部和李嘉诚基金会共同启动实施了"长江学者奖励计划"。受聘者除了享受国家有关规定提供的工资、保险、福利等待遇外,受聘特聘教授在聘期内享受每年人民币 10 万元的特聘教授岗位津贴,其中对做出杰出贡献的人员,还可以获得每年颁发一次的"长江学者成就奖",每次奖励人民币 50 万~100 万元不等。

4. 形成良好企业文化

所谓激励员工,就是尊重员工,与员工坦诚交流使员工感到他们是企业中的一员。同时,激励能够正确引导企业发展方向,使企业目标与员工个人动机一致,激励还能树立良好的企业文化。

二、激励的方法

企业激励员工重要的是要了解他们的需求，建立完善的激励机制，选择适合的方式才能达到最佳效果。

1. 物质激励

服务人员为企业做出了自己的贡献，企业以实物、现金等方式奖励他们就是物质激励。物质生理需求是人的最基本需求，在各种激励措施中起着不可否认的作用。如微软利用物质激励吸引了大量精英人才，制造了 300 多百万富翁。

奖励是大家所公认的激励措施，销售领域常常使用这种激励方法。然而，要使奖励发挥应有的作用，一定要注意一个原则，即奖励必须是每个人都有能力"争取"到的，并且奖励必须要公开授奖。如果大家都不知道奖励的结果，那奖励就失去了它的价值。

现金奖励或佣金激励的成本高，员工得到了现金的奖励，往往会把它当成综合工资的一部分，容易失去动力。它的作用要谨慎看待。

2. 非物质激励

根据马斯洛的需要层次理论，人们的各种需要可以归结到五个层次上：生理需要、安全需要、归属需要、尊重需要和自我实现需要。物质需求是人的最基本的需求，也是最底层的需求，当人们衣食无忧后，需求层次将会不断提高。由于客服人员的工作性质，他们被尊重、被认可的需求更加强烈。部分客服人员不愿从事客服工作，是与其工作所需技能的单调性有关，技能越少越单调，工作越乏味，越不想干；与工作的整体性有关，工作越支离破碎越不想干；还与任务重要性有关，当然越重要、越有意义，越受到尊重，就越有干劲。所以在没有物质奖励的前提下，也能有效地使用激励的方法。

1）精神激励

精神激励主要有表扬、授予荣誉称号、评定职称、表彰奖励以及被尊重、被关怀的举动等方法。每个人都希望得到别人的理解和认可，尤其是上级的理解和认可。"士为知己者死"。企业要时刻注意服务人员的情绪变化，多与他们交流，及时帮助他们解决生活和工作中的问题。

企业要听取一线客服人员的意见，邀请他们参与制定与工作相关的决策。他们最清楚客户的需求，他们的建议和意见会提高客户服务的质量，他们参与企业的决策将给企业带来具体的方法和思路，与管理层交流能及时地发泄出自己的不满，增强了他们的成就感和归属感。这也是企业对员工的一种激励。

> **案例分析**
>
> 在 IBM，最好的、最有力的、最成功的奖励方案之一是：获奖者得到的奖励是一次与 CEO 共进午餐的机会，在吃饭时 CEO 将请获奖者谈谈他们的工作。这种激励方式具有高名誉价值和低金钱价值。

2）授权和晋升激励

企业给服务人员更大的责任和权利，让他从自己的工作中获得快乐，则会提高他们的工作热情，否则会导致有能力的员工另谋高就。当然在授权的同时，要做好相应的监督工作。客服人员在服务现场拥有适当的权限能够迅速、流畅地确保服务过程的顺利进行，既提高了客户的满意度，又使服务人员在工作中获得满足感和自豪感，也提高了客服人员工作的满意度和对企业的忠诚度。

企业建立公平、公正和公开的晋升机制，能够提升员工的个人素质和能力，能够鼓励他们积极上进，提供优质的服务，树立企业良好的形象。

麦当劳 95% 的管理人员要从员工做起。麦当劳的人才体系则像圣诞树——只要你有足够的能力，就让你升一层，成为一个分枝，再上去又成一个分枝，你永远有升迁机会。麦当劳北京公司总裁说："每个人面前有个梯子。你不要去想我会不会被别人压下来，你爬你的梯子，争取你的目标。"在麦当劳工作的一些具有责任感、有文凭、独立自主的年轻人，在 25 岁之前就可能得到很好的晋升机会。这一晋升激励机制吸引了许多年轻人进入麦当劳从事服务工作。

三、个人发展影响

1. 企业关注

客户服务关系企业的生存和发展，从事服务的人员也自然成为被企业关注重视的对象。被关注本身就是赋予了价值和意义，被关注是一件很惬意的事，有一种被赏识、被同情、被重视、被赞扬的感觉，个人的价值得以实现的不竭动力。

被关注往往与机会联系在一起。海尔公司生产的冰箱有质量问题，被媒体关注做系列报道，张瑞敏在镜头前用榔头将有问题的冰箱砸烂，表明了自己的态度，给了海尔挽救企业形象的机会。

当代管理学之父彼得·德鲁克认为：营销构成了企业的一切。企业将产品或服务销售给客户，是建立在良好的客户服务的基础上的。随着企业竞争压力的增加，提高客户满意度成为企业追求的目标，拥有丰富客服经验的客服人员能够给企业带来忠诚的客户，他们的价值得以体现，因此，他们有可能进入企业管理层，但机会与挑战并存。日本松下电器的创始人松下幸之助被誉为"经营之神"，他认为，营销对于企业来说，是重要的一环，而在这一环上，服务又是关键。"销售就是服务"，经营者应该牢固树立起这样的信念。

2. 个人能力提高将走向管理岗位

长期的客服工作有助于自我心理素质与修养的提升。客服人员面对不同需求、不同性格与修养的客户，良好的心理素质是做好各项工作的重要基础，尤其是面临突发性事件时，没有一个良好的心理素质就无法冷静地处理问题。

客户服务工作有助于提高解决问题的能力。客户服务人员工作职责就是解决客户的各种问题，客服人员要洞察客户的心理活动，头脑要清晰，思维要敏捷，全面、细致地思考问题，提出解决方案。

客服人员每天都会与几十上百的客户打交道，逐渐养成了自己良好的语言表达能力，掌握了较好的与人沟通的技巧。这项十分宝贵的能力，能够通过简单的对话了解到客户是什么性格的人，了解他想得到什么帮助，知道如何在有限的时间内让客户感受到满意，能够按照客户希望的方式说话并迅速取得客户的信任。信任是建立良好人际关系的前提，客服人员通过与各种各样的客户打交道，处理人际关系的能力必然提升，带来的结果就是拥有许多彼此信任的朋友，能够随时得到他们的热心帮助，这距离成功就指日可待了。

世界上最伟大的推销员乔·吉拉德说："销售游戏的名称就叫做服务，尽量给你的顾客最好的服务，让他一想到和别人做生意就有罪恶感。"乔·吉拉德曾经在每个月都要寄出 1400 张卡片问候函，一年就是 16.8 万张，他要通过这种方法告诉客户一件事：乔·吉拉德喜欢他们。世界保险推销高手弗兰克·贝格格守的工作准则是 9 个字：服务、服务、服务、再服务！他笃信：售给某个人的每一份保险，就是跟这个顾客建立长期关系的开始。

事实上，很多人的最终成功目标是一个优秀企业的首席执行官（CEO）。CEO 所需的素质和客户服务人员的要求有很多共同点。据统计，世界 500 强的 CEO 出身最多的是销售出身，什么是销售，就是直接与客户打交道，所以做销售是做客服，而做客服就是做关系。多年的客服工作锻炼人际沟通能力，能够协调各种关系，拥有了细致全面思维，完全可以走上管理岗位。

？想一想

1. 如何理解"做销售是做客服，做客服就是做关系"？

2. 如何理解"秘书是走上领导岗位的捷径"？

3. 行业大力发展，规模大机会多

20 世纪 60 年代，美国学者维克托·R. 福克斯在《服务经济学》中宣称美国已在发达国家中率先进入"服务经济国家"，衡量的主要标志是服务业就业人数占就业总量的比例超过 50%。

根据世界银行的统计，2000 年高收入国家（人均 9266 美元）男性劳动力在服务业中的就业人数占男性就业总量的 60%，女性劳动力在服务业中的就业人数占女性就业总量的 82%。服务业已经成为社会经济中的主导产业。中国未来服务行业还有很长的路要走，以互联网为代表的信息服务产业为例，2010 年中国互联网经济规模为 1507 亿元，占 GDP 的 3.3%；2013 年中国网络经济整体规模达到 6004.1 亿元。麦肯锡在一份报告中称：在这十几年中，互联网将有可能在中国 GDP 增长总量中贡献 7%～22%。到 2025 年，这相当于每年 4 万～14 万亿元人民币的年 GDP 总量。到 2025 年，互联网新应用的用人需求，相当于 1000 万～3100 万个岗位。服务行业规模正在迅猛扩张，给从业人员带来无限可能。

随着国家经济的大力发展，服务行业人才需求旺

？想一想

如何理解"一粒种子可以收获很多果实，尽管有一些不发芽。"这句话在客服岗位上的含义？

盛，给从业人员带来更多的发展机会。目前在我国可能认为服务人员是青春饭，年龄大的就不能从事客服工作，这是一种错误的看法，在美国等较发达的国家，从事客服工作的相关人员在就业年龄上基本没有什么限制，随着我国快速发展以及服务行业对熟练员工在客观上的需求，这一现象必会得以改变。

客服人员要充满信心，在岗位上不断磨炼和提升自己，自己创造机会，朝自己的职业发展方向迈进。一粒种子可以收获很多果实，尽管有一些不发芽。

▌客户服务践行

1. 在著名招聘网站上搜索，查看客服类岗位的需求情况。
2. 仔细思考自己需要的激励内容有哪些？列出前 3 项。

▌能力评价

学习本节内容，将自己的体会做成 10 分钟的幻灯片并讲解，然后并从以下几个方面进行评价。

序号	评价内容	自　评	他　评
1	讲解内容		
2	演示文稿内容		
3	演示文稿风格		
4	讲解风格		
5	讲解效果		

拓展阅读

股权激励

根据美国证券交易委员会（SEC）的抽样调查发现，1991 年高管人员的基本工资占总报酬计划的 33%，长期激励报酬已经达到 36%。股权激励是把公司的股份作为奖励员工的工具，是一种先进的激励方法。它可以把员工与企业紧紧联系到一起，充分调动员工工作的积极性，是一种先进的长期激励手段。高级管理人员一般在以下三种情况下获赠股票期权：受聘、升职、每年一次的业绩评定。通常受聘升职时获得的期权较多。股权激励手段有许多种，其中股票期权是美国企业中运用最多、最规范的股权激励手段。它授予员工享有未来接受股票的权利，是付酬形式的一种。股票期权行权所需股票的来源：公司发行新股票和留存股票账户或回购股票。

通常情况下，拥有股票期权后，可以采用以下三种执行方法。

1. 现金行权

即行权人向公司指定的证券商支付行权费用以及相应的税金和费用，证券商以行权价格为其购买股票，行权人持有股票，选择适当时机出售股票以获利。

2. 无现金行权

即行权人不需以现金或支票来支付行权费用，证券商以出售部分股票获得的收益来支付行权费用。

3. 无现金行权并出售

即行权人决定对部分或全部可行权的股票期权行权并立刻出售，以获取行权价与市场价的差价带来的利润。

钢铁大王卡耐基的母亲与费城销售员

在一个下午，突然下起了大雨，一位被雨淋湿了的老妇人走进费城一家百货商店，大多数的柜员都没有理睬她，知道是来避雨的。但有一位叫菲利的年轻人却过来问她是否需要一些帮助。当她回答说只是在等雨停时，菲利并没有向她推销什么东西。不过菲利也没有立刻转身离去，而是拿给她一张椅子。

雨停之后，这位老妇人向菲利说了声谢谢，并向他要了一张名片，几个月之后这家店收到一封信和一份装修大厦的合同，信中要求派菲利前来。这封信就是这位老妇人写的，而她正是美国钢铁大王卡耐基的母亲。而菲利启程前已经成为这家百货公司的合伙人了。

4.2　客户服务岗位对员工的素质要求

引入案例

"客户永远是对的"，这句话是真理，当你发现你的客户很敏感时，你千万要小心地处理他的情绪，态度要柔和谦卑，切记不可冒犯他。

一位乘客要搭乘航班去参加一次重要会议，却因为自己的疏忽大意错过了班机。他很沮丧、恼火，便指责机场未广播登机时间。这自然没有道理，但他要找途径发泄自己的怒气，要把责任推卸给别人，以减轻他自己心里的沮丧感。可是，机场服务小姐并没有意识到这一点，没能把顾客的注意力从发生的不愉快转移到寻找解决问题的途径上去，相反地，她同顾客争执分辩，使顾客停留在已发生问题的阴影中，以致于最后顾客要投诉那位服务小姐，最后机场领导出面调停，才算了结此事。

4.2.1　培养员工客户服务意识

企业就像一台机器，每一名员工都在运转中发挥着自己的作用，企业通过满足客户需求而获利，企业员工要树立客户服务意识。这是因为，随着科技发展，相同产品在功能、质量等方面的差异化已基本消失，企业只能通过服务来迎合顾客差异化，这是企业最大的竞争优势。服务的差异化、优质服务品牌，都离不开管理人员的设计和一线员工的实现，因此如何提高员工的服务意识是服务战略目标实现的关键。

▋▋ 基础知识

一、客户服务人员需要的素质

1. 服务意识

企业员工要树立为客户服务的观念，只有时刻为客户着想，将客户的利益放在首位，客户才会满意，客户才能在企业进行消费，赢得客户忠诚，使得企业盈利，企业才能发展壮大。

2. 业务能力

企业必定要生产经营，员工的业务能力高低直接影响着企业的服务质量。实现优质的服务要求员工必须有专业的知识和技能，才能回答客户的疑问、解决客户的难题；熟练的操作水平才能赢得客户的信任，让客户满意；只有掌握营销技巧，才能了解客户的需求，将产品或服务销售出去，实现商品转化。

3. 礼仪仪表

有人曾表达这样的意思，优雅的仪容仪表就是对他人的尊重。员工的仪表是企业的门面，直接影响着客户对企业形象的认识，如员工的制服都代表着企业对行业的理解。面对客户时的体态、笑貌，亲切的态度都会给客户留下美好的印象，有利于服务的开展。

4. 沟通能力

优质的服务是通过与客户的交互来完成的，员工的语言表达要亲切、清晰和准确，要文明礼貌、热情友善、富有感情，要多使用服务用语，引起客户的好感、信任。沟通不仅仅是语言的交流，肢体语言同样重要，通过沟通可以化解矛盾、解决问题、增进情感，赢得客户的理解和爱戴。

5. 心理调节能力

优秀的客服人员必须要具备良好的自我心理调节能力。服务人员随时可能遇到挑剔、不讲理的客户；自己能力范围内无法解决的问题，会让服务人员心理产生愤怒、挫折。面对这些问题，员工要自我克制，避免与客户发生直接冲突，要加强自我修养，才能把握自己的情绪不受影响，全身心地投入工作中。

举个例子：一天，某会务组经办人员张先生检查会议室的布置情况。发现会议室原有座位数不够，张先生发现会议室增加了椅子，却未增加茶几，但服务员解释道：一是会议室太小，茶几恐怕放不下；二是没有那么多茶几。事后张先生找到客房部经理才解决了茶几问题。张先生安排代表们的娱乐活动，到楼层询问服务员景区怎么走，服务员抱歉地笑了笑说："对不起，先生，我不知道。"张先生扫兴地摇了摇头，对他们的服务非常不满。

这个案例反映出服务员没有达到客服人员的素质要求。在客人提出增加茶几时，应当立即回答："好的，我一定想办法给您解决。"不能解决时要向领班或部门经理反映。一旦客人提了意见后再来解决问题，主动服务转变成了被动服务，客人是不会满意的。另外服务员对客人的问询绝不能说"不"，如不知道、不懂、不会、不行、没有等。若自己确实不知道，也要尽可能弄清楚后再告诉客人，并抱歉地说："对不起，先生，让您久等了。"那样，客人不会再为服务员"不知道"而怪罪。相反，他会被其热情服务所感动。

想一想

文秘人员也是服务人员，服务于领导、同事，他们需要的素质也符合以上的内容，请举例说明并与大家分享。

二、客户服务意识的含义

服务意识是指企业全体员工在与一切企业利益相关的人或企业的交往中所体现的为其提供热情周到、主动服务的欲望和意识。简言之，就是自觉主动做好服务工作的一种观念和愿望。它发自服务人员的内心，强调的是主动性，是服务人员的一种习惯。

如基本服务意识中"客户至上"或"客户永远是对的"的内涵，是指充分理解客户的需求，充分理解客户的误会，充分理解客户的想法和心态，充分理解客户的过错。

想一想

如果面对的都是内部客户，客户服务意识的含义如何理解？举例说明并与大家分享。

客户服务意识还隐含着为客户提供优质服务的含义，客户需要的优质服务往往是定制服务或者说是个性化服务，它是在规范服务基础之上增加客户需要的超常服务、特色服务或情感服务。具有服务意识的服务人员在服务过程中，不仅仅要做到规范服务，而且要想尽办法去提供优质服务。

三、提高客户服务意识

为客户提供优质服务的意愿、习惯、态度的服务意识，是可以通过培养、教育训练形成的。加强对员工服务观念的教育与培养。首先整个企业内部要协调一致和明确目标，各管理层人员要对所有员工给予鼓励支持。监督管理者更要具有服务意识，将各项服务指标转化为具体可行的规章制度，使员工有章可循，为员工创造良好的工作条件，营造健康的经营环境。企业最高决策者必须以身作则，为各层管理者起到示范作用，深入一线了解情况，关心客户利益，聆听客户的建议，鼓励关心一线员工，培养大局观，信任他们并授予独立解决问题的必要权利，让员工从心理上感受到被尊重、被理解、被关怀，积极营造以人为本的企业文化，企业才能稳步发展。

在培训中，要提高员工的服务意识，肯定离不开先进的服务理念的灌输，如：为什么说客户是上帝？为什么说客户永远是对的？观摩、模拟培训学习还有上岗实践都是很好的方法。

提高客户服务意识最终要落实到自觉规范自己的心态和行为，可以从以下几个方面入手。

1. 坚持不懈地从细节开始

把日常服务工作做到完美，其实就是从细节做起，坚决不能用"差不多"的态度，如果每个员工都是以"差不多"为衡量尺度，最终落实到客户身上就是不满意。随着社会的发展，人们对服务质量的要求越来越高，对细节的关注度也在提高。企业的服务不是一次性服务行为，而是全员的、持续重复的服务，保持每一位员工能够持续地追求完美，企业的整体素质才得以提高，才能将企业推向新的高点。

> **案例分析**
>
> 霍利斯·迪尔从 16 岁开始了酒店门口的门童工作，到 60 多岁才退休，坚持了 50 年没换过岗位。后来他写了一本书，名为《顶尖服务》，书中他道出了他对服务的理解："服务很简单，甚至简单到荒谬的程度。虽然它简单，但是要不断地为客户提供高水平、热情周到的服务谈何容易。服务真的很简单，但是持之以恒做好服务非常非常难。"

其实许多的事务性工作、助理工作都是琐碎的、人人都能做的。有些人能够做得很好，得到他人的认可，有些人完成的任务他人不满意，区别就在细节。尤其是刚刚走上工作岗位的人员，务必从细节开始。

2. 换位思考

换位思考是一种思考问题的方式，也是一种意识，它要求服务人员考虑问题时不能仅仅从自己的角度出发，要从客户的角度出发，站在客户的角度去思考，理解客户，这样意味着企业将会从客户角度去生产产品和提供服务。

换位思考能解决许多看似不可能解决的问题。第二次世界大战期间，美国空军需要空降作战，军方对降落伞的质量要求极高，必须让合格率达到 100% 才行，但企业的负责人说，我们竭尽全力，99.9% 已是极限，除非出现奇迹。军方改变了验收方式，每次交货前从降落伞中随机挑出几个，让企业负责人亲自跳伞检测。从此，奇迹出现了，降落伞的合格率达到了 100%。从企业角度来讲，产品中个别出现质量问题是难免的，99.9% 的合格率已经不低了，但是从军方角度来看，99.9% 意味着每一千个跳伞的士兵中会有一个因为降落伞不合格而丧命。

想一想

有没有利用换位思考解决了问题的案例，请与大家分享。

3. 时刻记得"以客户为中心"

"以客户为中心"的经营理念已经被企业广泛认同，它要求企业的生产经营以客户的需求为导向，主动了解客户和预见客户的新需要，迅速做出反应，开发新产品或新服务，来满足客户的需要。

"以客户为中心"要求企业要以人为本，真诚对待客户、理解客户、尊重客户，真正做到客户关怀，开展个性化服务，充分考虑客户的利益，并将其落到实处。彼得·德鲁克曾经说过，企业不应该因改变客户而获利，而应该因使客户满意而获利。就是指的企业要以客户为中心，不能让客户去适应你的产品和服务，否则，即使有客户但也不会长久，客户可以到其他任何一家企业去消费，如何留住客户才是企业思考的问题。正确的经营策略是企业自身首先不断完善，想着如何让客户满意你的产品或服务，随着客户的满意到忠诚，才能迎来企业的发展。同样作为员工也要不断去适应客户，让客户满意，客户才能给你带来利益。

招商银行借鉴国外先进银行的服务经验，提炼形成了"因您而变"的服务理念。首先，"因您而变"体现了招行的自我定位。招行将自己比喻为葵花，客户是太阳。没有太阳的照耀，葵花就不能生长；没有客户的支持，招行就无法发展。其次，"因您而变"是一种目标追求。葵花围着太阳转，招行不断地满足客户日益增长的金融服务需求，将满足客户需求作为招行一切工作的出发点和落脚点。最后，"因您而变"是一种思想方法。从发展的角度看待客户的需求和银行服务的关系变化，前瞻性地创新和改进自己的服务。自招行成立以来，始终秉承"因您而变"的服务理念，从服务方式、金融产品、基础建设和内部管理等方面入手不断改进服务质量，服务水平不断提升，树立了优质服务的良好口碑。

4. 乐于为别人提供服务

乐于服务就是心甘情愿地为他人服务或帮助有需要的人而不图私利。乐于服务不仅是一种积极的人生态度，更是一种做人的信仰。乐于服务的人会从"带给他人方便、快乐和温暖"的行动中获得内心的快乐与满足，找到人生的意义和生命的价值。

企业员工服务于客户，将之看作是自己的义务，更是体现人生价值、回报社会的主要方式。不过当服务成为企业的营销概念，"服务"的口号漫天飞舞的时候，"服务"变成了形式主义，当一个企业的服务承诺和服务行为结果形成两个截然不同的状态时，不仅仅是品牌美誉度问题，而是企业的长久生存问题。

案例分析

希尔顿饭店大堂进来了一对老夫妇要订房间，服务生查了一下，结果发现房间都订完了，于是他很有礼貌地告诉客人房间已经都订出去，接着说："先生，太太，我们附近还有几家档次不错的饭店，跟我们是一样的，要不要我帮忙试试看？"于是他先领老夫妇去喝杯咖啡，自己去联系酒店，一会儿他回来说："我们后面的喜来登大酒店还有一个房间，档次跟我们是一样的，还便宜20美金，要不要？"老夫妇很高兴，之后服务生又把老夫妇和他们的行李送上车。这个案例体现出希尔顿的员工乐于助人、乐于为客户服务的精神，同时也是对服务信仰的诠释，这样的员工将推动企业不断进步。

5. 不断超越客户期望

让客户满意是远远不够的，只有让客户感动，才能提高客户忠诚度，形成不断的消费交易，带来销售业绩的提升。人无我有、人有我优，就会形成差异竞争优势，也就是说企业产品或服务在达到行业平均水平之后，只要再追加一点点精力与成本，就能达到超预期，其收益就会有天壤之别，企业必将立于不败之地。

美国有一家叫诺斯通的百货公司。这家百货公司的营业员人均营业收入是同行业营业员的7倍以上，为什么他们能够做得这么好？主要原因就一条，诺斯通公司鼓励所有员工为客户提供超过客户期望的服务。

如一位顾客准备到西雅图机场乘飞机，不小心把机票落在诺斯通服饰部的柜台上。当营业员发现这张机票后，马上给机场打电话，请机场员工帮忙找到这位顾客，并为他重新办理一张机票，但是机场员工说不行。因此，该营业员立即打车到机场，找到了这位顾客并把票送还给了他。另一个不可思议的故事是，诺斯通的一个营业员很高兴地收回一副汽车轮胎，并且给顾客退了全额货款，但诺斯通从来没有出售过汽车轮胎，只是因为诺斯通曾从北方商业公司（该公司出售轮胎）收购了三家店面装修成自己的店。顾客在之前的北方商业公司买了轮胎，却拿到诺斯通退货时，诺斯通居然同意了。这些案例从表面上看，诺斯通的员工在做亏本的事，然而正是因为这种大大超越了客户期望的行为，最终赢得了客户的信赖和忠诚。这比拼命花费巨资来做广告宣传的企业更经济、更聪明。

想一想

分析一下，诺斯通的员工是如何成长起来的？

▌客户服务践行

1. 比较银行柜员、商店服务员和公司前台，分析他们所需要的素质的区别，并填写下表。

素质要求	银行柜员	商店服务员	公司前台

2. 制订一个提高自己服务意识的行动计划。

▌能力评价

学习本节内容，将自己的体会做成10分钟的幻灯片并讲解，然后并从以下几个方面进行评价。

序号	评价内容	自 评	他 评
1	讲解内容		
2	演示文稿内容		
3	演示文稿风格		
4	讲解风格		
5	讲解效果		

拓展阅读

东京迪斯尼员工培训

著名的迪斯尼乐园取得了巨大成就，生意兴隆的原因与他们的员工素质分不开。以东京迪斯尼员工培训为例，他们的员工中有些是暑期打工的学生，他们通过培训让员工形成强烈的以客户为中心的服务意识。培训的内容紧紧围绕着为客户服务展开。

（1）学习扫地。在大量的游客中，随时保持干净整洁的卫生环境，对员工提出要求，即不能影响游客的心情，扫树叶、纸屑、灰尘时不能飞飘起来，看似简单的工作都要严格培训，还规定开门、关门、中午吃饭时间不能扫地，距离游客一定距离内不能扫地。

（2）学习照相。游客在游乐园肯定会照相留念，有可能会让员工帮忙照相，他们会拿出世界各地的代表性的相机，让员工学习使用。

（3）学习换尿布。孩子的妈妈可能需要员工帮忙换尿布，如果员工不会抱孩子，就不能给游客帮忙，如果动作不规范，伤害到孩子就更麻烦了。所以，不但要会抱孩子，换尿布，还要严格培训。

（4）学习与孩子讲话。游乐园中有很多的孩子，与这些孩子讲话时，员工都要蹲下，员工的眼睛要与孩子的眼睛平行，不能让孩子仰着头跟员工讲话。

（5）学习如何对待丢失的孩子。在东京迪斯尼每年都会有孩子与家人走散的情况，但是迪斯尼从来不用广播，而是设置了 10 个托儿中心，对于走散的孩子，迅速送到托儿中心，提供可乐、薯条和汉堡之类的，先让孩子快乐起来，再询问家人情况，然后想办法寻找。

从这些内容可以看出迪斯尼一切从游客出发、为游客着想的理念，体现了对游客的尊重和关爱。

4.2.2 塑造客服人员的礼仪形象

客服从业人员素质的高低将直接关系到企业的声誉。因此，每个客服人员应高度重视个人礼仪修养，始终坚持礼仪规范，为客户提供高质、高效的服务，从而获得最佳的社会效益与经济效益。

██ **基础知识** ███████████

一、客服人员的个人形象塑造

客服人员的个人卫生习惯及精神面貌，直接影响着他所在公司的形象。客服人员应有良好的卫生习惯，如经常洗澡、修剪指甲、理发、换衣等，上岗前应打理好个人仪容。客服人员应有一套合理的生活规律，要妥善安排自己的工作、学习、娱乐、休息等活动内容，一方面可以保证自己具有旺盛的精力，促进身体的健康，又可以给公司树立一个良好的形象。

1. 卫生习惯

客服人员在日常生活中要善待和爱护自己，使之尽可能地整洁、清爽、干净，不杂乱无章、邋邋遢遢。注意清洁并非是一句空话，要在许多方面采取措施来保障。具体而言：定期理发，时时把头发梳理整齐；经常洗澡换衣服。另外，体味、口气、太浓的香水都令人反感，但没人会开口指责。因此，需随身备适合自己的口气清新剂，不要喷过浓的香水。

2. 仪容仪表

1）健康容颜

客服人员特殊的职业特点决定其要养成多洗脸的良好习惯。坚持以正确的方法勤洗脸，可以有效地清除滞留于面部的灰尘、污垢、汗渍，促使面部皮肤进行良好的血液循环和新陈代谢，使人精神焕发，充满朝气。若脸上生了痤疮、疖子，要立即去看医生，并遵照医嘱进行治疗。不要听之任之，或是乱挤、乱抠。

2）指间风采

客服人员的双手堪称是自己的"第二张名片"，它们在他人的眼中，同样扮演着与普通名片一样的、为您进行自我介绍的角色。从这个意义上来讲，客服人员对自己的双手亦应备加关照。努力使自己的双手柔软、温暖。

（1）常洗手。在每个人身上，手是与外界进行直接接触最多的一个部位，所以要勤洗。

（2）不要留长指甲。客服人员的指甲总的要求是忌长，对客服人员而言，留长指甲非但毫无美感和实际用处，而且还会给工作带来不便。即使您长长的指甲沟"白白净净"，从卫生的角度来讲，它也是"藏污纳垢"之处。因此，客服人员要经常修剪指甲，使其不要长过自己的指尖。

（3）要及时地除去指甲沟附近的"暴皮"。它们实质上是手部接触脏东西之后的产物，让别人看到了绝无光彩可言。去除"暴皮"，要用剪子或指甲刀，但不要当众剪指甲。

（4）忌十指流丹。在美甲盛行的今天，客服人员因其工作性质只能退避三舍。美轮美奂的长指甲不利于工作，当然为了保护指甲而使用无色的指甲油，则另当别论。

┌─ **案例分析** ─────────────────────────────┐

时尚指甲引来异样目光

一位在会议公司工作的女职员发觉：尽管没人对她明说，但她的同事似乎很注意她那长长的、精心修饰过的指甲。当她剪去长指甲后，又发现人们对她的态度迥然不同。不久，她就被选中参与一个高级主管人员的培训计划。

└──────────────────────────────────────┘

3）优雅发型

客服人员无论留怎样的发型，都要符合自己的身份，要做到头发线条清晰、纹丝不乱。不论是男性还是女性，作为客服人员都不准在自己头发上搞花样，不留大鬓角，不剃"阴阳头"，更不能让发型不男不女，让人"难辨性别"。留什么发型，要考虑年龄与脸型等特点。

除发型之外，还要做到勤洗头发，使之无异味、无异物。一般情况下，至少做到三天洗一次头发。倘若是油性头发，则应当两天左右洗一次。遇上某些特殊的情况，如刮大风、出汗等，应随时清洗头发。参加一些比较正式的活动，尤其是参加自己有可能成为众人所注意的"焦点"的活动之前，最好专门洗理头发。脱发、头屑过多的人，要在活动前精心检查与梳理。

？ 温馨提示

修剪头发时，男客服人员应求短忌长；女客服人员则不提倡剪怪异发型，忌"彩发"。

总之，对于个人卫生要求，每个客服人员做到"四不"：不随地吐痰，不乱扔废弃物，不在办公室吸烟，上班不佩带夸张首饰。穿着大方得体，言谈举止文明谦逊；办公室布置整洁美观，办公用品摆放整齐。

二、客服人员的妆容

化妆，是一种通过对美容用品的使用，来修饰自己的仪容，美化自我形象的行为，简单地说，化妆就是有意识、有步骤地来为自己美容。

对一般人来讲，化妆的最实际的目的是为了对自己的容貌上的某些缺陷加以弥补，以期扬长避短，使自己更加美丽，光彩照人。经过化妆之后，人们大都可以拥有良好的自我感觉，身心愉快、振奋精神，可以缓解来自外界的种种压力，可以在人际交往中表现更自信，更潇洒自如。或许正因为如此，有一位哲人曾经说过："化妆是使人放弃自卑，与憔悴无缘的一味最好的良药。它可以让人们表现得更加自爱，更加光彩夺目。"

？ 温馨提示

客服工作是近距离的人际交往活动，互相看得真切，妆容不可重，一定要恰如其分，自然大方。

客服人员的妆容要做到美观、自然、大方。

一名客服人员的人格魅力是从举手投足之间散发出来的，美是一种气质、一种修养。客服人员应了解并认真遵守化妆的基本礼仪规范。

1. 合乎时宜的化妆

化妆要视时间、场合而定。在工作时间、工作场合只能允许工作妆（淡妆）。外出旅游或参加运动时，不化浓妆，否则在自然光下会显得很不自然。

每天早上适宜淡妆上班，是工作的礼节之一。上班时，即使您是坐在办公桌前，也经常要与他人接触。当你与他人接触时，如果对方看到素颜的你，即使你极注意言谈举止，也还不能算是一位完美的职场人。化妆原本的目的就是强调脸部的优点，掩饰其缺点。就如有客人来到家中拜访时，你会把家里打扫干净一样，到公司上班，必须以亲切的面孔来面对客户。

另外，施过彩妆的客服人员在某些情况下，常会出现妆容残缺的现象。以残妆示人，既有损自己形象，也显得对人不礼貌。因此及时发现，适时补妆不可忽视。补妆时，应回避他人，宜选择无人的角落或洗手间进行，切勿旁若无人地当众补妆。由于补妆只是局部性修补，应该以补为主，只需在妆容残缺的地方稍作修饰即可，不必抹去旧妆重新化妆。如果晚间还要应酬，那么临行前应洗去残妆，重新化一个清新的晚妆。晚妆可以浓一些，但忌过于浓艳。当然也要注意适时补妆。

2. 化妆的原则

化妆的原则是自然、清新、优雅，整体协调。

客服人员在工作岗位上应化淡妆，有人将这一规定简洁地叫做"淡妆上岗"。淡妆的主要特征是，简约、清丽、素雅，具有鲜明的立体感。它既要给人以深刻的印象，又不容许显得脂粉气十足。

3. 化妆的要求

1）不要当众化妆、补妆

常常可以见到一些女士，不管置身于何处，只要稍有闲暇，便会掏出化妆盒来，一边"顾影自怜"，一边"发现问题，就地解决"，旁若无人地"大动干戈"，替自己补一点香粉，涂唇膏，描眉形。她们珍惜自我形象这一点固然正确，但若当众表演化妆术，尤其是在工作岗位上当众这样做，则显不庄重，并且还会使人觉得她们对待工作用心不专。

2）化妆不要过浓过重

客服人员的妆容一定不可以浓到比她的专业技能更受客户注意。妆面干净整洁，许多不完美的地方和突出的特点，要在基础化妆的过程中得到改善和消除。少许的化妆色和少许的线条造型结合起来，以创造条纹清晰的眉毛、生动明亮的眼睛和庄重周正的唇型。使整个妆容看起来可亲可近，精力充沛。

3）及时补妆

妆面一旦出现残缺，不仅有损客服人员自身形象，更重要的是，它还会使自己在他人眼中显得做事缺乏条理、为人懒惰、邋遢、不善自理。所以，客服人员在进入岗位之前若发现妆面出现残缺后，要及时采取必要的措施，重新进行化妆，或者对妆面进行修补。总之，优雅、自然的妆容是客服人员美好形象的体现。

4）不要非议他人的妆容

由于文化、肤色等差异，以及个人审美观的不同，每个人妆容不可能一样。切不可对他人的妆容品头论足。

5）不要借用他人的化妆品

这不仅不卫生，也不礼貌。

4. 化妆的步骤及技巧

化妆不是简单的举手之劳，而是一种艺术性、技巧性很强的系统工程。在日常生活中，客服人员的化妆不仅有其基本程序，而且亦有妆饰的重点与技巧。

1）化妆的步骤

化妆的重点，一般包括护肤、美发、修眉、画眼、修饰唇形、呵护手部等。从技巧上讲，进行一次完整而全面的化妆，其程序与步骤也有一定的规范。表 4-1 所示是女客服人员化妆的基本步骤。

表 4-1　女客服人员化妆的基本步骤

序号	步　骤	内　　容
1	洁面	（1）作用：使皮肤干净 （2）技巧： 　① 根据肤质选择洗面奶的类型（泡沫型、温和型、小颗粒） 　② 中性、干性皮肤、敏感性皮肤适合温和型洗面奶；油性皮肤适合泡沫型洗面奶；小颗粒型洗面奶可用于去角质 （3）选择适合自己皮肤的洗面奶。用完洗面奶半小时后太干、太紧绷则不适合
2	修眉	（1）作用：修除多余杂毛，再修剪去较长的眉毛 （2）工具：刀片、剪刀、眉梳 （3）技巧：拿刀角度 45°
3	润肤	（1）补水：根据肤质选择爽肤水、柔肤水、紧肤水、收缩水 （2）保湿、锁水：滋润保湿霜或控油爽；夏用乳冬用霜 （3）为什么要先修眉再润肤呢？润肤后会粘到毛发不便扫描
4	打粉底	（1）作用：遮瑕，肤色匀称，面部轮廓立体感 （2）产品：粉底液，粉底膏 （3）技巧： 　① 用手：涂抹拍打，服帖紧实 　② 刷子：薄，自然，光泽度好，速度快 　③ 海绵扑：厚实，遮盖力强
5	定妆 （散粉）	（1）定妆方法： 　① 大号粉刷：薄透，自然，光泽感好，定妆时间短（薄透定妆法） 　② 粉扑：厚实，光泽感差，定妆时间长 （2）技巧： 　① 根据皮肤状况和妆的浓淡来选择 　② 补妆：如有油，先吸油再轻打散粉 　③ 眼影掉妆：用大点的眼影刷沾点散粉放在下眼睑上，装成后用扇刷刷掉散粉，但不能放太多散粉

续表

序号	步　骤	内　　容
6	画眼线、涂眼影的技巧	（1）先画眼线，可先调整好眼型，再根据眼型来选择眼影，容易把眼影与眼线接触面弄脏 （2）先画眼影，再画眼线可保持妆面的整洁，但画好后不便于眼线的调整
7	睫毛（夹、贴、涂）的技巧	（1）夹翘是关键，尽可能的夹翘，从根部夹起，再涂睫毛膏 （2）如贴假睫毛，先夹翘，再贴假睫毛，贴时先贴中间再贴两边，贴之前先拧下假睫毛根部调整好弧度，顺着眼睛的弧度来贴假睫毛。贴假睫毛的步骤可有可无
8	描眼线液的作用	眼线液比眼线笔更黑，为了使睫毛和假睫毛更好地融合
9	画眉	（1）根据眼型选择眉型、眉毛的长度和颜色 （2）工具：眉笔，眉粉，染眉膏，眉刷，滚刷
10	打腮红	位置：苹果肌、脸侧 　　对着镜子微笑，看到颧骨最突出的位置，打圈，向后上方（太阳穴的方向）扫一下就可以了。可以修饰脸型，看起来有瘦脸效果哦
11	涂唇膏、唇彩	嘴唇如果颜色深，需涂浅色，在涂唇前先用粉底液遮盖掉本身的唇色
12	修容	（1）提亮：眉骨，鼻梁，人中，下巴，眼睛下三角区，内眼角 （2）暗影的作用：增加面部的立体感，修饰鼻型和脸型

2）化妆的技巧

（1）女客服人员的化妆技巧。年轻女客服人员妆容的特点是自然，给人以青春朝气和不加修饰之感。在化妆时宜突出两颊和唇部，可以描眉，不宜涂眼影和涂较夸张的粉底。在技巧上，应清淡自然、似有若无，切忌浓妆艳抹，失去自然美。清新、自然是年轻女客服人员化妆的目标。

化妆是生活中的一门艺术，适度而得体的化妆，可以体现女客服人员端庄、美丽、温柔、大方的独特气质，以达到振奋精神和尊重客户的目的。

（2）男客服人员的面部修饰。

① 耳部。要经常对耳部进行清洁，杜绝在公众场合进行。如果有耳毛应定期修剪。

② 眼部。眼部是被别人注意最多的地方，所以时刻要注意眼部的清洁。

③ 牙齿。保持牙齿清洁，首先要坚持每天早晚刷牙。如果牙齿上有不易去除的牙垢，或是牙齿发黄，可以去医院或专业机构洗牙，以保持牙齿洁白、健康。不吸烟、不喝浓茶是防牙齿变黄。

④ 鼻部。忌当众用手去擤鼻涕、挖鼻孔，更不要用力往回吸，那样既不卫生又让人厌恶，一定要在没有人的地方清理，用手帕或纸巾辅助进行，还应避免响声太大，用完的纸巾要自觉地放到垃圾箱里。平时还要注意经常修剪鼻毛，不要让它在外面"显露"，也不要当众揪拔自己的鼻毛。

⑤ 胡须。如果没有特殊的职业需要、宗教信仰或民族习惯，应该把每天刮胡须作为自己的一种生活习惯。

注意个人形象是每个客服人员应有的责任和义务，因为你代表企业的形象。良好的仪表对于客服人员而言，是一种修养，一种文化。

三、客服人员的站姿

客服人员在工作中的站姿优美与否，对客户的影响力和感召力是不一样的。客服人员的站姿应给人以挺拔、舒展、精力充沛、积极向上的印象。站姿在一定程度上反映了一个客服人员的精神面貌和对工作的投入程度。因而，客服人员的站姿在稳重之中还要显出活力，不要过于拘谨和呆板。客服人员在岗位上要精神振作、潇洒大方、神采奕奕。

1. 客服人员正确的站姿

1）站姿的要求

站姿要求端正、稳重、亲切、自然。

2）正确的站姿

（1）正向抬头，双目平视前方，面带微笑，自然平和。

（2）两肩平行、放松，使人体有向上的感觉。

（3）躯干挺直，身体重心应在两腿的中央，做到挺胸、收腹、立腰。

（4）双臂自然下垂于身体两侧，或根据需要放在适合位置。

（5）双腿直立，两足分开 20cm 左右的距离或两脚靠拢，脚尖呈"V"字形。男客服人员双腿张开与肩宽，保持身体的端正。

2. 站姿的注意事项

站姿的注意事项如下。

（1）忌站时重心移动太快。站时重心忽左忽右，会显得人信心不足、情绪紧张、焦虑。

（2）忌客服人员把双手交叉抱在胸前或背在身后，这些动作会给客户一种傲慢的感觉。

（3）如果站立过久，可以将左脚或右脚交替后撤一步，但上身仍须挺直，脚不可伸得太远，双腿不可叉开过大，变换也不能过于频繁。

（4）站立时，忌全身不够端正、双脚叉开过大、双脚随意乱动、无精打采、自由散漫的姿势。

四、客服人员的坐姿

客服人员的坐姿，是一种静态造型。端庄优美的坐姿会给客户以优雅、稳重、自然、大方的美感，从而提升服务效果。

1. 落座的方法

女客服人员在落座前应回视座椅，右脚退后半步，待右小腿后部触到椅子后，方可轻轻坐下（如着裙装，需同时整理好）。坐定后，膝盖并拢，腿可以放在身体正中或一侧。女客服人员若着短裙一定要整理好（在讲台上需落座的女客服人员，不适合穿短裙）。男客服人员落座时，膝部可以分开一点，但不要超过肩宽，也不能两腿叉开，半躺在椅子里。

2. 坐姿的方式

（1）正襟危坐。适用于正式场合。要求上身和大腿、大腿和小腿都应当形成直角，小腿垂直于地面。双膝、双脚包括两脚的跟部，都要完全并拢。

（2）双腿斜放。它适合于穿裙子的女客服人员在较低的位置就坐时所用。要求：双腿首先并拢，然后双脚向左或向右侧斜放，力求使斜放后的腿部与地面呈 45°角。

（3）前伸后曲。女客服人员适用的一种坐姿。要求：大腿并紧后，向前伸出一条小腿，并将另一条腿屈后，两脚脚掌着地，双脚前后要保持在一条直线上，双膝并拢。

（4）双腿叠放。适合穿短裙的女客服人员。要求：将双腿一上一下交叠在一起，交叠后的两腿间没有任何缝隙，犹如一条直线。双脚斜放在左、右一侧。斜放后的腿部与地面呈 45°角，叠放的上脚尖垂向地面。

（5）双脚内收。它适合与客户交谈时采用，男女客服人员都适合。要求：大腿首先并拢，双膝可以略为打开，小腿可以在稍许分开后向内侧屈回，双脚脚掌着地。

（6）垂腿开膝。它多为男客服人员所用，比较正规。要求：上身和大腿、大腿和小腿都成直角，小腿垂直于地面。双膝允许分开，分的幅度不要超过肩宽。

（7）双脚交叉。它适用于各种场合，男女客服人员都可选用。双膝先要并拢，然后双脚在踝部交叉。需要注意的是，交叉后的双脚可以内收，也可以斜放，但不要向前方远远地直伸出去。

3. 坐姿要求

（1）头端正。不出现仰头、低头、歪头、扭头等情况。整个头部看上去应当和地面相垂直。在办公时可以低头俯看桌上的文件等物品。

（2）上身直。坐好后，身体要端正。需要注意的事项如下：

① 倚靠椅背。倚靠座椅主要用以休息。在工位就坐时，不应把上身完全倚靠在座椅的背部，最好不要倚靠。

② 占用椅面。不要坐满椅面，最合乎礼节的是占椅面的 3/4 左右。

③ 身体的朝向。交谈的时候，为表示重视，要全身正向朝向对方。

（3）手、臂适。

① 双手放在双腿上。双手分别放在双腿上，也可以双手叠放后放在双腿上，或者双手相握后放在双腿上。

② 手臂放在身前桌子上。把双手平扶在桌子边沿，或是双手相握置于桌上，也可以把双手叠放在桌上。

③ 手臂放在椅子扶手上。当正身而坐时，要把双手分扶在两侧扶手上；当侧身而坐时，要把双手叠放或相握后，放在侧身一侧的扶手上。

4. 坐姿禁忌

（1）忌双腿叉开过大。双腿如果叉开过大，不论大腿叉开还是小腿叉开，都非常不雅观。特别是身穿裙装的女客服人员更不要忽略这一点。

（2）忌双腿直伸。那样既不雅观又妨碍别人。身体前方如果有桌子，双腿尽量不要伸到外面来。

（3）忌将腿放在桌椅上。为追求舒服，把腿架在高处，甚至抬到身体前方的桌子或椅子上，这样的行为过于粗鲁，不允许。

（4）忌抖腿。坐时，不停地抖动或摇晃腿部，给人以不安稳的印象。

（5）忌脚自脱鞋子。用脚自脱鞋子，显然是不文明之举。

（6）忌手乱放。就坐后，双手应放在身体前方，有桌子时放在桌上。不允许单手或双手夹在两腿间。

（7）忌上身趴伏在工作台上。上身趴伏在工作台上，漫不经心地手托下巴，会显得无精打采。

（8）忌仰靠椅背，翘起并摇动二郎腿。否则会给客户傲慢和随意的印象。

5. 不同场合的坐姿

（1）在比较轻松的场合，可以坐得舒展、自由。

（2）在比较严肃的场合谈话时，适合正襟危坐。要求上体正直，落座在椅子的中部，双手放在桌上或将手放在扶手上，并膝、稍分小腿，或并膝、小腿前后相错、左右相掖。

（3）女客服人员在社交场合，为了使坐姿优美，可以采用略侧向的坐姿，头和身子朝向对方，双膝并拢，两脚相并或相掖。在落座时，把裙子理好，以免不雅。

（4）如对方为尊者、贵宾，坐姿要端正，坐到椅面的 3/4 处，身体稍向前倾，以示尊重。

（5）与客户在办公室谈话时，上身微前倾，眼睛平视客户，面带微笑，让客户感到亲切、真诚。

总之，客服人员优雅的坐姿，能向客户传递着自信、友好、热情的信息，同时也显示出客服人员高雅、庄重的良好风范。

五、客服人员的走姿

客服人员的走姿要优雅、稳重、从容、落落大方。

1. 规范的走姿

（1）起步时以站姿为基础，上身略为前倾，身体重心在前脚掌上，步态轻盈稳健。

（2）速度适中，不要过快或过慢，过快给人忙乱印象，过慢则显得没有时间观念，没有活力。

（3）头正颈直，两眼平视前方，面色爽朗。

（4）上身挺直，挺胸收腹。

（5）行走时双肩平稳，双臂以肩关节为轴自然摆动，摆动幅度以 30～40cm 为宜。

（6）身体重心在脚掌前部，两脚跟走在一条直线上，脚尖偏离中心线约 10°。

（7）女客服人员行走时要走成一条直线，脚步要行如和风，自如、均称、轻柔。

（8）男客服人员行走时则要走成两条直线，脚步要大方、稳重、有力。

（9）步幅要适当，着装不同步幅也要有所不同。

2. 行走的频率

客服人员行走步伐要稳健、自信、刚劲、有力，体现一种胸有成竹、沉稳自信的风度和气质。客服人员行走的步幅、步频要依据不同场合而定。

（1）欢快、热烈的场合步频较快，每秒约 2.5 步左右，步幅应较大，如带领客户参观游览。

（2）庄严的场合，步频以每秒 2 步为好，步幅自然。行走时挺胸抬头，目视前方，摆臂自然。

3. 走姿禁忌

（1）忌弯腰曲背。行走时，身板要挺直，两肩要端平。

（2）忌步履蹒跚。走动的速度要根据具体情况来定。走得太慢，使人着急，给人一种漫不经心的感觉；走得太快，使人感到慌乱。

（3）忌面无表情。客服人员在办公区域内行走要始终保持微笑，给客户以亲切感。

（4）忌东张西望。客服人员行走时应随时保持步姿从容不迫，快慢自然，矫健轻快。

（5）忌步子迈得过大或过小，以免有跨越感或谨小慎微感。

（6）忌敞开衣襟。客服人员的走姿应当端庄，行走中不敞开衣襟，不斜披衣服。

（7）忌搭肩挎臂并排而行。

六、客服人员的目光

在工作中，客服人员的眼睛是最重要的"工具"之一。客服人员与客户交往，双眼以和蔼的目光注视着对方，这是一个相当重要的礼仪，会传递给客户亲切感。如果眼神飘浮不定，客户会觉得您缺乏可信度。欲与客户建立良好的默契，在交谈过程中，应 60% 的时间注视客户，注视的部位是两眼和嘴之间的三角区域。如果客服人员在交往中，若想获取成功，就要以真诚的目光，不卑不亢，面带浅淡的微笑和不时的目光接触，这种温和而有效的方式，会营造出一种和谐的氛围。

1. 目光的正确应用

目光是非言语交流的重要手段，客服人员要善于运用这种交流手段，透过客户的眼睛，洞察其内心世界；客服人员还要善于利用自己的目光，对客户实行心理控制，促成心理相容。

（1）不能与客户或他人长时间凝视，否则将被视为一种无礼行为。

（2）与客户谈话时，眼睛注视对方眼睛或嘴巴的"三角区"。注视时间是交谈时间的 30%～60%。

（3）目光注视对方眼睛的时间超过整个交谈时间的 60%，属超时注视，使用这种眼神看人是失礼行为。

（4）眼睛注视对方的眼睛时间低于整个交谈时间的 30%，属低时注视，也是失礼的注视，表明您对客户、对谈话都不感兴趣。

（5）眼睛转动的快慢。眼睛转动稍快表示有活力，但如果太快由表示不真诚、给人不庄重的印象，但是，眼睛也不能转得太慢，否则为"缺乏生气"。

（6）恰当使用亲密注视，和亲近的人谈话，可以注视他的整个上身。

（7）客户离开办公室时，客服人员要等客户转过身并走出一段路后，才能转移目送客户的视线。

小贴士

眼睛是大脑与外界沟通的"桥梁"，眼球底部有大量的神经元，它们的功能就如同大脑皮质细胞一样具有综合分析能力；而瞳孔的变化，眼球的活动等又直接来自于大脑的动眼神经的支配，所以人的情感也就会自然地从眼睛中反映出来。瞳孔的变化是无法自主控制的，瞳孔的放大和收缩真实地反映了复杂多变的心理活动。如当一个人感到愉悦、喜爱、兴奋时，他的瞳孔就会比平常扩大到四倍；相反若遇到生气、讨厌、不愉快等消极心情时，人的瞳孔则会收缩得很小；如果瞳孔没有发生什么变化，那么则多表示一个人对他所看到的事物漠不关心。

2. 目光禁忌

（1）忌责怪的目光。这种目光容易造成客户对客服人员的抵抗情绪，使二者矛盾激化，不利于工作进行。

（2）忌漠视的目光。只顾做自己的事，不看对方说话，是怠慢、冷淡、心不在焉的流露，这种目光极易使客户的自尊心受到伤害。

（3）忌长时间对视。不管有意无意，盯着客户都是不礼貌的。这种目光会引起对方较强烈的心理反应，容易造成误会，让客户产生压力。

（4）忌斜视，面无悦色的斜视，是一种鄙视。从眼角把目光投向客户，传递的是一种漠然、漠视和漫不经心甚至是轻蔑的情绪。

客服人员在与客户的交流中，要根据不同的情况采取不同的注视方式，让客户感到亲切、自然。

七、客服人员的微笑

微笑是一种国际语言，微笑是迅速达成交流的"润滑剂"。微笑是一种艺术，具有穿透和征服一切的自信魅力；微笑是一缕春风，它会吹散郁积在心头的阴霾；微笑，其实是一种爱，一种富有生命力的自爱。微笑即是在脸上露出愉快的表情，是善良、友好、赞美的表示。在绝大多数国际交往场合中，微笑都是礼仪的基础。亲切、温馨的微笑能和不同文化背景的人迅速缩小彼此间的心理距离，创造出交流与沟通的良好氛围。

作为客服人员，首先要用微笑去赢得客户的"芳心"。微笑可以放松人的紧张心理；微笑可以拉近、弥合乃至消除人与人之间的距离感，从而营造出和谐的氛围和人际环境。微笑是一种修养，微笑的实质是亲切，是鼓励，是温馨。

微笑是指不露牙齿，嘴角的两端略向上翘起，眼神中有笑意。人际交往中为了表示尊重，相互友好，微笑是必要的。微笑是一种健康的、文明的举止，一张甜蜜的带着微笑的脸总是受人喜爱的。微笑是客服人员在工作中的重要体态语。她就像一缕缕灿烂的阳光，一串串晶莹剔透的甘露。如果你希望做一名受客户欢迎的客服人员，首先要学会微笑。

1. 微笑的作用

"你今天对客人微笑了没有？"这是美国希尔顿总公司的董事长康纳·希尔顿在 50 多年里不断到他设在世界各地的希尔顿旅馆视察业务时经常问及各级人员的一句话。他说："无论旅店本身遭受的困难如何，希尔顿旅馆服务员脸上的微笑，永远是属于旅客的阳光。""旅店里第一流的设备重要，而第一流服务员的微笑更重要，如果缺少服务员的美好微笑，好比花园里失去了春日的太阳和春风。假如我是顾客，我宁愿住进那些虽然只有残旧地毯，却处处可见到微笑的旅馆，而不愿走进只有一流设备而不见微笑的地方。"正是运用微笑的魅力，希尔顿渡过了 20 世纪 30 年代美国空前的经济大萧条，获得了世界性的大发展。可见，微笑是一门学问，又是一门艺术。

笑容是一种令人感觉愉快的面部表情，它可以缩短人与人之间的心理距离，为深入沟通与交往创造温馨和谐的氛围。因此，人们把笑容比作与客户间交往的润滑剂。在笑容中，微笑最自然大方，最真诚友善。世界各民族普遍认同微笑是基本笑容或常规表情。在与客户交往中，保持微笑，具有举足轻重的作用。

（1）表明心境良好。面露平和欢愉的微笑，说明心情愉快，充实满足，乐观向上，善待人生，这样的客服人员才会产生吸引客户的魅力。

（2）表明充满自信。面带微笑，表明对自己的能力有充分的信心，以不卑不亢的态度与客户交往，使客户产生信任感，容易被客户真正地接受。

（3）表明真诚友善。微笑反映自己心底坦荡，善良友好，待人真心实意，使客户与客服人员交往中自然放松，不知不觉地缩短了心理距离。

（4）表明乐业敬业。工作岗位上保持微笑，说明热爱本职工作，乐于恪尽职守。微笑更是可以创造一种和谐融洽的气氛，让客户备感愉快和温暖。

真正的微笑应发自内心，渗透着自己的情感，表里如一，毫无包装的微笑才有感染力，才能被视作沟通的"增效剂"。

2. 微笑的训练方法

在社会交往中笑有多种方式，其中最美的是微笑。微笑，是对人的尊重和理解，微笑是一种礼节。见面时点头微笑，人们会意识到这是尊重和欢迎的表示。微笑是最富魅力的体态语言之一。发自内心的微笑是渗透情感的微笑，包含着对人的关怀、热忱和爱心。情是微笑的一种重要内力，它赋予微笑以色彩、能量而形成强烈的感染力。

微笑的基本方法是：先要放松自己的面部肌肉，然后使自己的嘴角微微向上翘起，让嘴唇略呈弧形；然后，不牵动鼻子，不发出笑声，牙齿微露。微笑除了要注意口形之外，还需要注意与面部其他各部位的相互配合，尤其是眼神中的笑意，整体协调才会形成甜美的微笑。

客服人员的微笑可以表现出温馨、亲切的表情，能有效地缩短与客户的距离，给客户留下美好的心理感受，从而形成融洽的交往氛围。微笑可以反映客服人员崇高的修养，待人的至诚。微笑有一种魅力，它可以使强硬者变得温柔，使困难变得容易。

八、客服人员的手势

手势是一种极其复杂的符号，能够表达一定的含义。研究表明，手势与表情结合，可传导信息的 40%。恰当的手势往往是在内心情感的催动下，瞬间自然做出来的。手势可以反映人的修养、性格。手势对于增强语言效果具有十分重要的作用。所以，客服人员要注意手势语言的运用幅度、次数、力度等技巧。在工作中，以各种不同形态的造型，描摹事物的复杂状态，能传递潜在心声，显露客服人员心灵深处的情感体会与优雅的举止。在人际交往中，手势更能起到直接的沟通作用。对方向你伸出手，你迎上去握住他，这是表示友好；你若无动于衷地不伸出手去，或懒懒地稍握一下对方的手，则意味着你不愿与其交朋友；鼓掌是表示赞许、感谢的意思。在交谈中，你向对方伸出拇指，自然是表示夸奖，而若伸出小指，则是贬低对方。这些都是交往双方不言自明、不可随意滥用的符号。

1. 手势的作用及类型

布罗斯纳安认为："手势实际上是体态语的核心。"古罗马政治家西塞马说："一切心理活动都伴有指手画脚等动作。手势恰如人体的一种语言，这种语言甚至连野蛮人都能理解。"法国大画家德拉克洛瓦则指出："手应当像脸一样富有表情。"他们的话从不同侧面指出了手势的重要性。通常情况下，人们通过手的接触或手的动作可以解读出对方的心理活动或心理状态，同时还可将自己的意图传达给对方[①]。

1）手势的作用

（1）澄清和描述事实。

（2）强调。

（3）吸引注意力。

2）手势的类型

（1）形象手势，用来模拟状物的手势。

（2）象征手势，用来表示抽象意念的手势。

（3）情意手势，用来传递情感的手势。

（4）指示手势，指示具体对象的手势。

3）常用手势

（1）垂放，是客服人员最基本的手姿。

① 双手自然下垂，掌心向内，叠放或相握于腹前。

---

① 澳大利亚演说家爱伦·皮斯（Allan Pease）的《体态语》（Body Language）和美国教授布罗斯纳安（Brosnahan）的《中国和英语国家非语言交际对比》（Chinese and English Gestures: Contrastive *nonverbal Communication*）就是这一研究成果。

② 双手伸直下垂，掌心向内，分别贴放于大腿两侧。

（2）背手，多见于站立、行走时，既可显示客服人员的权威，又可镇定自己。应用方法：双臂伸到身后，双手相握，同时昂首挺胸。

（3）持物，即用手拿东西。其做法多样，既可用一只手，又可用双手，但最关键的是拿东西时应动作自然，用力均匀。忌翘起无名指与小指。

（4）鼓掌，用以表示欢迎、祝贺、鼓励、支持的一种手姿，多用于会议、演出、比赛或迎候嘉宾。

（5）指示，用以指示方向的手姿。应用方法：是以右手或左手抬至一定高度，五指并拢，掌心向上，以其肘部为轴，朝目标方向伸出手臂。

4）手势的礼仪规范

手势是客服人员最明显、最丰富也是使用最广泛的沟通工具之一。礼仪规范如下：

（1）尺度适度。客服人员手势动作幅度不宜过大，次数不宜过多，不宜反复重复。在社交场合，应注意手势的大小幅度。手势的上界一般不应超过对方的视线，下界不低于自己的胸区，左右摆的范围不要太宽，应在自己胸前或右方进行。

（2）自然亲切。客服人员应多用柔和曲线的手势，少用生硬的直线条手势，以求拉近彼此间的心理距离。

（3）恰当适时。客服人员应伴以恰当的、准确无误的手势，以加强表达效果，但次数不应过于频繁，幅度也不能过大。切忌不停地挥舞或胡乱地摆动，手舞足蹈会令人感到轻浮不稳重，过于死板又会使人感到压抑。

> **小贴士**
>
> 手势是体语中最丰富、最具有表现力的传播媒介，做的得体适度，会在交际中起到锦上添花的作用。

2. 手势禁忌

手势是最有表现力的一种"体态语言"。客服人员恰当地运用手势，能够起到良好的沟通作用，也会使自己的形象更美、更有风度。

（1）忌当众搔头皮、掏耳朵、抠鼻孔、剜眼屎、剔牙。这些动作会令他人极为反感，严重影响形象与风度。

（2）忌用手指指点客户，用手指指点客户的手势是非常不礼貌的，含有教训人的意味。

（3）忌交谈时指手画脚、手势动作过多过大。

客服人员手势的运用要规范和适度，给人一种优雅、含蓄和彬彬有礼的感觉。谈到自己的时候，不要用大拇指指自己的鼻尖，应用右手掌轻按自己的左胸，那样会显得端庄、大方、可信；谈到别人、介绍他人、指示方向、请对方做某事时，应掌心向上，手指自然并拢，以肘关节为轴指示目标，同时上身稍向前倾，以示敬重，切忌伸出食指来指点。掌心向上的手势有一种诚恳、恭敬的含义；而掌心向下则意味着不够坦率、缺乏诚意。招手、欢呼、鼓掌等都属于手势的范围，应根据不同场合和目的恰当运用，不可过度。客服人员要掌握增强语言表现力的有意识手势，并使之优雅自然。

▌ 客户服务践行

1. 站姿训练：单人靠墙站立，要求脚跟、臀部、双肩、背部、脑后部贴靠墙面，头顶一本 16 开的书，双手自然下垂。每次训练 10 分钟。

2. 走姿训练：练习时配上节奏适当的音乐，男士走步频率为每分钟 120 自然步；女士走步频率为每分钟 110 自然步。走姿要求：抬头、展胸、立腰、收腹、面带微笑走直线。

3. 对镜练习。使眉、眼、面部肌肉、口形在笑时和谐统一。

4. 引导练习。调动感情，发挥想象力，或回忆美好的过去，愉快的经历，或展望美好的未来，使微笑源自内心，有感而发。

▌ 能力评价

自我评价表

自我测试题	是 "√"	否 "×"
1. 客服人员的个人卫生反映着客服人员的精神面貌，将直接影响着他在客户心目中的形象	☐	☐
2. 干净是对手部的基本要求	☐	☐
3. 从眼角把目光投向客户，传递的是一种漠然、漠视和漫不经心，甚至是轻蔑的表情	☐	☐
4. 客服人员用手指指点客户的手势是非常不礼貌的，含有教训的意味	☐	☐
5. "社交注视"的标准注视时间为交谈时间的 20%～30%	☐	☐
6. 客服人员行走步伐要稳健、自信、刚劲、有力，体现出胸有成竹、沉稳自信的风度和气质	☐	☐
7. 微笑是客服人员在工作中的重要体态语言	☐	☐
8. 客服人员与客户沟通时，需要配以适度的手势来强化沟通效果	☐	☐
9. 谈到自己的时候，应用右手掌轻按自己的左胸，会显得端庄、大方、可信	☐	☐

🍃 拓展阅读

一口痰"吐掉"一项合作

这是一个真实的故事。《文汇报》曾经刊登过一篇报道，某医疗器械厂与美国客商达成了引进"大输液管"生产线的协议，第二天就要签字了。可是，当该厂厂长陪同外商参观车间的时候，向墙角吐了一口痰，然后用鞋底去擦。这一幕让外商彻夜难眠，他让翻译给那位厂长送去一封信："恕我直言，一个厂长的卫生习惯可以反映一个工厂的管理素质。况且，我们今后要生产的是用来治病的输液皮管。贵国有句谚语：人命关天！请原谅我的不辞而别……"一项已基本谈成的项目，就这样"吐掉"了。

4.2.3　训练客服人员的沟通技巧

■ 基础知识 ▬▬▬▬▬▬▬▬▬▬▬▬▬▬▬▬

一、什么是沟通

客户服务的过程是一个沟通的过程。有效沟通就是双方信息的传送和理解，并达成共识的过程。沟通不是行为而是过程，对于一次完整有效的沟通来说，仅仅有表达、倾听是不够的，其中必须有反馈环节。获得反馈是信息发送者的意图和目的，如果听者不做出反馈，就无法让对方明白你是否了解了他所传递的信息，可能会产生误解，对方会认为受到了冷落，会损害沟通双方的信任。沟通不是一种单向行为，有效沟通必须包含反馈环节，甚至是多次的反馈。没有反馈的沟通就好像是一个黑洞，所有信息都消失了，信息发送者不了解信息是否已经准确传递给了接收者，接收者也无法确定是否准确接受到信息。

沟通过程模型如图 4-1 所示。

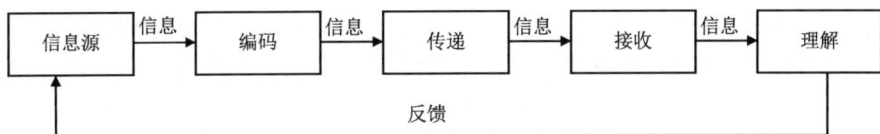

```
信息源 ──信息──→ 编码 ──信息──→ 传递 ──信息──→ 接收 ──信息──→ 理解
  │                                                         │
  └──────────────────────反馈────────────────────────────┘
```

图 4-1　沟通过程

一个完整的沟通过程是这样的：信息的发布者通过"表达"发出信息，信息的接收者通过"倾听"接收信息。对于一个完整的、有效的沟通来说，仅仅这两个环节是不够的，还必须有反馈，即信息的接收者在接收信息的过程中或接收信息结束后，及时地回应对方，以便澄清"表达"和"倾听"过程中可能的误解和失真，它用来确定信息是否被理解。

二、与客户沟通的要点

与客户沟通的要点包括建立信任关系，寻求需求点，提供诚信的服务。

1. 与客户建立信任关系

建立与客户之间的信任是通往成功的第一步，如果你的客户不信任你，那么就不会跟你有交易。

第一步：建立同理心。

同理心是个心理学概念。它的基本意思是说，你要想真正了解别人，就要学会站在别人的角度看问题，也就是人们在日常生活中经常提到的设身处地、将心比心的做法。在与客户沟通中，同理心尤其重要。

1）转换角色

把自己放在客户的角度。想象一下他或她对你的产品、你的公司会有什么疑问。把这些问题写下来，并要谨记大多数买者关心的都是有关于你的可信度。例如：

你是不是他或她那种类型的人？

你认为什么对解决客户的问题有帮助？

在跟他或她谈生意的时候，你怎么看待这当中你的角色？

2）表达理解

当见到客户时，可以运用相关的技巧表达你对客户的理解，比如：

"你可能在想……"

"很多人都问我……"

"如果我在你的位置……"

第二步："恰当"的表现。

"恰当"会对可信度做出重要的贡献。恰当的表现可以增加客户对我们的信任度。恰当的表现有两个方面：一是达到专业的期望；二是寻求两者之间的共性。

1）达到专业的期望，树立成熟稳重的形象

我们都会根据人们的职业来期望他们的行为和形象。在人们的印象里，老师们大多戴着眼镜，非常博学；警察身穿制服，威风凛凛，嫉恶如仇；医生穿着白大褂，救死扶伤……虽然这些印象不一定是完全正确的，但人们对于非常符合这种标准的工作人员会自然而然给予更高的信任感。

2）风格模仿，寻求共性

共性是指客户对销售人员与其相似点的接受。例如，有相同的背景，有共同的朋友，同等社会地位或者有着相似或相同的经历。

一般来说，我们可以通过一些问题找到共性。例如：

你曾参加过……吗？

你也用这个牌子的……啊！我也很喜欢它，你感觉它……？

这是你到……的照片吧？你是什么时候去的？那儿的……很棒吧？

我们也可以创造共性。例如：

邀请客户到你的办公室……

邀请客户共进晚餐……

尝试一下客户的产品或者服务……

第三步：展示能力。

虽然我们站在客户的角度为客户着想了，虽然我们找到了与客户的共同点并与客户相处得非常愉快，虽然我们已经表现得像一个专业客服人员了，但到了这时候，客户可能还未给予我们完全的信任。为什么呢？客户还没有把握确定我们是否有能力解决他们的问题。

这时，我们可以向客户简单描述我们解决问题的能力。在描述中必须包含三个主题：我们的公司、产品/服务和我们自己。例如：

我们帮助人们积累财富和减少赋税

我们擅长帮助人获取财务上的自由

我们的公司在业内声望很高

公司或业界给你的头衔、荣誉

在该行业的工作年限

我们的产品在业界处于领先地位

……

2. 尽可能深入了解客户的需求

用客户可以听懂的话去剖析他们的状况及其面对的问题，让客户清楚地了解到我们知道如何去解决他们的问题。

第一步：有效提问。

在沟通过程中，提问是引导对方进行反馈的有效工具。恰当的提问能引导对方，帮助我们获取有价值的信息。提问能帮助我们有利于把握并满足客户需求，有利于保持良好的客户关系，有利于减少与客户之间的误会。

1）开放式提问技巧

所谓开放性问题，就是不限制客户回答问题的答案，而完全让客户根据自己的喜好，围绕谈话主题自由发挥。

2）封闭式问题的提问技巧

封闭式提问限定了客户的答案，客户只能在有限的答案中进行选择。封闭式提问的使用完全是为了帮助客户进行判断。

您如何看待这种情况？

如果是你，你会采取哪些不同的做法？

你认为哪些做法有效？哪些做法需要改进？

诸如此类的问题可以创造一种友好、合作的氛围，同时这些问题可以帮助我们了解对方反馈的内容和话语背后的情绪。采用提问的方法，有助于我们了解说话人的真实意图。在与客户展开沟通的过程中，客服人员对客户进行提问时必须要保持礼貌，不要给客户留下不被尊重和不被关心的印象；同时还必须在提问之前谨慎思考，切忌漫无目的地信口开河。

第二步：积极倾听和回应。

在人际沟通中，听是一项非常重要的能力。倾听是一种需要有意识的注意和不断练习的技巧，尤其在职场中，只有通过有效倾听才能收集到出色完成工作所需要的信息。特别是从事客户服务工作的人员，掌握倾听的技巧，能进行有效反馈，能帮助我们在工作中表现得更出色。倾听，包括了听见、接受、理解、评价以及应答的信息接收过程，是一种复杂的、需要训练的技能。

1）倾听的层次

简单说来，倾听一般分为五个层次。

第一层：听而不闻。对于别人的话，完全没有听进去，如同耳旁风，没有做任何倾听的努力。

第二层：假装倾听。常见的口气是"嗯""啊""喔"，其实对于对方的话根本没有仔细思考，心不在焉。

第三层：选择地听。虽然经过了自己的思考，但只听合自己口味的，把不想听的信息都过滤掉了。

第四层：专注地听。这是倾听的较高层次，通过认真倾听，"回应式"的倾听，复述对方的话表示确实听到，信息接收比较完整。

第五层：设身处地地听。这是倾听的最高境界，是通过语言和非语言的交流，结合沟通的语境，了解对方的观点、情感，用心解读语言之外的真实含义，其根本出发点是"理解"。

2）提高倾听技能

（1）专注。要集中注意力，排除外界的干扰。它要求用身体给对方以"我在注意倾听"的表示，放下手中的工作，在沟通时不接听手机。专注不仅是用耳，更需要用心。

（2）记笔记。为了完整、准确地接受信息，特别是重要的会议或交谈，倾听者还应做到摘录要点，将谈话过程中涉及的一些要点一一记录下来，这样可以确认接受信息的准确性。

？ 想一想

在倾听时应该如何做到让倾听更有效？

（3）适时适度的提问。这有利于把没有倾听到的或没有倾听清楚的事情彻底掌握，同时也利于讲话人更加有重点地陈述、表达。

3）使用开放性的动作

人的身体姿势会暗示出对谈话的态度和兴趣。自然开放性的姿态代表着接受、容纳、尊重与信任。所以，倾听者在交谈过程中要使自己身体放松，避免使用攻击的、恳求的或不悦的声调以及弯腰驼背、手臂交叠、跷脚、眼神不定等肢体语言，因为它们代表并传递着负面的信息，并影响着沟通效果。

4）及时用动作和表情给予呼应

倾听过程中利用各种对方能理解的动作与表情及时给予呼应和反馈。如用赞许性的点头、恰当的面部表情与积极的目光接触相配合，向说话人表明你在认真倾听；利用皱眉、迷惑不解等表情，给讲话人提供准确的反馈信息以利于其及时调整。

5）正确地理解信息

受思维定势的影响，一个人对问题的理解总是调动以往的经验来推测未来的发展趋势，这往往会导致误解的产生。为了防止误解的产生，倾听者应注意做到以下几点：一是从对方的角度出发，考虑他的背景和经历，想想他为什么要这么说，他希望我听完之后有什么感受，即要努力进入他的内心，努力掌握他说话的真正意图。二是消除成见，克服思维定势的影响，客观地理解信息。三是不要自作主张地将自己认为不重要的信息忽略，最好与对方核实一下自己对信息的理解是否存在偏差。

留心观察对方的面部表情，了解非语言信号的含义，以做出恰当的判断和应对。在客服工作中，需要我们眼耳并用，发现言外之意。

第三步：确认理解。

通过恰当的提问准确理解对方传递的信息，做出正确的反馈。目的是强调重点，澄清双方的理解是否完整一致，表达对所讨论内容的重视。客服人员需要正面描述观点，帮助对方看到未来的好处。

3. 提供诚信的服务

客户服务人员要做到诚信服务，需要做好以下几个方面。

一是要做到承诺诚信。客户经理在客户与公司之间起着桥梁和纽带的作用，所以，在服务中就要做到承诺诚信，才能够取得客户的信任。

二是要做到守时诚信。客户经理在开展市场服务中，做到守时诚信，这样才能够在客户心中留下深刻的印象，提高客户对公司的依赖感和可信度。

三是要做到产品诚信。产品/服务直接关系到客户的切身利益，因此，客服人员在进行宣传时切不可为了拉住客户而进行不真实的承诺。在市场服务中要准确地向客户宣传产品/服务信息，这样能够让客户准确了解到自己最终得到的产品/服务，让客户认识到公司的诚信，也有利于各项工作的开展。

▮▮ 客户服务践行

1. 检查你的倾听习惯。将你日常沟通中成功和失败的倾听行为分别列举出来，找出不受欢迎的倾听习惯，对自己的倾听习惯作出评价，并采取可行的改进措施。

2. 请与你的同学交流你所接触到的客服人员中，在与你沟通的过程中都使用了哪些沟通技巧，找出不足的地方，想想如果是你自己能不能做得更好。

▮▮ 能力评价

学习本节内容，将自己的体会做成 10 分钟的幻灯片并讲解，然后可从以下几个方面进行评价。

序号	评价内容	自　评	他　评
1	讲解内容		
2	演示文稿内容		
3	演示文稿风格		
4	讲解风格		
5	讲解效果		
6	创新点		

诚信为服务之魂

2004 年 8 月，一封带有夏耕市长批示的"表扬信"被送到青岛海底世界。夏市长在这封信上批示道："谢谢海底世界员工能够积极主动为游客换票退款，感谢海底世界为青岛市的对外形象做出的贡献。全市旅游行业都要这样真诚待客，青岛必将成为一座文明城市、诚信城市。"这封来自夏耕市长批示的表扬信，源自我的一个看起来不起眼的"服务故事"。2004 年 7 月 19 日，三位浙江老年游客到青岛海底世界游览。按海底世界的规定，这三位年过六旬的游客可以享受半票优惠，但他们在事先没看购票须知的情况下就每人买了 100 元的全票。当时，我正在门口检票，发现此事后，便将优惠规定告诉了这三位游客，主动帮他们换票退款，并陪伴他们一起游览，我的举动令三位老年游客既出乎意料又大为感动。事后，三位老年游客一起给夏耕市长写了一封感谢信，在信中他们写道："我们向您和青岛市民表示感谢"。

——2004 "感动青岛" 十大人物　王莉

4.2.4　克服服务人员心理压力

在众多的岗位中，从事客户服务工作的人员存在明显的职业压力，这种心理压力来源既有客户的问题又有企业的要求，既有身体方面的压力又有精神方面的压力。所以，客户服务人员的心理压力管理就显得尤为重要。

基础知识

一、造成客户服务人员心理压力的原因

所谓压力，是指个体对某一没有足够能力应对的重要情景的情绪与生理的紧张反应。服务人员往往心理压力比较大，造成这种现象的原因有很多，不同的企业、不同的岗位原因可能不同，较为突出的有以下情况。

（1）客户投诉造成的心理压力。由于企业的产品或服务的失误导致的投诉，客户抱怨时必然怒气冲冲，而服务人员往往要承受客户的不良情绪。在处理投诉的问题上，客服人员有些可以化解客户的抱怨，但有些投诉是非常难解决的。在这样的工作环境中，若这些情绪无处排解，就使得他们精神压力增加。比如飞机延误或行李丢失引发的客户抱怨，行李丢失尽管会按保险金额赔付，但晚点造成了客户的精神损失、物品的实际损失是不能弥补的。这些投诉是无法解决，只剩下服务人员道歉这一条路了，也不是所有的客户接受致歉。所以，服务失误而导致的投诉给服务人员造成了巨大的压力。

（2）服务理念造成的心理压力。企业提倡微笑服务、提倡"客户永远是对的"的服务意识，这些提法本身无可厚非，但是服务人员真要做到这些，往往需要压抑自己一些正常的心理需要。比如，当面对客户的怒火、挑衅时，服务人员要压抑自己自尊的需要、被认可的需要、被理解的需要，还要完全为客户着想，尽可能地接纳和包容客户，否则

客户将以服务态度问题追加投诉。长期的负面情绪的堆积构成了心理压力。

（3）期望值的提升造成的心理压力。随着市场竞争的加剧，客户对企业产品或服务的要求越来越高，客户的自我保护意识在加强。企业为了在行业竞争中留住客户，对服务人员的要求随之提高，企业对客户服务的重视程度提高，服务人员工作压力的增大也是必然的。尤其是企业与客户的期待往往是完美和理想化的，而服务人员并不一定能做到，一旦服务人员达不到这些标准，就会受到外界和自己内心的谴责，从而造成心理压力增大。

（4）客户不合理的需求与应对造成的心理压力。看似简单的服务工作，实际上却并不简单。有时候客户会提出一些不合理要求，也会给服务人员造成很大的压力，满足了客户的要求，就违反了企业规定或损失企业或个人的利益；不满足客户的要求，又得罪了客户。让客户接受自己的合理解释，就成了服务人员的一道难题。这些棘手的问题，给客服人员造成了很大的心理压力。

（5）服务需求波动性造成的心理压力。服务行业存在服务需求的时间性，如旅游、餐饮服务等，当高峰期出现的时候，客人的人数急剧增加，在繁重的服务中，体力消耗、心态急躁，服务人员的服务热情降低。但客户不会因此降低服务要求，而是要求享受到同样的优质的服务，如果享受不到，就会表示不满，向服务人员施压，给客服人员造成一定的心理压力。

企业服务人员如果不能处理好这些情况，缓解压力，就无法提供令客户满意的优质服务，企业也无法获得真正的服务竞争优势。

想一想

分析一下办公室文员岗位，承担此岗位的人员也是服务人员，他们存在心理压力的原因？

二、工作出现压力的表现

每个客服人员必须清楚消费者对公司的口碑对于一个企业的发展都会带来重大影响。面对如此压力，在没有得到有效调节的前提下，服务人员面对客户会表现为缺乏信心、担心害怕；面对客户、处理客户投诉感到紧张；面对客户的咨询表现麻木、漠不关心等，在负面心理状态下对待工作会感到疲惫、无归属感，对自己未来的发展方向茫然，身心健康都会受到严重影响。

在产生问题之前会有一些压力征兆，应采取必要的措施进行预防和改善。这些可能的征兆有如下几种。

1. 心理变化

心理学家通过研究，揭示出人在压力过度状态下会表现出焦虑、紧张、迷茫、急躁、疲劳感强烈、生气、憎恶等情绪，甚至会有反应过激现象，还有人表现为压抑、孤独、疏远感增强、厌烦、注意力不集中、自信心缺乏。

客服人员在工作压力过大的时候会表现出对工作产生厌倦感；情绪波动大，如当一个人在巨大的压力下，没有得到支持时，任何小事都可能会导致他发脾气，就像"火药桶"一点就着；人际关系受到影响，如将工作中的压力转嫁到家人、朋友身上，久而久之，人际关系就会变差了。出现这些心理现象时，客户人员有必要改善自己的状态，来进行心理调节。

2. 身体处于亚健康

现代医学研究证明，人在长期压力过大环境下，人体会受到损伤，常见的症状有心悸、胸部疼痛、头痛、掌心冰冷或出汗、消化系统问题（如胃部不适、腹泻等）、恶心或呕吐、免疫力降低等。这些非器质性病情的出现说明人的精神压力已经超过了自己的承受范围，必须进行减压行动了。

3. 行为举止变化

过度的压力反映在行为举止上的变化，主要有持续性的迟到、常常发牢骚或批评他人、工作事故频发、烟酒量增加等。客服人员反映在与客户接触中，可能表现为逃避客户或者对抗客户。逃避客户是畏惧、厌烦心理变化的反映，不接听客户电话、拖延处理客户问题等。对抗客户是表现最激烈的情绪反映，激怒客户与之争吵，甚至肢体接触，招致客户强烈投诉。这些行为说明心理压力已经反映到行动中，企业管理者要对服务人员给予高度关注。

三、应对压力的方法

过度压力会给客服人员身心造成伤害，给企业带来许多不利影响，客服人员一定要寻找到缓解压力的方法。企业管理层应该充分关心服务人员的压力现状，实施各种减压措施，以减轻员工压力。

首先，客服人员需要被别人理解和尊重，在服务过程中被压抑的心理需要有地方说出来。否则到最后陷入焦虑抑郁状态中。企业高层只要做到真正重视客服部门，让员工有幸福感和对企业满意，员工就能很好地释放压力。如改善工作环境让员工在一个赏心悦目的空间里工作，提高服务人员的安全感和舒适感。再如企业可以召开员工座谈会，为员工提供凉茶解暑，换工装，开展板报文化，组织团队进行户外活动等。还比如企业培训时，不仅讲解业务，还要注重传递企业的好消息，注重引导员工理解各个部门的难处，对于企业规章制度，不是简单地让员工了解和执行，而是注重让员工理解和认同。这样注重员工的心理疏导，可以让员工更全面地看待问题，更乐观地面对工作。

其次是鼓励并帮助客服人员提高心理保健能力，学会自我调节，最简单的方法是企业可以定制有关心理健康的书籍、杂志，开设宣传专栏，向客服人员提供有关压力管理的知识；还可以请专家来做报告，由专业人士告诉客服人员压力的后果、代价、表象以及自我调节的方法，让客服人员增强心理抗压能力。如果有些客服人员已经出现心理压力征兆，企业需要给客服人员心理帮助，及时解决他们的心理问题。企业要聘请资深人士为客服人员提供免费的心理咨询，由心理医生为客服人员提供心理辅导，帮助其提高社会适应能力、缓解心理压力、保持心理健康。这也能体现企业对客服人员的关心。

加强过程管理，减轻客服人员工作压力，让客服人员获得必要的、足够的企业信息，从而增强可知感和可控感，减轻不确定性带来的压力；企业管理层要及时解决客服人员在工作中遇到的困难，以减轻客服人员的压力。完善客服人员的保障制度，增强客服人员的安全感和稳定的就业心理，从而减轻他们的压力。促进员工满意度和客户满意度的提高，有效地提升企业的服务水准，树立服务品牌。

树立新的客户服务观念，调整心理预期，引导客服人员正确看待客户，比如将客户看作自己需要帮助的朋友，在服务过程中体验快乐，视为结交新朋友、学习有价值的东西的过程，以轻松的心情迎来每一天的工作。

小贴士

简单方法缓解心理压力

美国健康咨询网站给现代人总结了几种最简单可行的缓解压力方法：

（1）睡足觉。美国疾病管理预防中心调查发现，充足睡眠不仅有益美容，也能改善健康状态，减轻心理压力。

（2）运动。运动能减少皮质醇的分泌，有助缓解压力。美国疾病管理预防中心推荐一周最少有两天做一次全身运动，或每周进行两个半小时的快走运动等有氧运动。

（3）开怀大笑。开怀大笑也适用于缓解压力。美国洛玛连达大学研究发现，参试者看了喜剧片后，皮质醇以及肾上腺素的分泌也都会减少，内啡肽的分泌则会增加。

（4）做按摩。做按摩能放松身体，缓解肌肉紧张，并有助人体激素分泌的平衡。

（5）写日记。美国国立卫生研究所调查显示，写日记能减轻心理压力。

（6）相互拥抱。研究发现相互拥抱能缓解不安感和心理压力。

营造良好的服务团队。一个人遇到困难时，背后有友好的团队成员在支持着自己，会让员工大大降低工作压力。服务团队组建时就要招聘、选拔与符合服务工作要求的人员，避免上岗后因为无法胜任工作而产生心理压力的现象；在人员配置时，做好人员与岗位的搭配，减轻因角色模糊、角色冲突引发的心理压力；在人员培训时，进行各项技能的培训，消除压力源；帮助员工做好职业规划，树立切合实际的人生目标，减少落差造成的心理压力。团队成员之间不是竞争关系而是合作关系，彼此用欣赏的眼光看待对方，用积极的语言鼓励对方，当需要时伸出援助之手。成员之间在感情上的安抚和帮助，能够提高工作效率和营造一个良好的工作氛围。

鼓励客服人员养成良好、健康的生活方式，培养自己的兴趣爱好，帮助客服人员调节负面情绪。当意识到情绪出现问题时，可以通过踱步、健身等复原愉快情绪。运动不仅保证了客服人员的身体健康，同时也很好地释放、宣泄了客服人员的心理压力。

想一想

分析一下，办公室助理人员，如何克服压力顺利成长？

客户服务践行

1. 观察超市收银员存在哪些压力？

2. 制定一个提高缓解自己心理压力的行动计划。

能力评价

学习本节内容，将自己的体会做成 10 分钟的幻灯片并讲解，然后从以下几个方面进行评价。

序号	评价内容	自　评	他　评
1	讲解内容		
2	演示文稿内容		
3	演示文稿风格		
4	讲解风格		
5	讲解效果		

拓展阅读

富士康员工事件

2010 年 5 月，富士康这个高速成长的代工航母，频繁地进入人们的视线，"N 连跳"引来了众多媒体聚焦。面对逝去的如此年轻的生命，员工的心理压力是如此的巨大，选择了最为极端的方式来逃避，给人们敲响了警钟，引起人们的反思。

富士康是台资企业，厂部设在深圳，工资一般比内地高。但据第一财经日报记者报道，富士康员工的工作环境十分恶劣，员工工作压力巨大。"生产线上没凳子，除少数员工外，一般操作工都必须连续 12 个小时站立着干活，不得说话。"也有人说："富士康的生产线从来不会停下，员工的每一个动作细节都被精准地分解，上万次的重复，人在这里就如同生产线上的一个零件，一件精确的肉身机器。工作中的员工不能讲话，不能喝水，不能有差错。产品流水线上一个人做错误，产品就是次品，其他所有人都做了无用功，这对于效益第一的企业来说是不被允许的。"

员工是来自内地的打工仔和打工妹，在这里他们生活的目标只有一个：工作。而工作，却只是为了活着。在繁华的都市，这些打工仔、打工妹只是一个过客，没有任何住房和福利补助，失去了工作，几乎没有任何救济，他们只能加班加点拼命地工作。他们的精神状态和心理因素都处于极差的地步。

企业的"人性化管理"成为空口号，加之社会转型期的集体焦虑、制造型企业残酷的生存法则、社会文化配套上的严重缺失，让富士康的员工承受着重压，企业应有的责任不容推卸，政府和社会也都有一份应尽的义务。如果漠视这些现象发生，经济发展不会带来真正的幸福。

这一事件从职场工作中员工存在心理压力方面分析，可以看出，员工心理处于紧张的状态中，如何调整自己的情绪、缓解心理压力成为一个需要迫切解决的问题。

透过事件看出，在富士康的冷漠、单调的环境之中，人的价值被缩小，将自己的劳动价值看得轻如草芥，成为机器的同类。工作没有技术含量也没有晋升机会，只剩下金钱成为衡量自身价值的唯一标准。员工被尊重、被关怀的心理需求严重缺乏，沦为只能满足基本生命需求，生活目标低下或丧失才造成悲剧发生。

另外，从富士康员工的年龄来看，他们大多是"80后"和"90后"，受教育水平平均较高，但同时由于过多被家庭溺爱和保护，导致他们依赖性强，独立能力相对较弱。来到富士康进入高强度、高节奏的工作环境后，一旦遇到挫折，或自我价值难以实现，可能会表现出忧虑、逃避、抗拒、逆反等情绪，在没有进行及时心理疏导下才导致轻生。

薪资压力是不能回避的，代工为主的制造型企业，由于代工本身带来的低利率水平，直接导致员工得不到应有的回报。劳动强度过大，收获与付出不平衡，导致心理失衡。其实不止富士康企业员工有此压力，很多职场人士都认为，在日复一日的工作中，存在着对失业的恐惧和完不成业绩的焦虑。

为了防止此类事件再次发生，社会和企业首先要肩负起自己的责任，企业要坚持"以人为本"的企业管理思想，加强企业文化建设，保持企业内部和谐，与员工进行真诚沟通，关注员工的生活工作环境，加强员工的心理疏导，加强员工的职业规划培训，有效激励员工，提高工作满意度，让员工与企业共同成长。

小　结

每个企业几乎都有客户服务部门，它是企业与客户接触的桥梁，肩负着解决客户的问题、维护客户关系、树立企业形象的重任。组建这一部门的服务团队必须精挑细选。客户服务人员直接与客户接触，招聘客户服务人员时要满足必要的条件，主要包括技能素质、品格素质和心理素质方面的要求，并确立团队目标，这个团队的目标要和企业的目标保持一致，还要团队成员认可并有信心去实现这个共同的目标，团队成员才能各负其责。团队领导充分信任团队成员，对成员进行管理，通过任务监控实施奖惩，并引导团队成员正常流动，保证团队人力资源的需要。

客户服务人员始终与有困难的客户打交道，对于他们的管理激励的作用会更大，可以有效地调动员工的积极性和创造性，激发员工的内在潜力。企业通过科学的激励制度能够营造良好的竞争环境，提高人力资源素质，留住和吸纳所需人才，形成良好的企业文化。激励机制不仅仅是物质激励，还有非物质激励，如精神激励、授权和晋升激励。

对于客户服务团队成员不仅仅是让他们工作，还要注重对他们的培养，增加他们丰富的行业知识和掌握熟练的服务操作技术。养成他们的客户服务意识更是重中之重，提高员工的服务意识是服务战略目标实现的关键，一线的服务员工如果能够时刻为客户着想，将客户的利益放在首位，客户才会满意，赢得客户忠诚，使得企业盈利，企业才能发展壮大。客户服务意识是一种意愿、习惯、态度，教育与培养要坚持不懈地从细节开始，遇事换位思考，用乐于为别人提供服务的心态不断地超越客户期望。

客服人员是企业的门面，每天直接面对客户，优雅的仪容仪表就是对客户的尊重。

工作中如何面对客户同样也需要培养。塑造客服人员的个人形象，合乎时宜的化妆；优雅、稳重、从容、落落大方的走姿；和蔼的目光；愉快、友好的微笑；这些都会给客户传递亲切感。

如何与客户进行有效沟通从某种意义上讲也是客户服务人员的专业技能，更要不断加强培养，学会控制和避免干扰因素的影响，掌握使用沟通的技巧，帮助客服人员与他人的顺利交流，并能在沟通中作出及时、适当的反馈，学会换位思考，养成专注的职业精神。重视每一位客户，周到地为客户服务可以赢得客户的信任。在与客户的接触中用果断积极的态度去处理问题，会增加你在职场中的成功几率。为了有效地进行服务，你需要了解很多客户信息，这就要求你善于向客户提问，从中获得有益的反馈信息。接到反馈信息后，必须及时回复客户，让客户了解你已收到他所要传达的信息。同时，也必须让客户了解你会用切实的行动来为他们服务，让他们满意。

客户服务人员比许多其他岗位上的人员承受的心理压力要大，造成客户服务人员心理压力的原因有客户投诉、企业提倡"客户永远是对的"的服务理念、企业不断提升的期望值。他们在工作上承受较大压力后，会产生许多不良心理变化，身体可能处于亚健康，行为举止难以控制。为了应对这些压力，企业要对他们进行培训和有效管理，以减轻他们的压力。企业首先要理解和尊重客服人员，成为客服人员倾诉的对象，帮助他们提高心理保健能力，学会自我调节；树立新的客户服务观念。有了心理健康的客服人员才能服务好客户。

思 考 题

1. 如何建立客户服务团队？
2. 如何理解客户服务团队管理？
3. 如何理解对客户服务人员的激励？
4. 如何看待秘书人员的个人发展？
5. 如何理解客户服务人员的素质要求？
6. 如何提高秘书人员的服务意识？
7. 客服人员形象礼仪的基本原则是什么？
8. 微笑的作用有哪些？
9. 倾听的层次有哪些？
10. 通过哪些方法可以提高我们倾听的技能？
11. 如何理解客户服务人员的心理压力？
12. 缓解客户服务人员心理压力的方法有哪些？

参 考 文 献

丁宁，2012．服务管理[M]．北京：北京交通大学出版社．

范立荣，2006．中国秘书岗位资格证书教程[M]．北京：中国人民大学出版社．

高苏，2007．服务论[M]．北京：中国旅游出版社．

凯勒，2006．战略品牌管理[M]．2版．北京：中国人民大学出版社．

李光明，2009．客户管理实务[M]．北京：清华大学出版社．

李桂华，2012．客户服务质量管理[M]．北京：中国经济出版社．

李怀斌，2013．服务营销学教程[M]．大连：东北财经大学出版社．

李倩春，2011．会议实务[M]．北京：对外经济贸易大学出版社．

梁剑锋，2015．会议服务[M]．北京：机械工业出版社．

饶雪梅，2006．会展礼仪[M]．北京：中国劳动社会保障出版社．

宋豫书，2015．服务精神[M]．北京：中国纺织出版社．

苏朝晖，2012．客户关系管理[M]．北京：中国经济出版社．

王淑翠，2013．客户服务案例[M]．北京：中国经济出版社．

[美]芭芭拉·邦德，2008．顾客导向：把握企业生存与发展的根本动力[M]．蒋青，译．北京：中国财政经济出版社．

[美]格罗斯，2007．超星级惊赞服务[M]．谢毅，译．上海：东方出版中心．

[美]罗伯特·W.卢卡斯，2006．客户服务：面向21世纪的客户服务指导手册[M]．3版．朱迎紫，艾凤义，译．北京：企业管理出版社．